生产网络与区域创新论丛

丛书主编　　曾　刚

本书受到国家自然科学基金面上和青年项目（41801109，42171184）、教育部人文社会科学基金青年项目（18YJC790004）、上海市科技发展基金科技攻关项目（19DZ1203801）联合资助。

长三角区域科技创新资源空间效应及共享路径研究

曹贤忠　曾　刚　著

中国财经出版传媒集团
中国财政经济出版社

图书在版编目（CIP）数据

长三角区域科技创新资源空间效应及共享路径研究 / 曹贤忠，曾刚著. -- 北京：中国财政经济出版社，2021.8

（生产网络与区域创新论丛）

ISBN 978 - 7 - 5223 - 0621 - 6

Ⅰ. ①长… Ⅱ. ①曹… ②曾… Ⅲ. ①长江三角洲－区域经济－技术革新－研究 Ⅳ. ①F124.3

中国版本图书馆 CIP 数据核字（2021）第 121385 号

责任编辑：彭　波　　　　责任校对：张　凡

封面设计：卜建辰　　　　责任印制：史大鹏

中国财政经济出版社 出版

URL：http：//www. cfeph. cn

E - mail：cfeph@ cfeph. cn

社址：北京市海淀区阜成路甲 28 号　邮政编码：100142

营销中心电话：010 - 88191522

天猫网店：中国财政经济出版社旗舰店

网址：https：//zgczjjcbs. tmall. com

北京财经印刷厂印刷　各地新华书店经销

成品尺寸：170mm × 240mm　16 开　15.25 印张　234 000 字

2021 年 9 月第 1 版　2021 年 9 月北京第 1 次印刷

定价：78.00 元

ISBN 978 - 7 - 5223 - 0621 - 6

（图书出现印装问题，本社负责调换，电话：010 - 88190548）

本社质量投诉电话：010 - 88190744

打击盗版举报热线：010 - 88191661　QQ：2242791300

前　言

区域科技创新资源空间分布、创新效率、与一体化发展的关系、创新网络构建等议题是人文经济地理学长期关注的焦点。长江三角洲地区包括沪、苏、浙、皖三省一市，是我国经济最具活力、开放程度最高、创新能力最强的区域之一。不少专家指出科技创新领域率先实现一体化是推动长三角区域一体化的突破口，而科技创新领域的一体化离不开科技创新资源的支撑，上海与长三角城市共建共享创新资源是推动构建长三角区域创新共同体、实现高质量一体化发展的重要基础。科技创新资源是区域开展创新活动的基石，在区域经济发展中占有举足轻重的地位。

本书围绕长三角高质量一体化发展、长三角区域创新共同体建设建设目标，从上海与长三角城市科技创新资源空间分布、科技创新资源投入产出效率、协同发展效应以及实现路径等方面开展研究，借助于社会网络分析方法、DEA模型等数理模型和政府职能部门、企业座谈等野外调查方法，深入探讨了长三角区域科技创新资源空间分布特征、投入产出效率、驱动一体化发展的效应以及科技创新资源网络构建等，并从人才创新、创新服务、科技信息以及创新平台四个方面分析了长三角区域科技创新资源实现共享的路径。主要得出以下研究结论：

第一，长三角区域科技创新资源总体较为丰富，大致呈现出合肥—南京—苏州—上海—杭州—宁波等城市构成的“Z”字形空间格局，且空间差异从2000~2018年呈现出不断缩小的态势，且科技创新资源对区域创新能力均具有显著的促进作用，随着科技创新资源空间分布得越来越均衡，区域创新能力也相应呈现出越来越高的趋势。

第二，长三角城市群的科技创新资源投入产出效率普遍较低，大多不到最优效率的80%，但从2000～2015年有所上升。此外，长三角区域科技创新资源的创新能力的空间不平等性显著，上海的创新效率高于浙江、安徽和江苏，呈现“Z”字形空间格局，技术进步是最重要的影响因素，各种变化指标呈上升趋势，全要素生产率变化显著。

第三，长三角区域一体化发展上升为国家战略，一体化发展影响因子及推进策略也成为学界关注的热点，创新和绿色发展是长三角区域一体化发展的重要驱动因子。上海、南京、杭州、合肥、宁波等区域中心城市拥有丰富的创新与绿色发展资源，占据区域相对优势地位，并共同构成了长三角经济转型发展的“Z”字形空间格局；其他沿线城市拥有创新资源的相对优势地位，而长三角边缘城市则拥有绿色发展资源的相对优势；研究表明创新驱动和绿色发展对长三角区域一体化推动作用显著，创新对长三角区域一体化发展贡献尤为突出。

第四，长三角科技创新资源网络构建以上海为核心，南京、苏州、杭州、宁波、无锡、合肥、温州、镇江、南通等城市为重要节点。长三角各城市对外合作创新水平呈现较大的空间差异，合作创新水平较高的城市集中在“合肥—南京—苏州—上海—杭州—宁波”的“Z”字形走廊和东部沿海城市。

第五，本书设计了人才创新、创新服务、科技信息以及创新平台建设的科技创新资源共享实现路径。从人才创新方面来看，建议创建多主体联动的区域人才合作协调机制、共建共享区域人才合作载体与品牌、完善人才公共服务体系、加强长三角人才共同体建设研究；从创新服务方面来看，建议进一步建立长三角科技创新服务共同体的协调机制、构建开放的科技创新服务体系、提高资源利用率与资质互认、促进科技创新服务体系持续健康发展；从科技信息方面来看，建议设立长三角创新一体化委员会、打造长三角科技信息服务平台、建设长三角产业技术协同创新研究院、设立长三角科技成果转化创业投资子基金、建立长三角科技创新券制度、优化长三角产业协同创新体系；从创新平台方面来看，建议发挥科学中心辐射效应、推进科学装置共建共享、聚力攻克关键核心技术、共同推动建立联合基金、形成完善的科技创新链条、共同加强对外科技合作。

本书是教育部人文社科重点研究基地华东师范大学中国现代城市研究

中心的研究成果，在写作和出版过程中，华东师范大学城市发展研究院、城市与区域科学学院领导和老师给予了大力支持，长三角区域合作办公室、上海市政协、安徽省政府驻上海联络办公室领导给予了诸多实地调研帮助，中国财政经济出版社为本书的顺利出版付出了艰辛的劳动，在此一并致谢！

科技创新资源共享是一个复杂的科学及应用命题，需要学者们共同努力进一步加强长三角区域科技创新资源网络构建及对区域一体化发展的影响方面的研究，为长三角实现更高质量一体化发展贡献学界智慧，并加强理论研究，丰富创新经济地理学的相关理论。本书从科技创新资源空间布局、投入产出效率、一体化发展效应以及协同发展网络等方面进行了初步探索，加之作者水平有限，谬误之处在所难免，恳请各位读者批评指正！

上海城市发展协同创新中心副主任　曹贤忠
华东师范大学副教授/硕士生导师

2021 年 9 月于华东师大丽娃河畔

目　录

第1章

绪　论

科技创新资源是支持科技创新活动的物质和信息保障，是一个国家科技创新活动的基础设施，主要包括创新条件资源、创新人力资源、创新投入资源、创新信息资源、创新成果资源、创新政策资源等各类支撑和推动科技创新的资源，是带动经济超越简单再生产和扩大再生产的创新经济要素、制度要素和社会要素的总和（陈健、何国祥，2005）[①]。具体包括科技文献、科学数据、科技人才、重大科研设施、大型科研仪器、科研机构、科研条件、科研基地、科技金融、科技创业载体、产业基地等（石蕾等，2017；郭庆宾、杨婉蓉，2017）[②③]。科技创新资源日益成为国家的重要战略资源，显示出在国家竞争中的战略地位（Yeung & Coe，2015）[④]。加强创新资源整合共享和高效配置，将创新资源优势转化为创业创新优势，是实施创新驱动发展战略，建设创新型国家的重要任务。

---

① 陈健，何国祥．区域创新资源配置能力研究［J］．自然辩证法研究，2005（3）：78－81.

② 石蕾，刘娟，王健．国家科技资源共享服务平台对科技创新支撑作用的研究［J］．中国科技资源导刊，2017（49）：88－93.

③ 郭庆宾，杨婉蓉．湖北科技创新资源集聚能力的时空演变分析［J］．统计与决策，2017（5）：125－127.

④ Yeung H W，Coe N M. Toward a Dynamic Theory of Global Production Networks［J］．Economic Geography，2015，91（1）：29－58.

1.1 研究背景及价值

1.1.1 科技创新资源共享是世界各国建设区域创新共同体的重要支撑

国外高度重视科技创新资源整合共享工作，美、日、英、德等国已形成一套规范的整合共享制度体系，有力促进了区域创新资源的合理利用，提升了创新效率，支撑了区域创新共同体的建设。美国成立地区性文献共享联盟，制定《信息自由法》，建立以“完全与开放（full and open）”共享为核心的法律和制度体系，成为全球数据和信息中心；欧盟制定“跨国使用研究基础设施计划”，规定欧盟范围内政府投资形成的科学仪器和设施允许其他国家使用；日本规定政府投入的科学设备接受企业和社会试验委托开放使用。国际组织1990年以来，13次要求成员国认定对公共领域科学研究数据完全与公开的政策承诺，国际CODATA 2002年世界大会决定“亚洲—太平洋国家数据资源共享”“发展中国家科技数据保藏”等8项任务。

随着新一轮产业变革和科技革命，尤其是数字化信息技术革命的到来，建设科技资源服务平台，促进科技创新资源共享成为世界各国在新一轮科技革命中的制胜法宝。世界各国已经在行动建设了众多技术研发服务平台。如欧盟与其相关机构制定、实施的一系列技术平台计划包括：欧盟和欧洲航天局制定、实施的《欧洲空间技术平台》《欧洲氢及燃料电池技术平台》《对于全球动物健康卫生的欧洲技术平台》《欧洲光电池技术平台》《欧洲钢铁技术平台》《欧洲关于可持续矿物资源的技术平台》等。产业数字化、数字产业化、发展数字经济成为技术研发服务平台的重要支撑，以新技术、新产业、新业态、新模式为引领的新经济，正在成为未来经济发展大厦的“四梁八柱”。尤其是以ABC（人工智能AI、大数据Big data、云计算Cloud computer）为代表的技术应用创新，以及集成电路、

IOT、区块链、量子通信等万物互联技术，渐次带来了人脑解放、智力解放、劳动力解放，释放出巨大消费潜力，正在解构、颠覆、重组经济秩序、市场秩序和全球秩序。因此，上海与长三角城市也应抓住这一千载难逢的科技革命机遇，紧跟时代发展潮流，加快科技创新资源的整合共享工作。

1.1.2　科技创新资源共享是践行“创新驱动”国家战略的重要举措

党的十八大明确提出“科技创新是提高社会生产力和综合国力的战略支撑，必须摆在国家发展全局的核心位置”，强调要坚持走中国特色自主创新道路、实施创新驱动发展战略。2015 年 3 月，中共中央、国务院发布了《关于深化体制机制改革加快实施创新驱动发展战略的若干意见》，明确指出要根据科学技术活动特点，把握好科学研究的探索发现规律，为科学家潜心研究、发明创造、技术突破创造良好条件和宽松环境。2016 年 5 月，中共中央国务院发布的《国家创新驱动发展战略纲要》指出，要建设一批支撑高水平创新的基础设施和平台，如具有国际水平、突出学科交叉和协同创新的国家实验室、大型共用实验装置、数据资源、生物资源、知识和专利信息服务等科技基础条件平台，建设超算中心和云计算平台等数字化基础设施，形成基于大数据的先进信息网络支撑体系。2017 年 10 月，党的十九大报告也明确提出要坚定实施创新驱动发展战略，加快建设创新型国家，强调“创新是建设现代化经济体系的战略支撑”。2019 年 3 月，全国两会发布的政府工作报告指出，创新是引领发展的第一动力，以互联网、大数据等为代表的数字经济，正成为推动经济发展质量变革、效率变革、动力变革的重要驱动力。2020 年 11 月，中共中央发布了《中共中央关于制定国民经济和社会发展第十四个五年规划和二〇三五年远景目标的建议》明确指出“坚持创新驱动发展，全面塑造发展新优势”，坚持创新在我国现代化建设全局中的核心地位，把科技自立自强作为国家发展的战略支撑，面向世界科技前沿、面向经济主战场、面向国家重大需求、面向人民生命健康，深入实施科教兴国战略、人才强国战略、创新驱动发展战略，完善国家创新体系，加快建设科技强国。

“创新驱动”国家战略的系列文件表明，建设功能完备的研发服务平台、拥有开放共享的科技创新资源，不仅能为科学家提供强有力的科研条件支撑，激发科研人员创新活力，还能推动促进经济高质量发展，进而有助于“创新驱动”国家战略的实施。“创新驱动，转型发展”是我国未来区域经济发展的重中之重，而科技人才、科技信息、科学研究数据等创新资源是实施该战略的核心，因此，研究科技人才、科技信息、科技文献、大型科学仪器等科技创新资源的共享机制具有重要意义。

1.1.3 科技创新资源共享是长三角区域更高质量一体化的重要基础

习近平总书记提出，“长三角地区要实现更高质量的一体化发展，更好地引领长江经济带发展，更好地服务国家发展大局”“将支持长江三角洲区域一体化发展并上升为国家战略”。长江三角洲地区包括沪、苏、浙、皖三省一市，是我国经济最具活力、开放程度最高、创新能力最强的区域之一。不少专家指出科技创新领域率先实现一体化是推动长三角区域一体化的突破口，而科技创新领域的一体化离不开科技创新资源的支撑，上海与长三角城市共建共享创新资源是推动构建长三角区域创新共同体、实现高质量一体化发展的重要基础。长三角地区科技创新资源富集且各具特色，上海是我国具有世界影响力的人才高地和开放前沿，江苏制造业实力和应用技术创新能力强，浙江互联网经济领先发展，安徽大科学设施和基础科研能力一枝独秀。多年来，三省一市推动区域科技创新资源共建共享取得一定成效，上海研发服务平台在服务长三角区域一体化中发挥着重要作用，早在2004年平台中心就开始了长三角区域科技资源开放共享的探索和尝试，通过推动共享长效机制建立、长三角科技资源开放共享平台建设、“科技创新券”跨区域通认通用、服务站点设立等多种方式，推动创新服务与研发需求的跨区域对接，推进科技创新资源跨区域汇聚，推进长三角科技资源跨区域开放共享。其中，“长三角大型科学仪器设备共享网”已整合区域内2000余家单位的28000余台（套）大型科学仪器设施，5000万以上大科学装置和设施18个，总价值超过335亿元，为做好长三角科技资源一体化工作奠定了良好的基础。

长三角区域拥有人才富集、科技水平高、制造业发达、产业链供应链完备、市场潜力大等诸多优势，中央对长三角创新共同体建设寄予厚望。2019年12月1日，中共中央、国务院印发了《长江三角洲区域一体化发展规划纲要》，指出加快科技资源共享服务平台优化升级，推动重大科研基础设施、大型科研仪器、科技文献、科学数据等科技资源合理流动与开放共享。在2020年7月21日企业家座谈会、8月20日合肥座谈会、8月24日经济社会领域专家座谈会、9月11日科学家座谈会上，习近平总书记均强调要充分发挥我国社会主义制度能够集中力量办大事的显著优势，打好关键核心技术攻坚战，加大基础研究投入，把原始创新能力提升摆在更加突出的位置，努力实现更多“从0到1”的突破，长三角三省一市要集合科技力量，聚焦集成电路、生物医药、人工智能等重点领域和关键环节，尽早取得突破，促进世界级产业集群的建设，加快形成以国内大循环为主体、国内国际双循环相互促进的新发展格局。2020年12月20日，科技部印发《长三角科技创新共同体建设发展规划》（国科发规〔2020〕352号），指出要发挥G60科创走廊九城市的创新资源集聚优势，先行先试一批重大创新政策，协同布局一批科技创新重大项目和研发平台，促进科技资源开放共享和科技成果转移转化。国家领导人讲话及系列政策文件表明，科技创新资源共享是长三角区域更高质量一体化的重要基础，也是推动长三角高质量一体化发展的重要途径。

然而，由于地区间固有的行政壁垒，开放共享理念尚未真正建立，政策制度衔接不够，创新资源的共建共享存在诸多制度和机制上的问题与不足，与长三角地区高质量一体化发展的要求还有一定距离。习近平总书记在上海调研时要求上海在推动长三角更高质量一体化发展中进一步发挥龙头带动作用，把长三角一体化发展的文章做好，使之成为我国发展强劲活跃的增长极。就上海自身发展而言，背靠广袤的长三角腹地是最大优势，江浙皖与上海形成良好互动，就能推动要素自由流动。因此，上海有责任也有义务牵头建设以科技资源共享为目标的科技创新资源服务中心，突破行政区划界限，在更大范围、更广领域、更高层次优化科技资源配置，精准资源导向，发挥对区域创新的基础性支撑作用，助力长三角地区实现创新驱动的高质量一体化发展。

1.1.4 科技创新资源共享是上海全球科技创新中心建设的现实需要

上海建设具有全球影响力的科技创新中心是新时期党中央交给上海的重大战略任务，目前各项工作正在如火如荼地进行，科技创新资源共享可为上海全球科创中心建设提供基础保障。2014 年 5 月，党中央把加快向具有全球影响力的科技创新中心进军的重大战略任务交给了上海；2015 年 5 月，上海市政府发布了《上海推进科创中心建设 22 条意见》，指出在张江上海光源、蛋白质科学设施等重大科学设施基础上，依托优秀科研机构和知名大学集聚优势，建设世界级大科学设施集群，建设若干重大创新功能型平台，在信息技术、生物医药、高端装备等领域，重点建设若干共性技术研发支撑平台，建设一批科技成果转化服务平台；2016 年 3 月，国家“十三五”规划纲要正式把上海建设科创中心列为国家战略；2016 年 4 月，国务院印发《上海系统推进全面创新改革试验加快建设具有全球影响力的科技创新中心方案》指出，计划 2020 年形成基本框架体系，2030 年建成全球科创中心。2020 年 4 月，上海市政府发布了《上海市推进科技创新中心建设条例》，对创新策源能力提升、创新主体培育以及人才创新活力激励等方面进行了明确规定，为加快建设具有全球影响力的科技创新中心提供了保障和支持。

上海全球科创中心建设进程不断加快，对科技信息、科技人才、科研机构、创新型企业、科研设施等科技创新资源需求也越来越大，而这些科技创新资源的共享不仅可以降低长三角城市的建设成本，还能为上海科创中心建设提供坚实支撑，因此探索上海与长三角地区科技创新资源共享机制是建设具有全球影响力的科技创新中心的现实需要，具有重要现实意义。

1.1.5 科技创新资源共享是全球与地方创新网络理论倡导的新趋向

20 世纪 80 年代以来，经济地理学研究从经典的区位分析向现代“流空间”分析转变。传统的杜能农业区位论、韦伯工业区位论、克里斯泰勒中心地理论、廖什市场区位论主要分析经济活动的地理区位及其影响因子（贺灿飞等，2014）①。而当代的新区域主义则重视根植性、制度厚度和区域内企业、大学和研发机构之间的创新合作关系（Cooke，1996）②；关系地理学重视全球范围内的区域之间产业链与技术创新的分工合作。然而，新区域主义、关系地理学论者过于偏重单一空间的要素和组织问题，忽视了全球、地方两个空间尺度的要素、组织相互关联的关系（Gereffi et al.，2005；Yeung & Coe，2015）③④，片面强调发达国家跨国公司在全球范围内的垄断地位，忽视了发展中国家自主创新对企业网络发展演化的影响（Mathews，2006；Yeung，2016）⑤⑥。创新、创新网络与区域发展是人文与经济地理学者长期关注的热点议题（陆大道，2018；樊杰、赵艳楠，2021）⑦⑧，开展跨界创新网络合作机制以及长三角高技术产业案例研究有助于丰富完善基于中国案例的区域创新系统理论体系，这也是当前我国人文与经济地理学者在逆全球化背景下亟待理论探索和方法创新的领域之一（林初昇，2020）⑨。

实际上，地方创新网络不是全球创新系统在地方上的投影，全球创新网络也不是地方创新网络的简单叠加，全球—地方创新网络是由多个地方

---

① 贺灿飞，郭琪，马妍，等．西方经济地理学研究进展［J］．地理学报，2014，69（8）：1207－1223.

② Cooke P. The new wave of regional innovation networks：Analysis，Characteristics and Strategy［J］. Small Business Economics，1996，8（2）：159－171.

③ Gereffi G，Humphrey J and Sturgeon T. The governance of global value chains［J］. Review of International Political Economy，2005，12（1）：78－104.

④ Yeung H W，Coe N M. Toward a Dynamic Theory of Global Production Networks［J］. Economic Geography，2015，91（1）：29－58.

⑤ Mathews J A. Dragon multinationals：new players in 21st century globalization［J］. Asia Pacific Journal of Management，2006，23（1）：5－27.

⑥ Yeung H W. Strategic coupling：East Asian industrial transformation in the new global economy［M］. Cornell University Press，2016.

⑦ 陆大道．我国新区新城发展及区域创新体系构建问题［J］．河北经贸大学学报，2018，39（1）：1－3.

⑧ 樊杰，赵艳楠．面向现代化的中国区域发展格局：科学内涵与战略重点［J］．经济地理，2021，41（1）：1－9.

⑨ 林初昇．去中心化和（逆）全球化背景下中国人文地理学的批判性理论探索与方法创新［J］．热带地理，2020，40（1）：1－9.

创新网络通过跨越不同地方文化而重新组织的新型全球创新系统，不应将地方与全球空间尺度割裂开来进行研究，而应该从全球—地方相互联系的视角出发，探究科技创新资源在不同空间尺度流动、转化、共享的条件、因子和机制，这也是当前经济地理学者关注的新焦点。

1.2 研究思路及内容

1.2.1 研究目的

长三角地区正在从成本驱动的规模扩张阶段向创新驱动的高质量发展新阶段迈进，传统“以邻为壑”的相互竞争关系亟须变为“以邻为伴”的互动合作新关系。然而，当前由于行政壁垒、思想认识、利益分配等障碍的存在，阻碍了长三角区域一体化进程，不少专家指出科技创新一体化是长三角区域一体化较容易也是较为迫切实现的领域。因此，本书围绕长三角高质量一体化发展、长三角一体化发展示范区建设、长三角区域创新共同体建设及上海全球科技创新中心建设目标，综合全球与地方视角，从上海与长三角城市科技创新资源空间分布、共享效率、共享机制以及保障措施等方面开展研究，着力解决当前科技创新资源分布不均、共享效率不高、管理体制机制不顺等问题，致力于构建上海与长三角城市科技创新资源共享机制，消除行政壁垒等障碍，促进长三角区域建设成为信息互通、数据共享、人才合理流动、竞争有序、品牌共享、市场机制活跃和更加开放的区域创新共同体，形成体制机制完善、创新氛围浓厚、标志性科技创新成果不断涌现和联系更加紧密的科技创新圈。

1.2.2 研究思路

（1）确定研究目标。

首先，查阅大量长三角区域一体化、科技创新资源、区域创新共同体、共享机制等相关文献，了解国内外研究现状，其次，对党中央国务院政策进行解读，保持与党和国家政策方向的一致；最后，确定本书思路，即上海与长三角城市科技创新资源共享机制研究，为长三角高质量一体化发展、长三角区域一体化示范区建设、长三角区域创新共同体建设、上海建设具有影响力的全球科技创新中心提供理论支撑。

（2）制订研究计划。

首先，对检索和查阅的相关文献、资料进行整理与总结，形成科技创新资源共享机制相关国内外研究综述，构建理论分析框架；并对长三角区域科技创新主体、科研设施、科技人才、科技金融等科技创新资源相关数据资料进行收集与统计。

其次，针对上海研发公共服务平台、上海浦东新区科技创新促进中心、张江高科技园区“中国硅谷”、南京经济技术开发区“中国智谷”、合肥高新区“中国声谷”、浙江之江实验室等科研院所与企业进行实地考察和预调研。

（3）具体研究过程。

首先，针对中芯国际、南曼（上海）电气、华虹科技、上海电气等20家企业、上海交通大学等5家高校及科研院所、张江高科技园区等5家机构通过发放问卷、电话访谈或实地考察等形式展开了全面调研，并对调研结果进行整理，分析长三角科技创新资源空间分布特征与配置效率、科技创新资源共享存在问题等。

其次，选取美国、新加坡、日本等国外科技创新资源共享成功案例，对其在科技创新资源共享等方面的经验进行总结，探索跨界科技创新合作的长效机制体制，为长三角区域创新共同体建设提供启示。

最后，将理论基础、实地调研资料、域外经验借鉴等进行系统总结与集成分析，并建立区域科技创新资源共享的科学评价指标体系，从时空两个角度分析长三角地区科技创新资源共享的现状及动态演变，分析科技创新资源跨界共享对上海全球科技创新中心建设的影响，进而，提出基于上海与长三角城市科技创新资源共享体制机制、促进长三角地区科技创新合作的对策建议以及发挥上海在长三角区域创新共同体建设中的龙头作用途径与关键措施。

（4）研究结果反馈。

通过对科技创新资源共享机制等进行系统分析与总结，针对研究成果，收集各类反馈意见，不断完善研究成果。

1.2.3 研究内容

本书重点内容主要包括以下四个方面：

（1）长三角区域科技创新资源空间分布特征分析。长三角区域是全国科技创新资源最为富集的地区之一，创新资源门类繁多、总量富集。本项目拟采用 GIS 空间分析、核密度估计、ESDA 模型等方法，借助于经济社会统计数据、实地调研数据，重点分析科技人才、科技金融（R&D 经费）等科技创新资源空间分布特征及动态演变，基于科技创新资源空间分布，明确上海与其他两省一市的创新功能定位和分工，为长三角科技创新资源共享分配奠定基础。

（2）长三角区域科技创新资源共享效率评价。科技创新资源共享效率评价是当前研究转向的焦点，本项目拟运用数据包络分析方法（DEA），从投入—产出视角构建科技创新资源共享效率评价指标体系，其中投入指标主要包括科技创新资源的人力（R&D 人员全时当量）和资金投入（R&D 经费投入），科技创新资源共享产出指标主要包括上海与其他城市合作发表科技论文、联合申请发明专利、技术市场合同交易额。重点分析 1990～2018 年上海与长三角不同城市科技创新资源共享效率的差异及动态变化轨迹，尝试总结归纳规律性特征，并探讨科技创新资源效率的差异、效率高低的内在机理，为更好地优化科技创新资源配置提供依据。

（3）国外科技创新资源共享经验借鉴。美国、日本、新加坡等国外发达国家科技创新资源共享取得了显著成效，成功经验值得借鉴。本项目拟选择倡导数据开放共享的世界数据中心（WDC）、技术设施完善且数据规范的新加坡政府开放数据网站、数据安全稳定的日本产业技术综合研究所公开数据库、非营利性的美国国际地球科学信息网络中心四个典型国外案例，深入剖析其组织架构、运行机制、数据共享措施以及资源配置等方面的经验做法，并分析其对上海与长三角城市科技创新资源开放共享的启示。

（4）长三角城市科技创新资源共享机制与路径探讨。如何实现长三角地区科技创新资源开放共享，如何发挥上海在科技创新资源共建共享方面的龙头带动作用，亟待深入研究。本书通过对长三角地区相关政府管理部门、企业、园区、高校/科研机构的实地调研，尝试从共享协调机制、创新平台服务机制、创新资源与经济发展互动机制、投资基金激励机制、管理制度政策机制、创新资源配置机制六个方面探讨上海与长三角城市科技创新资源共享机制的实现路径，并着重分析上海在技术服务、品牌共享、高技术人才共享等方面发挥龙头作用的机制，为长三角区域创新共同体建设、长三角一体化发展示范区建设、长三角高质量一体化发展、上海建设具有全球影响力的科技创新中心提供政策支撑。

1.3 研究方法

1.3.1 文献分析方法

以中国知网（CNKI）和Web of Knowledge数据库为文献收集来源，搜集科技创新资源、创新网络、共享机制研究方向的文献，并运用Citespace知识图谱软件对研究文献进行可视化，明确当前研究热点，系统总结研究不足之处和学界争议的问题，构建本项目的理论分析框架。

1.3.2 数学模型分析方法

采用的数学模型分析方法主要包括核密度估计、ESDA模型、数据包络分析方法（DEA）等。

第一，核密度估计方法。核密度估计方法（Kernel Density Estimation，KDE）主要是借助一个移动的单元格对点或线格局的密度进行估计（顾朝林、庞海峰，2009）[①]。KDE 估计方法可对科技创新资源空间集聚特征进行可视化，KDE 估计具体方法包括以下几方面：①定义一个固定的搜索半径（即核函数带宽），以滑动的圆来统计出落在圆域内的事件数量；②根据密度精度要求，确定输出栅格大小，栅格越小，精度越高；③通过核函数计算出每个事件对圆域内各个栅格的密度贡献值；④对每个栅格的密度值进行赋值，其值为该栅格搜索半径范围内各个事件对该栅格的密度贡献值的累加；⑤输出每个栅格的密度值。本书借助于 ArcGIS 软件，利用核密度估计方法，分析长三角地区科技创新资源空间聚集特征。

第二，ESDA 模型分析方法。探索性空间数据分析（Exploratory Spatial Data Analysis，ESDA）是一系列空间数据分析方法和技术的集合，以空间关联测度为核心，通过对事物或现象空间分布格局的描述与可视化，发现空间集聚和空间异常，揭示研究对象之间的空间相互作用机制（邹琳、曾刚、曹贤忠，2015）[②]。本书主要通过对 Global Moran's I 和 Global Geary's C 等全局空间自相关统计量的估计，分析长三角地区科技创新资源总体的空间关联和空间差异程度，并利用 Get is – Ord's G （Gi、G * i）、Local Moran's Ii 和 Local Geary's Ci 等局部空间自相关统计量，度量每个长三角每个城市与周边城市科技创新资源之间的局部空间关联和空间差异程度，并结合 Moran 散点图或散点地图等形式，将局部差异的空间格局可视化，研究长三角科技创新资源的空间分布规律。

第三，DEA 模型分析方法。数据包络分析（Data Envelopment Analysis，DEA）由 Charnes 和 Cooper 等于 1978 年创建，并广泛地应用于运筹学、管理科学和数理经济学等学科领域（魏权龄，2010）[③]。与其他评估方法相比较，DEA 具有结构简单、不需要事先确定各指标间的可比性和权重，并可以提供信息来找出低效率环节等优点，是一种非参数统计分析方法。DEA 方法能够有效地用于效率评价，能较好地运用于国家、区域或产业创新相对效率的评估，且逐渐成为创新效率评价的主要研究方法。本书

① 顾朝林，庞海峰．建国以来国家城市化空间过程研究［J］．地理科学，2009，29（1）：10 – 14.

② 邹琳，曾刚，曹贤忠．基于 ESDA 的长三角城市群研发投入空间分异特征及时空演化［J］．经济地理，2015，35（3）：73 – 79.

③ 魏权龄．数据包络分析（DEA）［J］．科学通报，2000，45（17）：1793 – 1808.

科技创新资源共享综合效率是指科技创新资源要素的配置效率、资源利用效率等综合效率，纯技术效率是指技术进步带来的生产效率，规模效率指的是科技创新资源当前规模与最适规模之间的差距。

1.3.3 野外调查方法

通过实地走访杭州、宁波、嘉兴、上海、南京、苏州、合肥等城市企业、政府部门，明晰长三角科技创新资源共享基本情况、趋势与计划设想。主要包括三种方式：一是企业问卷调查。为保证广泛获取长三角区域科技创新资源共享实际情况，对长三角地区“三省一市”的各创新主体采用调查问卷的方法获取调研数据。首先基于文献研究设计调查问卷，进行预测试。在此基础上对测量题项修改完善，进行数据收集，获取了300份样本企业调查数据；二是深度访谈。对长三角生物医药、集成电路等重点产业领域中的典型企业、行业协会以及政府、高校、科研院所等创新主体进行深度访谈。访谈采用座谈会和企业参访等形式进行，每次访谈时间在2～3小时。访谈内容围绕计划研究内容进行展开，访谈样本量为15个；三是职能部门座谈会。赴“三省一市”发改委、经信委、知识产权局、科技局或科技委员会、科技创新促进中心等职能部门进行座谈约15次，从管理角度深度剖析长三角区域科技创新资源建设存在的问题、原因和对策。

1.4 研究基础

笔者所在的研究团队长期致力于创新领域的研究，长三角区域创新共同体建设、区域创新合作、不同类型产业创新网络是近年来团队主攻方向之一。围绕高技术产业技术扩散与光电子产业、生物医药产业、集成电路产业、装备制造业全球创新网络和地方创新网络等开展了大量研究，近年来，笔者与团队成员在国内外核心刊物已经发表了众多有关全球化创新网络、地方创新网络、企业网络与产业集群等方面的成果。

笔者先后主持了国家自然科学基金面上项目“跨界创新网络合作机制

及其空间响应机制研究”、国家自然科学基金青年项目“基于创新网络视角的区域增长时空演化特征及机理研究”、教育部人文社会科学基金青年项目“长三角城市群高新技术企业创新网络效率及邻近性机理”、中国博士后科学基金面上项目“多维邻近性视角下企业创新网络作用机理研究”、上海市哲学社会科学青年基金项目“基于创新网络视角下长江经济带区域增长机理研究”等项目，并参与了曾刚教授主持的国家社会科学基金重大与重点项目、国家自然科学基金项目、德国DFG项目等，同时笔者还作为核心成员，参与了国家发改委委托的重大系列课题“十四五长江经济带发展思路与举措”“长江经济带共抓大保护的抓手”“长江经济带协同发展重大问题研究”、上海市软科学重点研究项目“基于长江经济带发展战略的长三角科技创新合作研究”、上海市人民政府决策咨询研究项目重点课题“上海在长江中国经济新支撑带中的地位和作用研究”“面向未来30年的上海”、上海市政协委托重大课题“构建区域创新共同体，推动长三角科技创新圈”以及上海市决策咨询专项课题“国际环境变化对长三角城市群一体化的影响研究”等课题研究，建立了上海、长三角、长江经济带科技创新发展数据库。另外，在以上课题的支持下，笔者所在研究团队先后对2013～2020年国际工业博览会约600家企业进行了调研，并对包括展讯通信、振华重工、沪东造船等20多家重点高新技术企业进行了访谈，同时还与上海市教委、人社局、科委以及合肥高新区管委会、南京经开区管委会、杭州之江实验室等部门开展了多次座谈，收集了大量有关区域创新合作、区域发展的统计资料、企业调查汇编材料。同时还对区域创新网络国内外相关文献进行了系统研读，明确了主要研究争论和研究问题。这些工作为本书打下了坚实的研究基础。

近年来，笔者围绕区域创新绩效、创新网络、知识流动、网络资本等开展了系列研究，发表了“*The best spatial scale of firm innovation network: an evidence of Shanghai high - tech firms*”“*The structure and proximity mechanism of formal innovation networks: Evidence from Shanghai high - tech ITISAs*”“*The relationships between R&D investment and Regional Economic Growth*”以及《不同空间尺度创新网络与知识流动研究进展》《网络资本、知识流动与区域经济增长》《基于面板数据的研发投入对区域经济增长的影响》等科研

成果，并出版了一部专著：《基于全球—地方视角的上海高新技术产业创新网络研究》，具备科技创新资源空间分布、创新网络、知识流动、区域经济增长的良好研究基础。

1.5 可能的创新点

本书最核心的创新点可能在于通过长三角科技创新资源共享途径的研究来推动长三角区域创新共同体建设，进而助力上海全球科技创新中心建设。具体而言，可能的创新点主要体现在以下三个方面：

（1）系统剖析长三角城市群科技创新资源空间分布特征及成因，并基于科技创新资源分布，明确长三角地区“三省一市”在构建区域创新共同体、实现高质量一体化发展、建设具有全球影响力的科技创新中心等重大任务中的功能定位和创新链条分工，摸清长三角科技创新资源的家底，为进一步资源优化配置、共享途径建立提供依据。

（2）立足长三角地方性科技创新资源，从全球视野对长三角科技创新资源进行合理优化配置。本书从全球与地方空间交互作用视角，分析上海与长三角地区内外科技创新资源的配置效率，并分析其影响因子，为将长三角城市群建成具有全球影响力、竞争力、一流的国际城市群服务。

（3）尝试从人才共享、科技信息共享、科技平台共享、科技服务共享等四个方面建立长三角城市科技创新资源共享机制及途径，明确上海在长三角科技创新资源共同体中的定位和龙头带动作用的发挥机制，为长三角区域创新共同体建设、长三角一体化发展示范区建设、长三角高质量一体化发展、上海建设具有全球影响力的科技创新中心提供政策支撑。

第2章

科技创新资源共享相关研究综述

基于Web of Knowledge和中国知网（CNKI）科技文献数据库，系统梳理国内外相关领域研究文献发现，科技创新资源共享相关研究主要集中于科技创新资源共享效率及方式、科技创新资源共享服务平台建设、科技创新资源共享与区域经济发展关系、科技创新资源共享制度及机制四个方面。

2.1 科技创新资源共享效率及方式

经济地理学内越来越倾向于创新领域的研究，创新的研究具有较大理论意义（Morgan，1997；Howells & Bessant，2012）[①②]，随着时代的推移，知识已取代资本，成为最具战略价值的资源，学习成为最重要的过程，创新成为经济发展的主要动力。在知识经济和学习经济时代，区域的发展关键在于区域的创新能力（王孝斌、李福刚，2007）[③]，而区域创新能力的大小受制于研发资源要素的配置，为了争取竞争优势，各个地区都在努力加

① Morgan K. The Learning Region: Institutions, Innovation and Regional Renewal [J]. Regional Studies, 1997, 31 (5): 491-503.

② Howells J. Bessant J. Introduction: Innovation and economic geography: a review and analysis [J]. Journal of Economic Geography, 2012 (12): 929-942.

③ 王孝斌，李福刚．地理邻近在区域创新中的作用机理及其启示［J］．经济地理，2007，27（4）：543-546.

大 R&D 活动的投入力度，但 R&D 活动的投入产出效率却差异很大（池仁勇、黄英杰，2009）[①]。R&D 效率是指一个国家或地区在 R&D 活动中把多种投入资源（研发资金、人员等）转化为多种产出（专利、科技论文等）的一种能力，R&D 效率也可以视为科技研发活动投入和产出的比较（钟华、安新颖、汪凌勇，2011）[②]。在评价绩效尤其是测度效率研究方面，真正具有效率意义的是数据包络分析（DEA）方法（池仁勇、黄英杰，2009）[③]。如孙绪华等（2012）[④] 运用 DEA 方法中的 Malmquist 生产力指数来测算我国科技研发投入的产出效率指数及其分解指标；唐德祥等（2008）[⑤] 运用面板数据随机前沿方法（SFA）考察了我国三大经济区域 R&D 与技术效率之间的内在关系；胡求光、李洪英（2011）[⑥] 运用随机前沿方法（SFA）和面板数据，就长三角、珠三角和环渤海三大经济区的 R&D 对技术效率的影响机制及其区域差异进行了实证分析；张海洋（2010）[⑦] 运用 DEA 方法对 1999～2007 年省级大中型工业全要素 R&D 效率及其组成全要素 R&D 资本效率和全要素 R&D 人员效率的变化特点和影响因素进行了分析；吴和成等（2010）[⑧] 和王晓红等（2010）[⑨] 运用超效率 DEA 模型分别对我国“十五”期间 17 个制造行业的 R&D 效率和 30 个省市的 R&D 效率进行了测度。

企业、高校、科研院所之间进行产学研创新结网已成为科技创新的重

---

①③　池仁勇，黄英杰．浙江省 R&D 活动非效率成因分析［J］．科技进步与对策，2009，26（17）：41－44.

②　钟华，安新颖，汪凌勇．国家 R&D 投入产出效率评价的实证分析—DEA 方法［J］．重庆大学学报（社会科学版），2011，17（1）：72－79.

④　孙绪华，陈诗波，王艳芬，等．我国科技资源研发效率监测及其影响因素分析［J］．管理评论，2012，24（9）：83－93.

⑤　唐德祥，李京文，孟卫东．R&D 对技术效率影响的区域差异及其路径依赖［J］．科研管理，2008，29（2）：115－122.

⑥　胡求光，李洪英．R&D 对技术效率的影响机制及其区域差异研究［J］．经济地理，2011，31（1）：26－31.

⑦　张海洋．中国省际工业全要素 R&D 效率和影响因素：1999－2007［J］．经济学（季刊），2010，9（3）：1029－1050.

⑧　吴和成，华海岭，杨勇松．制造业 R&D 效率测度及对策研究—基于中国 17 个制造行业的数据［J］．科研管理，2010，31（5）：45－54.

⑨　王晓红，陈浩，孙玮．我国“十五”期间 R&D 效率的省域研究［J］．科研管理，2010，31（5）：185－192.

要模式，也是科技资源配置的最优选择（王雪原、王宏起，2007）[①]。发达国家的经验表明，科技资源是一国科技创新能力建设的基础，科技创新能力不强的重要原因之一是科技资源的相对滞后和效率低下（马宁、王立，2005）[②]，因此，如何及时、有效、科学合理地将高校、科研院所的优势科技资源配置到企业科技创新活动中，实现产学研创新网络各方科技资源的有效整合，是经济地理学者不断探索的主要方向，也是区域科技创新能力提升需要解决的难题。

经济地理学者大多从创新网络的结构特征出发，探讨其与创新效率的关系，创新网络的结构特征会影响知识在主体间的流动和吸收，进而影响企业的创新效率（Corey，2011）[③]，归纳起来主要包括关系强度、网络密度、网络位置三个方面：第一，关系强度对创新效率的影响。网络关系可分为强关系和弱关系，以 Coleman（1994）[④] 为代表的"强关系"学者认为，网络成员间联系紧密能促进企业技术创新和获取知识（Landry et al.，2002）[⑤]，联系较强的网络可加快知识在创新主体间转移，进而提高企业的创新效率（Inkpen & Tsang，2005）[⑥]，一些学者通过案例分析也证实了网络强联系对创新效率存在着正向促进作用（解学梅、左蕾蕾，2013；刘学元、丁雯婧、赵先德，2016）[⑦⑧]。而以 Granovetter（1983）[⑨] 为代表的

---

① 王雪原，王宏起. 基于产学研联盟的科技创新资源优化配置方式［J］. 中国科技论坛，2007（11）：3-7.

② 马宁，王立. 企业主导型产学研合作创新模式分析［J］. 科学学研究，2005（S1）：244-248.

③ Corey G. Theory and practice of group counseling［M］. London：Cengage Learning，2011.

④ Coleman W D. Banking，interest intermediation and political power［J］. European Journal of Political Research，1994，26（1）.

⑤ Landry R，Amara N，Lamari M. Does social capital determine innovation? To what extent?［J］. Technological Forecasting & Social Change，2002，69（7）：681-701.

⑥ Inkpen A C，Tsang E W K. Social Capital，Networks，and Knowledge Transfer［J］. Academy of Management Review，2005，30（1）：146-165.

⑦ 解学梅，左蕾蕾. 企业协同创新网络特征与创新绩效：基于知识吸收能力的中介效应研究［J］. 南开管理评论，2013，16（3）：47-56.

⑧ 刘学元，丁雯婧，赵先德. 企业创新网络中关系强度、吸收能力与创新绩效的关系研究［J］. 南开管理评论，2016，19（1）：30-42.

⑨ Granovetter M. Social Science：Ignorance，Knowledge，and Outcomes in a Small World［J］. Science，2003，301（5634）：773-774.

“弱关系”学者认为，强关系网络可能会造成知识和资源的冗余，带来“关系嵌入性”的问题，而网络关系中的弱关系（远距离且不频繁的联系）可有助于企业获取新知识和新信息，更加有利于网络创新水平的提高（Singh，2000）[①]。对于这一争论，也有的学者指出如果创新网络规模较大，强联系和弱联系都能促使企业从网络中获得创新所需的知识和资源（Rost，2011）[②]；第二，网络密度对创新效率的影响。大多学者认为网络密度对创新效率存在着显著正相关的作用（Clifton et al.，2010）[③]，如 Egbetokun（2015）[④] 通过对尼日利亚企业创新情况调查发现，企业创新效率与它的结网规模之间存在着正向相关关系；第三，网络位置对创新效率的影响。网络中心位置会正向影响创新效率，学者们的研究对此有着较为一致的论断（Colazo，2010）[⑤]，但 Glückler（2014）[⑥] 通过对巴斯夫化学公司阿根廷子公司调研访谈，并运用社会网络分析发现，处于网络边缘的企业在知识创新过程中也会发挥重要作用。另外，还有一些学者探讨了网络能力、网络内部要素协同、创新政策、互补性资源、R&D 合作等对创新网络创新效率的影响（Broekel，2015）[⑦]。上述研究表明，基于科技创新资源共享构建的创新网络效率评价是当前研究科技创新资源共享效率的主要方式，且由于数据、方法的局限性，科技创新资源共享效率的相关研究还不够深入，评价指标的选取尚待进一步完善。

---

① Singh M. Toward a knowledge management view of electronic business: Introduction and investigation of the knowledge chain model for competitive advantage. [D]. University of Kentucky, 2000.

② Rost K. The strength of strong ties in the creation of innovation [J]. Research Policy, 2011, 40 (4): 588 - 604.

③ Clifton N, Keast R, Pickernell D, Senior M. Network Structure, Knowledge Governance, and Firm Performance: Evidence from Innovation Networks and SMEs in the UK [J]. Growth and Change, 2010, 41 (3): 337 - 373.

④ Egbetokun A A. The more the merrier? Network portfolio size and innovation performance in Nigerian firms [J]. Technovation, 2015, (43 - 44): 17 - 28.

⑤ Colazo J A. Collaboration structure and performance in new software develepment: Findings from the study of open source projects [J]. International Journal of Innovation Management, 2010, 14 (5): 735 - 758.

⑥ Glückler, J. How controversial innovation succeeds in the periphery? A network perspective of BASF Argentina [J]. Journal of Economic Geography, 2014 (14): 903 - 927.

⑦ Broekel, T. Do Cooperative Research and Development (R&D) Subsidies Stimulate Regional Innovation Efficiency? Evidence from Germany [J]. Regional Studies, 2015, 49 (7): 1087 - 1110.

2.2 科技创新资源共享服务平台建设

美国竞争力委员会（1999）提出了创新平台（Platform for Innovation）的概念，认为创新平台是指创新基础设施及创新过程中不可或缺的要素。科技资源共享服务平台是科技基础条件资源发挥作用的重要载体，已成为国家创新体系建设的重要组成部分，国家科技资源共享服务平台经过十几年的发展，其建设与运维问题日渐成为理论与实践研究的热点。

归纳而言，该领域研究已经由理论研究向理论与应用相结合过渡，由开展科学内涵界定、运行机制与服务模式研究向绩效评价、优化管理的层面延伸（石蕾、刘娟、王健，2017）①。当前研究主要集中于科技创新资源共享服务平台运行绩效评价方面，研究者采用了不同的视角，集中于从科技资源投入、科技基础条件资源影响力、平台资源优化配置效果、用户满意度等视角开展绩效评价分析（吴丹、胡晶、李雪，2017；周琼琼、玄兆辉，2012）②③。一些学者基于不同的标准对科技创新资源共享服务平台类别进行研究，如有的学者依照为创新活动提供资源或条件的物理属性特征将科技资源共享服务平台划分为材料提供型平台（如国家农业科学数据共享服务平台、国家地球系统科学数据共享服务平台、国家标准文献共享服务平台、国家气象科学数据共享服务平台、国家标准物质资源共享服务平台）、服务提供型平台（如国家应急分析测试共享服务平台）、条件提供型平台（如国家大型科学仪器中心共享服务平台、国家材料环境腐蚀野外科学观测研究共享服务平台、国家生态系统野外科学观测研究共享服务平台等）、科普提供型平台（如中国数字科技馆）四种类型（石蕾、刘娟、王健，2017）④；还有的学者以北京为案例，指出科技创新资源共享服务平台的类型包括产业技

---

①④ 石蕾，刘娟，王健．国家科技资源共享服务平台对科技创新支撑作用的研究［J］．中国科技资源导刊，2017（49）：88－93.

② 吴丹，胡晶，李雪．北京市科技资源投入与科技创新能力评价［J］．科技和产业，2017（2）：30－35.

③ 周琼琼，玄兆辉．科技基础条件资源影响力评价体系研究［J］．中国科技论坛，2012（6）：5－9.

术创新战略联盟（如首都新能源产业技术联盟、中关村半导体照明产业技术联盟、北京新药创制产学研联盟、北京协同创新服务联盟、中关村天使投资联盟、北京科普基地联盟等）、首都科技条件平台（北京市科委与中国科学院、清华大学、北京大学、北京移动等 14 家资源优势单位联合共建）、科技成果转化服务平台（如北京国家技术交易中心、北京市科技成果转化的信息数据平台等）三类（李纪珍、邓衢文，2011）[①]。

通过系统梳理当前研究，不难发现科技创新资源共享服务平台有利于创新资源配置效率提升，建设这一平台需要明确四方面内容，即科技创新资源的供需主体、中介机构、平台硬件系统以及平台的运行机制（刘蕾、鲍竹，2006）[②]。上述研究表明，科技创新资源共享服务平台建设是实现科技创新资源共享的重要途径，但服务平台的运行效率评价相关研究还有待深入，尤其是不同类型的科技创新资源服务平台运行效率机制的比较研究较为缺乏。

2.3

科技创新资源共享与区域经济发展关系

科技创新资源共享的最重要体现在于促进了区域创新能力的提升，尤其是促进了区域经济发展水平的提高，而创新网络（innovation networks）（本书主要是指城市创新网络，由大学、科研机构、企业、中介机构、政府部门等主体构成）则是科技创新资源共享的途径和表征，因此大多相关研究是从创新网络视角探讨科技创新资源共享与区域经济发展的关系（曾刚、王秋玉、曹贤忠，2018；Cao et al.，2018）[③④]。

---

① 李纪珍，邓衢文．关于首都创新资源平台发展的四点建议［J］．科技潮，2011（3）：36－41.

② 刘蕾，鲍竹．试论科技创新资源共享公共服务平台的构建［J］．市场周刊：理论研究，2006（2）：105－106.

③ 曾刚，王秋玉，曹贤忠．创新经济地理研究述评与展望［J］．经济地理，2018（4）：19－25.

④ Cao X，Zeng G，Teng T，Si Y. The best spatial scale of firm innovation network：an evidence of Shanghai high－tech firms［J］．Growth and Change，2018（8）：1－16.

基于科技创新资源共享而构建的创新网络加强了区域内外的知识流动，网络也可看作区域经济增长过程中一个资本的投入，在经济地理和区域经济发展的相关文献中，创新网络的研究呈现出日益增多的态势，成为经济地理学、区域经济学研究的热点，网络的关注度越来越高且已涌现出了与网络相关的众多概念，如全球生产网络、创新环境、区域创新系统和集群等，且很多学者将这些概念与区域增长联系在一起，探讨网络是否有助于区域增长或何种类型网络更有利于区域增长等议题，结果表明网络与经济增长之间存在着紧密地相关性（Huggins et al.，2014；吕拉昌等，2016）[①②]。总结当前研究，不难发现企业构建创新网络能显著促进区域增长，且企业已被公认为是区域创新活动的重要主体，在技术研发、成果转化应用方面发挥着关键作用（贾若祥等，2004）[③]，因此企业创新网络对区域经济发展的作用受到了较多的关注。对于全球生产网络而言，跨国公司（Multinational Enterprises，MNEs）作为全球生产网络（Global Production networks，GPNs）的旗舰标杆（Flagships）或连接器（Connectors），在构建和管制全球管道时起着重要作用（Yeung，2009；Coe et al.，2008，2009；贺灿飞、金璐璐、刘颖，2017）[④⑤⑥⑦]。GPNs 集成了全球商品链（Global Commodity Chains，GCCs）和全球价值链（Global Value Chains，GVCs）等理论思想，对价值链增值创造和跨越企业、地理边界结网进行了

---

① Huggins R and Thompson P. A Network - based view of regional growth [J]. Journal of Economic Geography，2014，14（3）：511 - 545.

② 吕拉昌，黄茹，廖倩．创新地理学研究的几个理论问题［J］．地理科学，2016，36（5）：653 - 661.

③ 贾若祥，刘毅．企业合作在我国区域发展中的作用［J］．人文地理，2004，19（3）：31 - 35.

④ Yeung H W - C. The Rise of East Asia：An Emerging Challenge to the Study of International Political Economy [A]. M Blyth（Eds.）. Routledge handbook of international political economy（IPE）：IPE as a global conversation [M]. London：Routledge，2009：201 - 215.

⑤ Coe N，Dicken P and Hess M. Global production networks：realizing the potential [J]. Journal of Economic Geography，2008（8）：271 - 295.

⑥ Coe N M，Dicken P and Hess M. Global production networks：realizing the potential [J]. Journal of Economic Geography，2009，8（3）：271 - 295.

⑦ 贺灿飞，金璐璐，刘颖．多维邻近性对中国出口产品空间演化的影响［J］．地理研究，2017，36（9）：1613 - 1626.

系统阐述（Gereffi，2005；Gereffi et al.，2005）[①②]，研究表明，全球联系网络越紧密的企业，其生产率和销售增长的效果越好，所在区域竞争力、创新绩效及应对经济危机的能力越强（Brancati et al.，2017）[③]。虽然企业跨界组织网络相关研究取得了一定进展，如战略耦合过程推动了区域经济发展（Coe et al.，2009；Yeung，2016）[④⑤]，然而，在地方经济发展和公共政策制定时全球—地方互动分析仍较为缺失。

对于地方创新网络而言，不少研究表明创新网络构建能有效促进区域知识流动、创新能力提升和区域发展。Asheim 等（2017）[⑥] 借助知识库方法（Knowledge Bases），从不同知识特性入手，探讨了企业、产业和区域内知识创造和知识组合动态变化对区域发展的影响，发现区域创新系统中不同知识的组合对区域发展路径构建起到了积极作用。但也有学者指出不同类型知识的组合对区域创新和发展有着显著差别，创新往往涉及分析知识、综合知识和符号知识，三个知识库的均衡混合最有助于提高企业创新能力（Grillitsch et al.，2017）[⑦]。王缉慈（2016）[⑧] 认为处于合作网络中的企业，通过相互学习形成创新网络，从而有利于区域经济发展；高菠阳等（2008）[⑨] 分析了中国彩电制造业 30 余年的产业空间转移，发现外商投资、产业集群、创新网络建设等新因素对产业发展与布局有着重要影响；谭成

---

① Gereffi G. Export – Oriented Growth and Industrial Upgrading: Lessons from the Mexican Apparel Case 1 A case study of Global Value Chain analysis, 2005.

② Gereffi G, Humphrey J and Sturgeon T. The governance of global value chains [J]. Review of International Political Economy, 2005, 12 (1): 78 – 104.

③ Brancati E, Brancati R and Maresca A. Global Value Chains, Innovation, and Performance: Firm – Level Evidence from the Great Recession [J]. Journal of Economic Geography, 2017, 17 (5): 1039 – 1073.

④ Coe N M. Global Production Networks [A]. R Kitchin, N Thrift (Eds.). International Encyclopedia of Human Geography [M]. Oxford: Elsevier, 2009: 556 – 562.

⑤ Yeung G. The operation of Global Production Networks (GPNs) 2.0 and methodological constraints [J]. Geoforum, 2016, 75: 265 – 269.

⑥ Asheim B, Grillitsch M and Trippl M. Introduction: Combinatorial Knowledge Bases, Regional Innovation, and Development Dynamics [J]. Economic Geography, 2017, 93 (5): 429 – 435.

⑦ Grillitsch M, Martin R and Srholec M. Knowledge Base Combinations and Innovation Performance in Swedish Regions [J]. Economic Geography, 2017, 93 (5): 458 – 479.

⑧ 王缉慈．创新集群三十年探索之旅［M］．北京：科学出版社，2016.

⑨ 高菠阳，刘卫东，Norcliffe G，等．国际贸易壁垒对全球生产网络的影响——以中加自行车贸易为例［J］．地理学报，2011（4）：477 – 486.

文等（2001）[①] 以中关村为案例，指出中关村区域创新网络的培育有助于带动中国知识经济的发展；方创琳等（2014）[②] 系统评估了中国 287 个地级以上市的创新型城市建设水平，发现城市综合创新水平与城市经济发达水平呈密切的正相关关系；Cao 等（2018）[③] 通过建立固定效应变系数模型，运用 2000～2014 年长江经济带 110 个城市的面板数据，对创新与区域经济增长之间关系进行研究，发现研发资源投入与区域经济增长之间存在着长期稳定的正向促进关系。此外，还有一些学者认为区域制度厚度（Institutional Thickness）对区域发展的影响日益增强（Zukauskaite et al.，2017）[④]，创新网络中的组织和制度层面对区域创新和区域多样化（Neffke et al.，2011；Boschma et al.，2013）[⑤⑥] 的影响受到越来越多学者的关注。

国内外学者系列研究成果表明，基于科技创新资源共享构建的创新网络对区域经济发展具有重要作用，已成为国内外学者关注的焦点，但有关科技创新资源共享对区域经济发展的影响因子、作用机理尚不明确，亟待进一步深入探讨。随着全球—地方互动程度的加深，区域内外的行为者的紧密联系对企业创新能力提升和区域发展具有重要作用（Bathelt et al.，2004；Bathelt et al.，2014；Zhu et al.，2017）[⑦⑧⑨]，已有学者分别基于自

---

① 谭成文，杨开忠．中关村科技园区发展问题剖析［J］．中国软科学，2001（4）：92－96.

② 方创琳，马海涛，王振波，等．中国创新型城市建设的综合评估与空间格局分异［J］．地理学报，2014，69（4）：459－473.

③ Cao X，Zeng G，Teng T，Zou L. The Relationships between Research and Development（R&D）Investment and Regional Economic Growth. Anthropologist，2018，31（1－3）：34－47.

④ Zukauskaite E，Trippl M and Plechero M. Institutional Thickness Revisited［J］．Economic Geography，2017，93（4）：325－345.

⑤ Neffke F，Henning M and Boschma R. How Do Regions Diversify over Time? Industry Relatedness and the Development of New Growth Paths in Regions［J］．Economic Geography，2011，87（3）：237－265.

⑥ Boschma R，Minondo A and Navarro M. The Emergence of New Industries at the Regional Level in Spain：A Proximity Approach Based on Product Relatedness［J］．Economic Geography，2013，89（1）：29－51.

⑦ Bathelt H，Malmberg A and Maskell P. Clusters and knowledge：local buzz，global pipelines and the process of knowledge Creation［J］．Progress in Human Geography，2004，28（1）：31－56.

⑧ Bathelt H，Cohendet P. The creation of knowledge：local building，global accessing and economic development —toward an agenda［J］．Journal of Economic Geography，2014，14：869－882.

⑨ Zhu S，He C and Zhou Y. How to jump further and catch up? Path－breaking in an uneven industry space［J］．Journal of Economic Geography，2017（17）：521－545.

上而下（全球对地方的影响）和自下而上（地方对全球的影响）视角开展了丰富研究（Crescenzi et al.，2011；Crescenzi et al.，2016）①②，但尚缺乏地方和全球相互作用对于区域经济增长影响方面的深入研究，全球与地方哪个空间尺度的创新网络构建更具竞争力尚待进一步案例实证，这对于企业在不同空间选择合作伙伴提升创新能力将具有深远意义。

2.4 科技创新资源共享制度及机制

国外对科技创新资源开放共享机制的相关的研究工作开始的比较早，已经在国外形成了较为规范的科技创新资源开放共享的机制（朱长宁，2015）③。如美国早在 20 世纪的 90 年代后期，实施了"完全与开放（Full and Open）"的相关政策，这使得美国变成了当时世界的数据及信息的中心；欧盟专门设立了欧洲结构和投资基金（ESIF），协调促进不同地区的经济发展与产业结构调整，推动和扩大一体化发展。而从国内来看，广东省早在 2016 年底即开始建立珠三角优化发展基金，重点投资于珠三角世界级城市群、重大平台建设和产业转型升级发展。长三角地区三省一市均不同程度地实施了资源开放共享激励机制，但整体看，尚未建立起比较完善的跨地区、跨部门的科技创新资源共建共享激励机制，缺乏引导区域科技创新资源与战略产业协同融合、促进科技成果转化的有力手段。比较而言，长三角地区较晚设立类似联合投资基金，更未建立专门的科技成果转化联合引导基金。从科技创新资源共享制度设计来看，目前国家和地方层面推进长三角地区科技创新资源共建共享的政策法规还不健全，对地方政府的约束引导力度还不强，各地政府从实现本地区利益最大化的角度出发，通常会做出更加倾向于增加本地区利益而非实现地区整体利益最大化的竞争决策，不利于区域科技创新资源和产业的高质量、一体化发展。比

① Crescenzi R and Rodríguez – Pose A. Innovation and Regional Growth in the European Union [M]. Springer Berlin Heidelberg, 2011.

② Crescenzi R, Nathan M and Rodríguez – Pose A. Do inventors talk to strangers? On proximity and collaborative knowledge creation [J]. Research Policy, 2016, 45 (1): 177 – 194.

③ 朱长宁. 建立科技创新资源开放共享制度研究 [J]. 科学管理研究, 2015 (3): 21 – 24.

如，三省一市各自建立了创新券制度，但补助方式、支持范围、兑换机制、支持力度等各不相同。其中，浙江实行载体、企业两种创新券，双方均都可凭券兑换；上海市仅向企业发放创新券，企业将创新券支付给区域内服务载体，最终由服务载体凭券兑换；江苏和安徽省省级层面虽均不是以“创新券”形式实行双向补助，但补贴比例也不同。上述研究表明，上海与长三角科技创新资源共享机制尚不完善，且缺乏相应的理论研究，从更好地服务于国家创新驱动发展战略、长三角区域更高质量一体化、区域创新共同体建设、上海全球科技创新中心建设的目标出发，迫切需要加强有关上海与长三角城市科技创新资源共享机制的相关研究。

当前有关创新合作机制的理论研究多集中在邻近性视角，“邻近性”（proximity）问题是经济地理学关注的焦点，随着经济地理学领域对创新网络研究关注度的提高，邻近性成为经济地理学者解析创新网络影响因子、演化动力、作用机理的新视角。经济地理学者围绕地理邻近性对知识产生及创新的推动作用开展了大量研究，研究发现地理邻近不仅会促进企业产生集聚效应，还会影响创新网络参与者的合作关系（Knoben，2009）①。另外，其他邻近性因素也被学者们用来分析创新网络的形成和创新主体间的相互作用，如组织内外部网络（Zeller，2004）②、创新主体间社会联系（Corredoira and Rosenkopf，2010）③、相同的制度体系（Saxenian and Hsu，2001）④、共同的认知框架（Amin and Cohendet，2004）⑤。综合上述因素的作用，法国邻近动力学派（French School of Proximity Dynamics）建立的多维邻近性框架包括地理邻近性、组织邻近性、制度邻近性、认知邻近性、社会邻近性等维度（Knoben and Oerle-

① Knoben J. Localized inter - organizational linkages，agglomeration effects，and the innovative performance of firms［J］. Annals of Regional Science，2009，43（3）：757 - 779.

② Zeller C. North Atlantic Innovative Relations of Swiss Pharmaceuticals and the Proximities with Regional Biotech Arenas［J］. Economic Geography，2004，80（1）：83 - 111.

③ Corredoira R A，Rosenkopf L. Should auld acquaintance be forgot? The reverse transfer of knowledge through mobility ties［J］. Strategic Management Journal，2010，31（2）：159 - 181.

④ Saxenian A，Hsu J. The Silicon Valley - Hsinchu Connection：Technical Communities and Industrial Upgrading［J］. Social Science Electronic Publishing，2001，10（4）：893 - 920.

⑤ Amin A，Cohendet P. Review of architectures of knowledge：Firms，capabilities and communities［J］. Journal of Management & Governance，2004（10）：4459 - 4461.

mans，2006）[①]；荷兰乌特勒支学派建立的多维邻近性框架对地理、认知、组织、社会、制度邻近性之间的相互作用及对企业间创新合作的影响进行了深入分析（Boschma，2005）[②]。从当前相关研究成果可发现，不论是质性理论研究还是实证研究，均强调地理邻近、认知邻近和组织邻近（包括制度、文化和社会）对知识流动和企业创新网络的重要性作用（Balland，2012；Broekel and Boschma，2012；党兴华、弓志刚，2013）[③④⑤]。

（1）地理邻近性。

地理邻近性是企业之间物理距离上的邻近，企业之间的地理邻近增强了创新网络成员之间的社会联系，显著促进了隐性知识流动和创新产出（Ter Wal and Anne，2014）[⑥]。地理邻近是网络形成的一个潜在动力，但不一定是最重要的动力，虽然大量的创新合作发生在地理邻近的机构间（Hoekman，Frenken and Tijssen，2010）[⑦]，这可能是由和地理邻近密切相关的其他邻近性所导致的（Breschi，Lissoni and Malerba，2003）[⑧]。实际上，大量研究表明其他形式的邻近性可能会替代地理邻近（Breschi and Catalini，2010）[⑨]。随着信息通信技术（ICT）和交通运输方式的革新，地理已死或者地理距离对区域发展无关紧要等论断受到一些学者推崇

---

① Knoben J，Oerlemans L A G. Proximity and inter - organizational collaboration：A literature review [J]. International Journal of Management Reviews，2006，8（2）：71 - 89.

② Boschma R. Proximity and innovation：a critical assessment [J]. Regional Studies，2005（39）：61 - 74.

③ Balland P A. Proximity and the Evolution of Collaboration Networks：Evidence from Research and Development Projects within the Global Navigation Satellite System（GNSS）Industry [J]. Regional Studies，2012，46（6）：741 - 756.

④ Broekel T，Boschma R. Knowledge networks in the Dutch aviation industry：the proximity paradox [J]. Journal of Economic Geography，2012，12（2）：409 - 433.

⑤ 党兴华，弓志刚. 多维邻近性对跨区域技术创新合作的影响——基于中国共同专利数据的实证分析 [J]. 科学学研究，2013，31（10）：1590 - 1600.

⑥ Ter Wal A，Anne L J. The dynamics of the inventor network in German biotechnology：geographic proximity versus triadic closure [J]. Journal of Economic Geography，2014，14（3）：589 - 620.

⑦ Hoekman J，Frenken K，Tijssen R J W. Research collaboration at a distance：Changing spatial patterns of scientific collaboration within Europe [J]. Research Policy，2010，39（5）：662 - 673.

⑧ Breschi S，Lissoni F，Malerba F. Knowledge - relatedness in firm technological diversification [J]. Research Policy，2003，32（1）：69 - 87.

⑨ Breschi S，Catalini C. Tracing the links between science and technology：An exploratory analysis of scientists' and inventors' networks [J]. Research Policy，2010，39（1）：14 - 26.

(Cairncross, 1997)[①]。但是, Desrochers (2001)[②]、刘承良等 (2017)[③]、史焱文等 (2016)[④] 并不同意这一论断, 他们认为现代技术和交通运输的快速发展, 可以促进技术和知识转移, 地理邻近仍然是企业间确保有效沟通的最佳方式。

(2) 认知邻近性。

认知邻近性是企业间在技术知识、能力、技术标准等方面认知的差异程度, 企业之间的认知邻近可有助于双方有效沟通、弥补知识和能力不足、更易获取新的创新信息 (Ahuja and Katila, 2001; 叶琴、曾刚、陈弘挺, 2017)[⑤⑥]。Mueller 和 Stewart (2016)[⑦] 认为, 企业在创新结网时, 需要共享一些知识, 以便了解合作伙伴的技术能力。无效的认知邻近可能会导致双方无法沟通, 但多个学者研究发现, 拥有过多相同或类似的知识将导致企业学习动力不足, 阻碍了新思想、新技术、新知识的传播, 从而削弱企业的竞争力 (Duysters, 2005; 李琳, 韩宝龙)[⑧⑨]。Breschi 等 (2010)[⑩] 研究发现, 企业之间技术不兼容、知识水平差异大将严重滞缓新产品开发, 企业现有知识基础强弱与否直接决定了企业开发新知识、新产品的速度与程

---

① Cairncross F. The death of distance [M]. Harvard Business School, 1997.

② Desrochers P. Geographical Proximity and the Transmission of Tacit Knowledge [J]. Review of Austrian Economics, 2001, 14 (1): 25 -46.

③ 刘承良, 桂钦昌, 段德忠, 等. 全球科研论文合作网络的结构异质性及其邻近性机理 [J]. 地理学报, 2017, 72 (4): 737 -752.

④ 史焱文, 李二玲, 李小建. 地理邻近、关系邻近对农业产业集群创新影响——基于山东省寿光蔬菜产业集群实证研究 [J]. 地理科学, 2016, 36 (5): 751 -759.

⑤ Ahuja G, Morris L C. Entrepreneurship in the large corporation: A longitudinal study of how established firms create breakthrough inventions [J]. Strategic Management Journal, 2001, 22 (6/7): 521 -543.

⑥ 叶琴, 曾刚, 陈弘挺. 组织与认知邻近对东营市石油装备制造业创新网络演化影响 [J]. 人文地理, 2017 (1): 116 -122.

⑦ Mueller M, Stewart A. Does Temporary Geographical Proximity Predict Learning? Knowledge Dynamics in the Olympic Games [J]. Regional Studies, 2016, 50 (3): 1 -14.

⑧ Duysters G. Collaboration and innovation: a review of the effects of mergers, acquisitions and alliances on innovation [J]. Technovation, 2005, 25 (12): 1377 -1387.

⑨ 李琳, 韩宝龙. 地理与认知邻近对高技术产业集群创新影响——以我国软件产业集群为典型案例 [J]. 地理研究, 2011, 30 (9): 1592 -1605.

⑩ Breschi S, Catalini C. Tracing the links between science and technology: An exploratory analysis of scientists' and inventors' networks [J]. Research Policy, 2010, 39 (1): 14 -26.

度。因此，企业构建的创新网络中，如果两家企业拥有适度相似的知识、技术和能力，那么创新网络的创新产出、创新效率、创新能力水平就会处于较高水平（Duysters，2005；朱贻文等，2017；曹贤忠等，2016）[①②③]。

（3）组织邻近性。

组织邻近性是指企业组织安排被共享的程度，如企业层次结构、常规和规则，可由文化、结构、社会等邻近性组成（Prabhu，Chandy and Ellis，2005）[④]。文化邻近包括语言、惯例和规则等元素，以及个人与群体之间的互动程度（杨雪、顾新、王元地，2014）[⑤]；结构或制度邻近是关于企业在诸如结构、体系、层次结构等宏观层面上推动知识转移，采取管制的相似程度（周青、侯琳、毛崇峰，2013；夏丽娟、谢富纪、王海花，2017）[⑥⑦]；社会邻近是企业通过非正式交流方式联系的强度（Caragliu and Nijkamp，2016）[⑧]。Balland 等（2016）[⑨] 指出，组织邻近为企业创新网络构建提供了稳定的条件和一致的环境，进而提高了企业间的相互信任，有利于相互协调，并促进知识转让，但组织邻近程度较低可能会造成缺乏信任和沟通不畅、目标错位和文化冲突等问题。

---

① Duysters G. Collaboration and innovation：a review of the effects of mergers，acquisitions and alliances on innovation ［J］. Technovation，2005，25（12）：1377－1387.

② 朱贻文，曾刚，曹贤忠，等. 不同空间视角下创新网络与知识流动研究进展［J］. 世界地理研究，2017，26（4）：117－125.

③ 曹贤忠，曾刚，邹琳，等. 基于面板数据的 R&D 投入对区域经济增长的影响［J］. 长江流域资源与环境，2016，25（2）：208－218.

④ Prabhu J C，Chandy R K，Ellis M E. The Impact of Acquisitions on Innovation：Poison Pill，Placebo，or Tonic?［J］. Journal of Marketing，2005，69（1）：114－130.

⑤ 杨雪，顾新，王元地. 文化邻近对产学合作创新倾向影响的实证研究［J］. 中国科技论坛，2014（10）：66－71.

⑥ 周青，侯琳，毛崇峰. 制度邻近性对高新技术企业合作创新的作用路径研究［J］. 科技进步与对策，2013，30（10）：81－83.

⑦ 夏丽娟，谢富纪，王海花. 制度邻近、技术邻近与产学协同创新绩效——基于产学联合专利数据的研究［J］. 科学学研究，2017，35（5）：782－791.

⑧ Caragliu A，Nijkamp P. Space and knowledge spillovers in European regions：the impact of different forms of proximity on spatial knowledge diffusion［J］. Journal of Economic Geography，2016，16（3）：lbv042.

⑨ Balland P A，Belsomartínez J A，Morrison A. The Dynamics of Technical and Business Knowledge Networks in Industrial Clusters：Embeddedness，Status，or Proximity?［J］. Economic Geography，2016，92（1）：35－60.

邻近性研究起源于西方经济地理学界，构建的多维邻近性框架一般包括地理维度（以创新网络成员间物理距离的不同为特征）、认知维度（以知识相似性程度为特征）、组织维度（共同所有权程度，社会联系强度，共享标准、习惯、条例、法律的程度）等三个维度，且被广泛应用于区域协同发展、创新网络等相关研究之中（Aguiléra，Massot and Proulhac，2012；Aguiléra，Lethiais and Rallet，2012）①②。众多学者研究成果表明，任何一种维度上的邻近性都有利于企业间相互作用及降低合作成本，但是过度邻近会带来一系列问题，导致网络锁定现象（Bathelt et al.，2004）③，也有的学者将这一现象称之为"邻近性悖论"（Boschma、Frenken，2011）④。但是另外一些学者研究发现，"邻近性悖论"并非同时存在于所有邻近性之中，如 Ponds 等（2009）⑤ 认为，地理邻近性在制度差异大的企业协作中发挥重要作用，而对于制度邻近的合作伙伴发挥作用较小，这也表明不同邻近性之间有相互替代的可能；Balland（2012）⑥ 则指出地理、制度及组织邻近对合作伙伴关系建立有促进作用，社会及认知邻近作用不大；Broekel and Boschma（2012）⑦ 研究指出除了制度邻近外，认知与组织邻近性对创新合作伙伴产出绩效有负向影响作用，而地理邻近和社会邻近具有正向作用。

---

① Aguiléra A，Massot M H，Proulhac L. Travailler et se déplacer au quotidien dans une métropole. Contraintes，ressources et arbitrages des actifs franciliens［J］. Sociétés Contemporaines，2012，80（4）：29.

② Aguiléra A，Lethiais V，Rallet A. Spatial and Non－spatial Proximities in Inter－firm Relations：An Empirical Analysis［J］. Industry & Innovation，2012，19（3）：187－202.

③ Bathelt H，Malmberg A and Maskell P. Clusters and knowledge：local buzz，global pipelines and the process of knowledge Creation［J］. Progress in Human Geography，2004，28（1）：31－56.

④ Boschma R，Frenken K. The emerging empirics of evolutionary economic geography［J］. Journal of Economic Geography，2011，11（2）：295－307.

⑤ Ponds R，Oort F V，Frenken K. Innovation，spillovers and university－industry collaboration：an extended knowledge production function approach［J］. Papers in Evolutionary Economic Geography，2009，10（2）：231－255.

⑥ Balland P A. Proximity and the Evolution of Collaboration Networks：Evidence from Research and Development Projects within the Global Navigation Satellite System（GNSS）Industry［J］. Regional Studies，2012，46（6）：741－756.

⑦ Broekel T，Boschma R. Knowledge networks in the Dutch aviation industry：the proximity paradox［J］. Journal of Economic Geography，2012，12（2）：409－433.

2.5 研究述评

通过对相关研究综述后发现，科技创新资源共享不仅是国外发达国家或地区实现区域创新能力提升、创新网络构建、创新共同体建设的重要途径，同时还是众多经济地理学者关注的研究热点领域。

展望未来，相关领域呈现出以下三个趋势：一是研究呈现出从单一的理论分析或实证分析向理论与实践相结合的研究方式转变；二是科技创新资源共享已成为学界、业界、政府、社会组织等各界人士关注的焦点，但有关科技创新资源共享机制如何实现仍是制约科技创新资源效率、创新网络构建、区域创新能力提升的关键问题；三是科技资源数据化成为支撑科学研究的重要基石，也是科技创新资源共享的基本前提。

第3章

科技创新资源共享理论基础

美籍奥地利经济学家约瑟夫·熊彼特（Joseph Alois Schumpeter）是创新理论的缔造者，在其1912年出版的著作《经济发展理论》中指出，经济不断发展的动力来自经济体系中的持续创新。创新是一种新的生产函数和新的生产要素的组合，创新包括生产新产品、采用新工艺、开辟新市场、获取新资源以及创建新管理等内容（约瑟夫·熊彼特，1990）①，创新是改变经济均衡的唯一要素，企业家是创新的主体（韩振海、李国平，2004）②。自熊彼特提出"创新是经济增长的源泉"以来，技术进步和创新在学术界受到了前所未有的重视，经济地理学者围绕创新、技术扩散、创新网络等进行了大量研究，随着外界宏观环境的变化和创新网络研究的不断深入，学界出现了新区域主义、全球生产网络、关系经济地理和演化经济地理等学术思潮和流派（吕拉昌等，2016）③。

---

① 约瑟夫·熊彼特．经济发展理论——对于利润、资本、信贷、利息和经济周期的考察［M］．北京：商务印书馆，1990.

② 韩振海，李国平．国家创新系统理论的演变评述［J］．科学管理研究，2004，22（2）：24－26.

③ 吕拉昌，黄茹，廖倩．创新地理学研究的几个理论问题［J］．地理科学，2016，36（5）：653－661.

3.1 区域创新系统理论

3.1.1 国外学者区域创新系统观

1992 年，英国卡迪夫大学菲利普·库克（Philip Nicholas Cooke）教授在深入研究国家创新系统的基础上，发表了《区域创新系统：新欧洲的竞争规则》一文，首次提出区域创新系统（Regional Innovation System，RIS）的概念，并在 1996 年主编的《区域创新系统：全球化背景下区域政府管理的作用》一书中指出，指出区域创新系统是由在地理上相互分工与关联的生产企业、研究机构和高等教育机构等构成的区域性组织系统，该系统支持并产生创新。因而可将区域创新系统定义为，地理上确定的、行政上支持的创新网络和机构的安排，这种安排以有规则的、强有力的相互作用提高了区域内企业的创新产出（Cooke，2000，2010）[①②]。此后，世界范围内掀起了关于区域创新系统的研究热潮。区域创新系统是借鉴国家创新系统的理论和方法研究一国内某一特定区域的创新问题，区域创新系统既是对创新系统理论的发展，又是对经济地理学、区域经济学的发展，主要强调内生要素对企业创新的决定性作用，一般受到创新主体、创新联系和创新环境的影响。

Autio（1998）[③] 指出，区域创新系统主要由根植于同一区域社会经济和文化环境中的知识应用和开发、知识生产和扩散这两个子系统构成，创新网络与机构之间以正式和非正式联系发生作用（图 3－1）。Cooke（2002）[④] 认为，区域创新系统内的研究机构、大学、技术转移等机构，有

① Cooke P，Sehienstock G. Structural competitiveness and learning regions [J]. Enterprise and Innovation Management Studies，2000，1（3）：265－280.

② Cooke P. New Regional Innovation System Models [R]. the Second Technological Innovation Management and Policy International Symposium，Changsha，China，2010.

③ Autio E. Evaluation of RTD in regional systems of innovation [J]. European Planning Studies，1998，6（2）：131－140.

④ Cooke P. Regional innovation system：General findings and some new evidence from biotechnology clusters [J]. Journal of Technology Transfer，2002，27（1）：133－145.

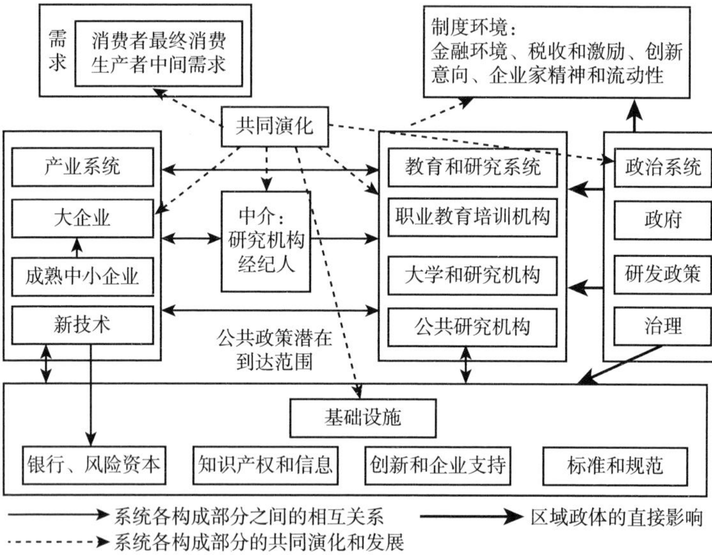

图 3-1 Autio 的区域创新系统框架

资料来源：Autio E. Evaluation of RTD in regional systems of innovation [J]. European Planning Studies, 1998, 6 (2): 131-140.

利于区内企业创新效率的提高。区域创新系统由知识应用及开发子系统、知识生产和扩散子系统、区域社会经济和文化基础、外部因素组成，深刻地揭示了创新系统的本质（图 3-2）。

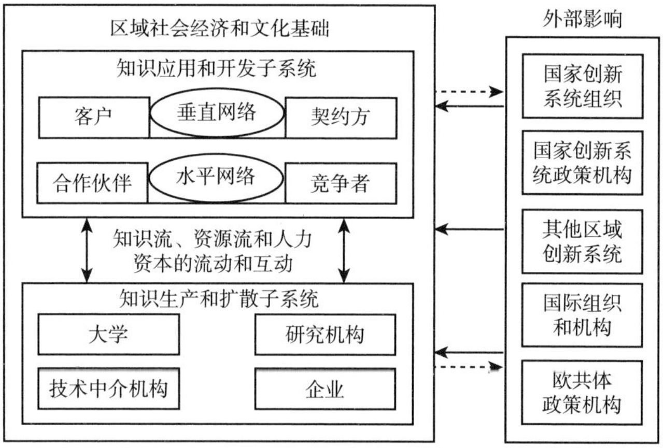

图 3-2 Cooke 的区域创新系统框架

资料来源：Cooke P. Regional Innovation Systems: General Findings and Some New Evidence from Biotechnology Clusters [J]. Journal of Technology Transfer, 2002, 27 (1): 133-145.

区域创新系统中的创新主体主要包括企业、大学与科研机构、中介服务机构和政府部门，他们通过知识流动形成一个相互促进的网络系统。其中，企业是区域创新系统最重要的创新主体，在一定程度上决定了整个创新系统的创新能力（顾新，2002）[①]（图 3－3）。

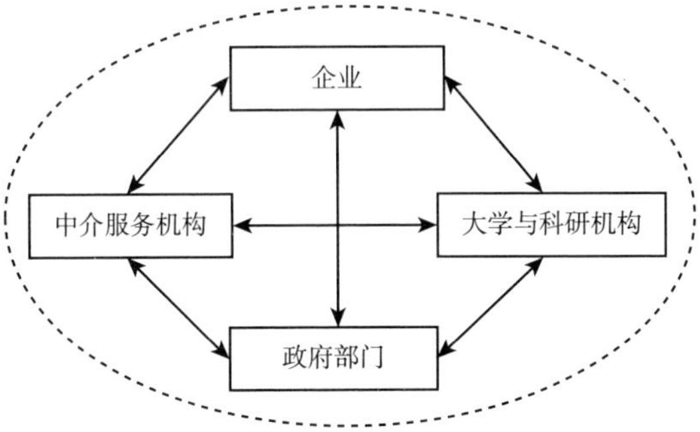

图 3－3　区域创新系统创新主体构成

资料来源：顾新．区域创新系统论［D］．成都：四川大学，2002.

区域创新系统的创新机制本质上是驱动区域创新活动的内、外部制度条件总和。其中，内部制度条件包括信用契约、企业利润、创新学习，外部制度条件包括市场需求、区域竞争、政策导向（图 3－4）。

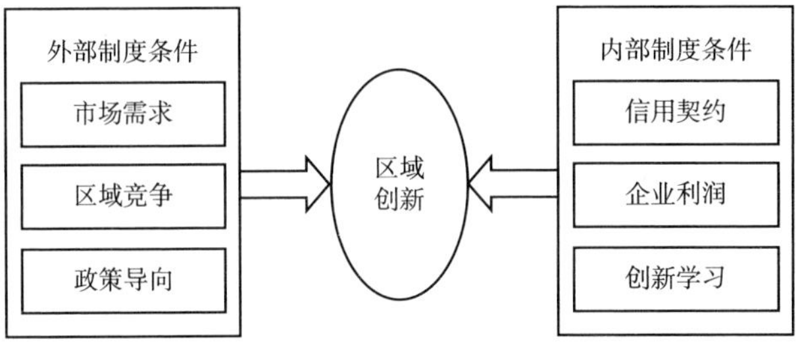

图 3－4　区域创新系统创新机制图示

资料来源：朱晓霞．区域创新系统中中小企业角色定位与成长对策研究［D］．哈尔滨：哈尔滨工程大学，2008.

在内部制度条件中，忠诚和信用是区域创新系统构建的基础，由于主

---

① 顾新．区域创新系统论［D］．成都：四川大学，2002.

体间创新资源和创新能力各有所长，加之技术创新存在着较大的不确定性，从而使得结网成为一种必然的选择，契约协议成为合作的重要保障；企业利润是结网的最终目标，公平合理的利益分配机制是保证区域创新系统顺利实施的前提；创新学习有利于各主体吸取合作方之长，是提升区域创新系统创新水平的重要保障。在外部制度条件中，随着市场需求多样化和个性化的进一步发展，满足顾客特殊需求的能力成为企业新时期获取竞争优势的关键，市场需求是区域创新系统建设的原动力；为了应对来自区外企业的激烈竞争，企业竞争战略实现了从“以邻为壑”到“以邻为伴”的转变；政策导向主要包括国家政府和地方政府对各主体的创新政策引导，是区域创新系统的重要支撑（朱晓霞，2008）①。

3.1.2 国内学者区域创新系统观

运用 Citespace 软件对 1990 ~ 2020 年中国知网收录的核心和 CSSCI 期刊所刊载的文献进行分析，时间切片选择 5 年，并遴选每个片中前 50 的关键词形成知识图谱，为了简化关键词知识网络结构并突出重点关键词间的联系，采用 Minimum Spanning Tree 算法对所有切片组成的网络进行剪裁。以区域创新、创新系统、创新网络为关键词搜索经济学、地理学、管理学、社会学领域的 CSSCI 核心文献。关键词出现频率排序：创新网络（397）、区域创新（379）、创新系统（185）、产业集群（59）、创新绩效（30）、技术创新（28）、知识溢出（16）、创新能力（15）、产业集聚（15）、协同创新（13）、知识流动（13）、创新效率（13）（图 3 – 5）。

关于创新网络、区域创新、创新系统以及创新四个领域的研究从 1998 年就已经开始并一致延续至今成为创新研究的重点；有关产业集群、创新效率、创新能力、网络结构等领域的研究随着空间计量以及引力模型的使用而逐渐成为研究的重点（图 3 – 6）。

---

① 朱晓霞．区域创新系统中中小企业角色定位与成长对策研究［D］．哈尔滨：哈尔滨工程大学，2008.

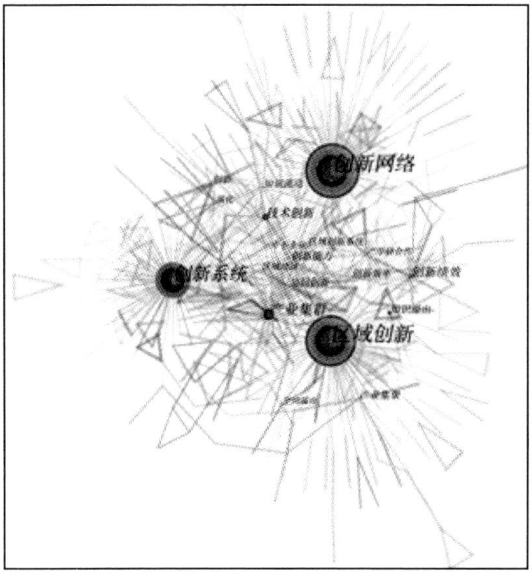

图 3－5　1990～2020 年创新系统关键词频率图示

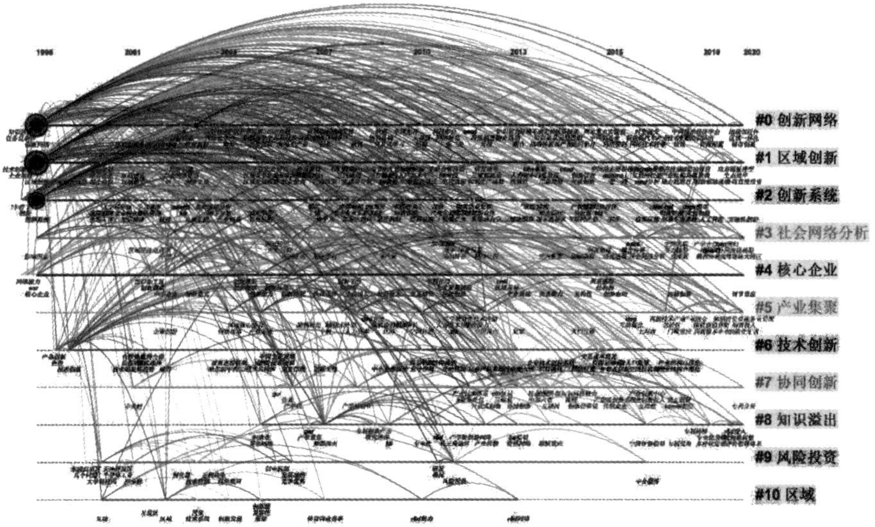

图 3－6　1990～2020 年创新系统关键词聚类演变图示

区域创新系统研究的重要学者主要包括王缉慈、曾刚、苗长虹、余维新、刘国燕、孙永磊、党兴华等（图 3－7），对区域创新系统概念、框架、案例及演化等进行了系统深入的探讨。尤其是以北京大学王缉慈教授和曾刚教授的区域创新系统相关研究为学术界所推崇。

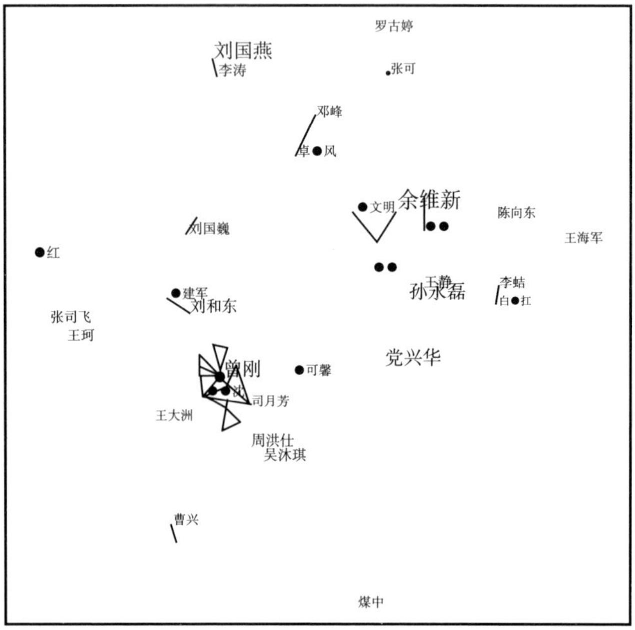

图 3－7　1990～2020 年区域创新系统主要研究机构

从 1990 年代末开始，北京大学王缉慈教授、华东师范大学曾刚教授等国内经济地理学者开展了产业集群、区域创新系统研究，并结合上海张江、北京中关村案例分析，取得了一系列丰硕研究成果。王缉慈（2001，2010）①② 将发展中国家产业集群分为无核式产业集群、轮轴式产业集群、卫星平台式产业集群等三种类型（图 3－8）。滕堂伟、曾刚（2009）③ 指出，我国区域创新系统经历了零散创新合作、单中心创新合作和多中心创新合作三个发展阶段，而创新中心既可以是区域创新系统中的核心企业，也可以是公共研究机构或创新平台。随着区域创新系统功能不断完善，创新中心专业化趋势明显，各个创新中心之间的互动越来越频繁，合作内容也日趋广泛和深入（图 3－9）。

① 王缉慈．创新的空间—企业集群与区域发展［M］．北京：北京大学出版社，2001.
② 王缉慈．超越集群：中国产业集群的理论探索［M］．北京：科学出版社，2010.
③ 滕堂伟，曾刚，等．集群创新与高新区转型［M］．北京：科学出版社，2009.

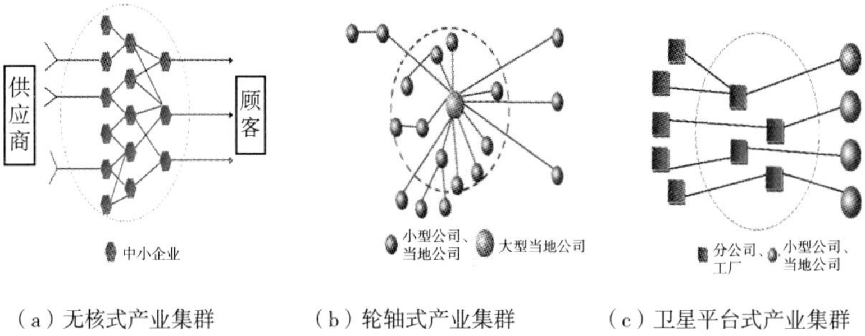

图 3－8　发展中国家的三类主要产业集群

资料来源：王缉慈．创新的空间—企业集群与区域发展［M］．北京：北京大学出版社，2001.

总体而言，区域创新系统理论主要致力于解释地区经济布局以及区域高技术产业、科技园、创新网络和创新项目政策的影响。区域创新系统理论认为区域是企业的“群”，这些区域由通过合作和竞争规则的企业网构成，并且已经形成全球的竞争力。区域创新系统是一个开放的社会系统，创新是经济参与者之间相互作用的结果。区域创新网络作为区域创新系统的主要组织形式，其关键网络结点特性、信息流动以及网络秩序是直接影响区域创新效率。通过对区域创新系统进行比较分析，可以准确辨识、诊

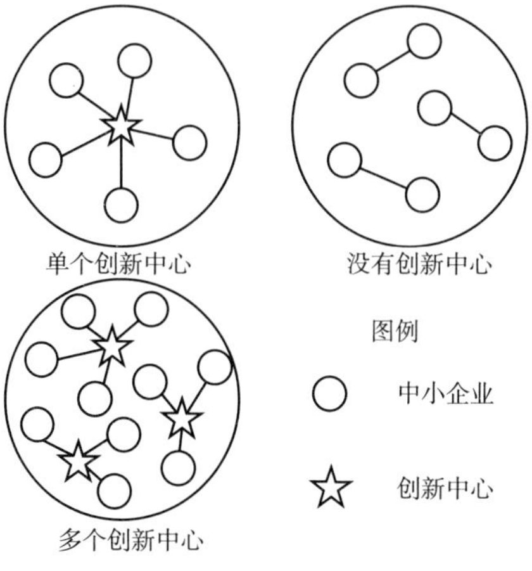

图 3－9　区域创新网络的阶段划分

资料来源：滕堂伟，曾刚，等．集群创新与高新区转型［M］．北京：科学出版社，2009.

断区域产业链和价值获取能力、组织机构特征及其“短板”，进而提出有针对性的对策建议，为提升区域创新能力、国际竞争力服务（胡志坚、苏靖，1999）①。

区域创新系统理论致力于解释地区经济布局以及区域高技术产业、科技园、创新网络和创新项目政策的影响，粤港澳创新合作等便是区域创新系统的有力实践。区域创新系统理论认为区域是企业的“群”，这些区域由通过合作和竞争规则的企业网构成，并且已经形成全球的竞争力。区域经济发展不是潜在利益现象的简单集合而是系统整合，系统整合方法是协调企业间关系的最重要的方法。创新系统是一个开放的社会系统，创新是经济参与者之间相互作用的社会结果。区域创新网络作为区域创新的主要形式，区域创新网络中的关键网络结点特性、信息流动以及网络秩序是一个区域创新关键要素。在知识经济和网络经济背景下，加强区域协同创新也是长三角区域高质量一体化发展的必然选择。

区域创新系统由主体要素、功能要素和环境要素等三部分构成，主体要素包括区域内的企业、大学、科研机构、中介服务机构和地方政府；功能要素包括制度创新、技术创新、管理创新和服务创新；环境要素包括体制、机构、政府或法制调控、基础设施建设和保障条件等。为此，长三角区域科技创新资源的协同发展不应只是各地区的协同发展，更主要的是加强各地区的企业、科研院所、产业园、中介服务机构等的协同创新，构建起长三角的区域创新系统。同时，长三角应通过制度、技术、管理和服务等要素的创新，以及体制机制、基础设施等的改革与完善推动实现协同发展。

3.2

全球生产网络理论

3.2.1 全球生产网络理论起源

国内外学者针对全球生产网络的定义和内涵构建了几个重要的概念框

① 胡志坚，苏靖．区域创新系统理论的提出与发展［J］．中国科技论坛，1999，11：20－23.

架。首先，Dicken（2004）[①] 提出了一个理解全球生产网络的概念框架（图 3－10）。该框架既采取了全球化过程及结果的结构主义视角，也考虑到不同主体的行为，尤其强调不同主体如何通过不平等的权力关系而相互连接及被管治。该框架被 Coe 等（2008）[②] 所引用。

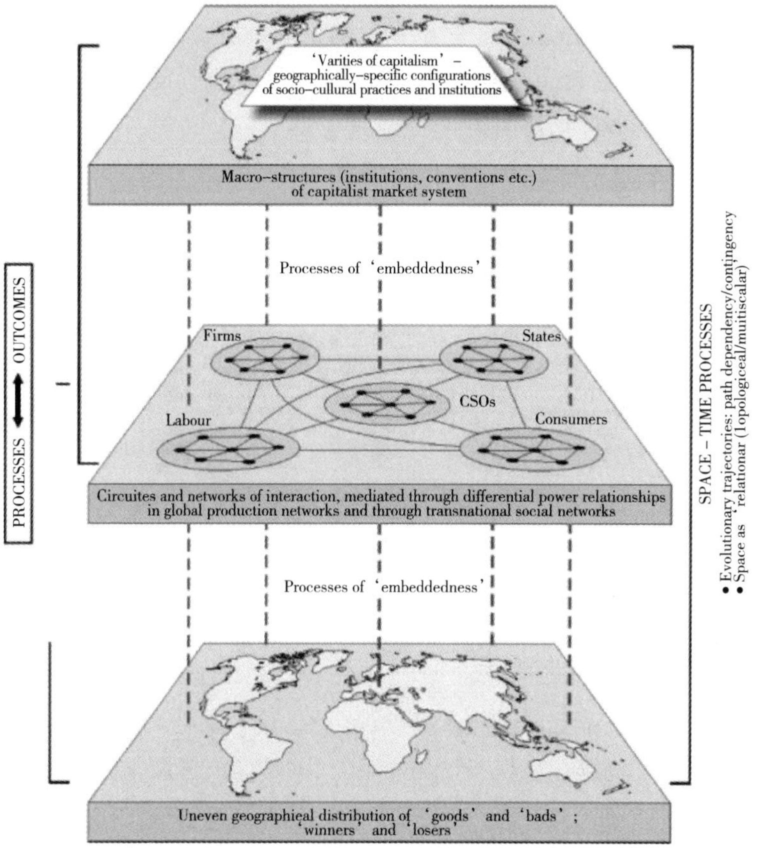

图 3－10　Dicken（2004）的全球生产网络概念框架

资料来源：Dicken. Geographers and 'globalization'：(yet) another missed boat? [J]. Transactions of the Institute of British Geographers. 2004，29（1）：5－26.

① Dicken. Geographers and 'globalization'：(yet) another missed boat? [J]. Transactions of the Institute of British Geographers. 2004，29（1）：5－26.

② Coe N，Dicken P and Hess M. Global production networks：realizing the potential [J]. Journal of Economic Geography，2008（8）：271－295.

其次，Henderson 等（2002）① 提出了另一个全球生产网络的概念框架（图 3－11）。该框架与 Dicken 的框架相比空间背景的表征略显不足，而更强调构成全球生产网络不同的要素和维度。具体而言，全球生产网络包括三个基本要素：价值、权力和嵌入。价值指各种形式的经济租金；权力指违背另一个主体的意愿而影响其行为的能力；嵌入这主要指在特定社会制度背景中的演化路径、对特定地方的锚定和与网络中不同主体的联系强度。这些要素主要在四个维度中运作：公司、部门、网络和制度。该概念框架被 Coe（2009）② 所引用。

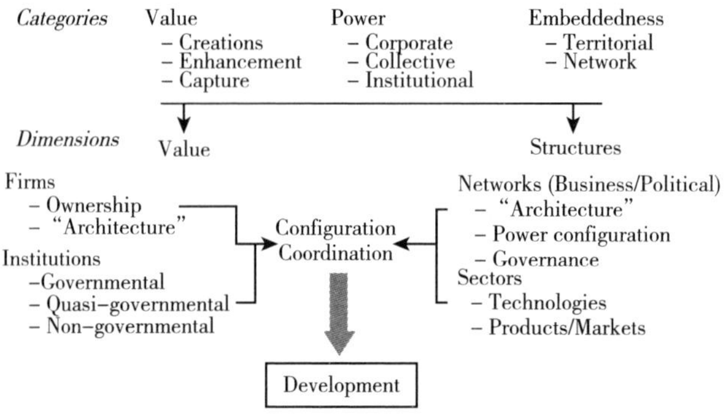

图 3－11　Henderson 等（2002）的全球生产网络概念框架

资料来源：Henderson J. Globalisation on the Ground: Global Production Networks, Competition, Regulation and Economic Development [J]. Centre on Regulation and Competition（CRC）Working papers, 2002.

再次，Ernst 和 Kim（2002）③ 提出了一个全球生产网络组织结构框架（图 3－12）。该框架以领导厂商为中心，将领导厂商的子公司和合资公司与它的承包商、供应商、服务商及战略联盟联系在一起；既涵盖了公司内及公司间的交换，也包括了各种形式的协调机构。该组织网络的主要目的是为领导厂商提供快捷、低成本地获取资源、容量和知识等的机会。

---

① Henderson J. Globalisation on the Ground: Global Production Networks, Competition, Regulation and Economic Development [J]. Centre on Regulation and Competition（CRC）Working papers, 2002.

② Coe N M. Global Production Networks [A]. R Kitchin, N Thrift（Eds.）. International Encyclopedia of Human Geography [M]. Oxford: Elsevier, 2009: 556－562.

③ Ernst, Kim. Global production networks, knowledge diffusion, and local capability formation [J]. Research Policy. 2002, 31（8－9）: 1417－1429.

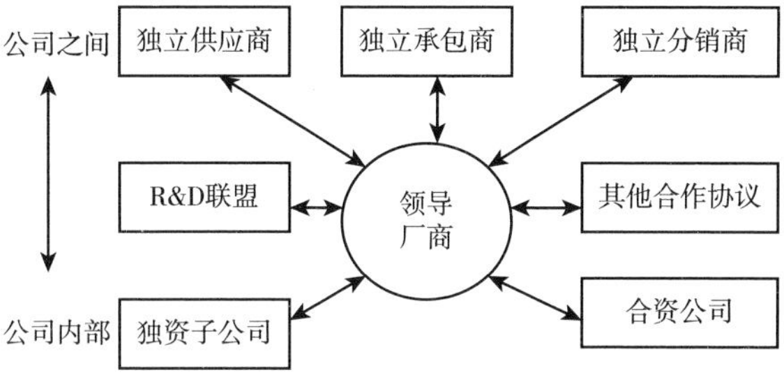

图 3-12　Ernst 和 Kim（2002）的全球生产网络基本组织结构

资料来源：Ernst，Kim. Global production networks，knowledge diffusion，and local capability formation [J]. Research Policy. 2002，31（8-9）：1417-1429.

最后，Coe 等（2004）① 提出了一个解释全球生产网络与区域发展的交互关系的概念框架（图 3-13）。该框架纳入了战略性耦合（strategic coupling）这一重要概念，将公司网络与区域的制度、组织乃至资产的互动关系纳入对全球生产网络形成和演化的分析。该框架被 Coe（2009）② 所引用。

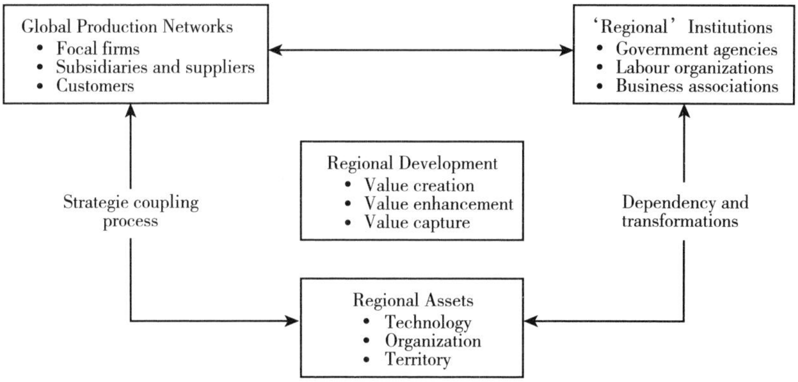

图 3-13　Coe 等（2004）的全球生产网络基本组织结构

资料来源：Coe N M，Hess M，Yeung W C，et al. "Globalizing" Regional Development：A Global Production Networks Perspective [J]. Transactions of the Institute of British Geographers，2004，29（4）：468-484.

---

① Coe N M，Hess M，Yeung W C，et al. "Globalizing" Regional Development：A Global Production Networks Perspective [J]. Transactions of the Institute of British Geographers，2004，29（4）：468-484.

② Coe N M. Global Production Networks [A]. R Kitchin，N Thrift（Eds.）. International Encyclopedia of Human Geography [M]. Oxford：Elsevier，2009：556-562.

综合已有的定义和概念框架，可以把全球生产网络界定为由公司和各种非公司结构围绕产品的设计、生产和销售在全球范围内组织起来的生产体系和生产组织治理模式，其核心的要素是价值、权力和镶嵌，其主要组织形式是围绕领导企业的生产网络和以区域—公司耦合为特征的空间与制度嵌入。

英国著名经济地理学家彼得·迪肯（Peter Dicken）教授指出，20 世纪 50 年代以来，全球经济空间重组中最为显著的特征为跨国生产网络的加速形成和区域经济集团的激增（Dicken，2003）①。当今的跨国生产网络对传统以区位分析和区域内部分工为基础的经济地理学理论产生了巨大挑战。一方面，跨国公司全球扩张和全球生产链的演化，深刻改变着全球生产分工与市场联结的格局，跨国联系对国际分工产生更为重要的影响；另一方面，全球范围内的企业激烈竞争重构了地理空间尺度，不仅催生了一批新地方性产业集群和生产中心，而且还使不同国家间的管制力量交互作用、相互整合，形成诸多超国家集团（Dicken et al.，2001）②。为了分析这种日益强化的跨国联系和越来越复杂的“全球—地方化”过程，全球生产网络（Global Production Network，GPN）应运而生（MacKinnon，2012）③。

全球生产网络理论是多个学者长期研究的结果，总结起来，其理论主要起源于以下几个方面，即 20 世纪 80 年代早期价值链分析框架、20 世纪 80 年代中期的网络和嵌入视角、20 世纪 80 年代中期行动者—网络分析、20 世纪 90 年代中期的全球商品链和价值链分析等（Hess、Yeung，2006）④（表 3－1）。

---

① Dicken P. Global shift：Reshaping the global economic map in the 21st century［M］. London：Sage，2003.

② Dicken P，Kelly P F，Olds K. Chains and networks，territories and scales：towards a relational framework for analysing the global economy［J］. Global Networks，2001，1（2）：89－112.

③ MacKinnon D. Beyond strategic coupling：reassessing the firm－region nexus in global production networks［J］. Journal of Economic Geography，2012，12（1）：227－245.

④ Hess M，Yeung H W－C. Whither Global Production Networks in Economic Geography? Past，Present，and Future［J］. Environment and Planning A，2006，38（7）：1193－1204.

表 3-1 全球生产网络分析框架的理论起源

研究基础	主要学科	关键概念	主要研究者
20 世纪 80 年代早期价值链分析框架	战略管理	生产阶段、竞争策略、竞争优势	Michael Porter
20 世纪 80 年代中期的网络和嵌入视角	经济社会学、组织研究、战略管理	关于商务形成和绩效的组织间关系；经济活动和社会结构的交互关系	Ronald Burt Mark Granovetter Carlos Jarillo Jan Johanson Nitin Nohria Walter Powell
20 世纪 80 年代中期行动者—网络分析	科学和技术研究、社会科学后结构注意研究	异质关系；远程控制；人或非人的行动元	Michel Callon Bruno Latour John Law
20 世纪 90 年代中期的全球商品链和价值链分析	经济社会学、发展研究	作为连续链条的商品生产；链式组织中的价值创造	Dieter Ernst Gary Gereffi John Humphrey Hubert Schmitz

资料来源：Hess M, Yeung H W - C. Whither Global Production Networks in Economic Geography? Past, Present, and Future [J]. Environment and Planning A, 2006, 38 (7): 1193 - 1204.

目前关于全球生产网络的定义，以 Coe 和 Yeung 等学者的定义在学界应用最为广泛。新加坡经济地理学家 Neil Coe 在《人文地理学国际百科全书》中曾对全球生产网络的理论背景、概念内涵、应用领域及其面临的挑战进行过系统梳理。Coe 等（2009）① 指出，全球生产网络（GPN）是由公司和非公司机构在全球范围内组织起来的、生产和分配商品与服务的、相互关联的功能和运作的联结（nexus），即由在空间上超越国家边界的、相互联系的节点和联系组成的生产网络。新加坡国立大学

① Coe N M. Global Production Networks [A]. R Kitchin, N Thrift (Eds.). International Encyclopedia of Human Geography [M]. Oxford: Elsevier, 2009: 556 - 562.

Henrry Yeung（2009）[①] 认为，全球生产网络是由一个全球尺度上有影响力的跨国公司（globally significant TNC）协调和控制、由跨国公司的海外分支机构、战略合作伙伴、核心消费者及非公司机构等共同构成、为全球市场跨越多个地理位置生产各种商品或服务的生产网络。国内也有一些学者对全球生产网络进行了研究，如中国科学院地理科学与资源研究所刘卫东研究员认为，全球生产网络是通过一系列（正式的和非正式的）制度，将网络中不同等级层次的参与者进行平行整合，从而形成的跨国企业中各功能环节部门相互联系、互相协作的一种全球生产组织治理模式"，并借此探讨了政府通过政策引导跨国公司"被动嵌入"地方并推动中国汽车工业发展的方式（高菠阳、刘卫东等，2011；Liu、Dicken，2006）[②③]。北京大学王缉慈教授分析了信息技术产业全球网络与地方产业网络的关系，着重阐述全球—本地网络中的知识流动、积累和创新，并认为已经初步形成了硅谷—新竹—东莞的 PC 产业全球生产网络新干线（童昕、王缉慈，1999）[④]。华东师范大学曾刚教授以嵌入生产者驱动型价值链的浦东集成电路地方产业网络作为研究的对象，分析了全球领先公司的治理行为对浦东集成电路地方产业网络升级的影响（曾刚、文婷，2004）[⑤]。

以 Dicken、Hess、Coe、Yueng、Henderson 等为代表的经济地理学者，对全球生产网络理论的发展做出了重要贡献，创建了曼城学派，发表了全球生产网络 1.0 版和全球生产网络 2.0 版研究成果。

---

① Yeung H W – C. The Rise of East Asia：An Emerging Challenge to the Study of International Political Economy ［A］. M Blyth（Eds.）. Routledge handbook of international political economy（IPE）：IPE as a global conversation ［M］. London：Routledge，2009：201 – 215.

② 高菠阳，刘卫东，Norcliffe G，等．国际贸易壁垒对全球生产网络的影响——以中加自行车贸易为例［J］．地理学报，2011（4）：477 – 486.

③ Liu Weidong，Peter Dicken. Transnational corporations and 'obligated embeddedness'：Foreign direct investment in China's automobile industry ［J］. Environment and Planning A，2006（38）：1229 – 1247.

④ 童昕，王缉慈．硅谷—新竹—东莞：透视 IT 产业全球生产网络［J］．科技导报，1999（16）：14 – 16.

⑤ 曾刚，文婷．上海浦东信息产业集群的建设［J］．地理学报，2004，S1：59 – 66.

3.2.2　全球生产网络核心观点

全球生产网络理论发展经历了 1.0 版到 2.0 版的转变。全球生产网络 1.0 版建立在全球商品链和行动者网络理论之上，强调企业网络和相关地方制度的复杂性，关注组织结构和空间结构及其发展演变过程。全球生产网络 1.0 版提供了一个更普适的对全球生产网络的理论架构，在经济地理学产生了重要影响（Neilson et al.，2014）①。

总体上，曼彻斯特学派 GPNs 研究以企业、制度、关系/流、空间/地方为主要考察维度，并以技术、时间为外在影响要素，主要围绕价值（Value）、权力（Power）与镶嵌（Embeddness）三个研究领域进行问题探讨，包括特定产品研发投入、设计、生产和营销的企业网络是如何形成又如何实现全球和区域组织；网络中企业权力的分配与变化情况；劳动力的意义及价值的创造、转移机制和过程；地方制度等要素如何影响网络中地方的企业策略；生产网络中的企业如何实现技术升级并促进地方经济发展等。

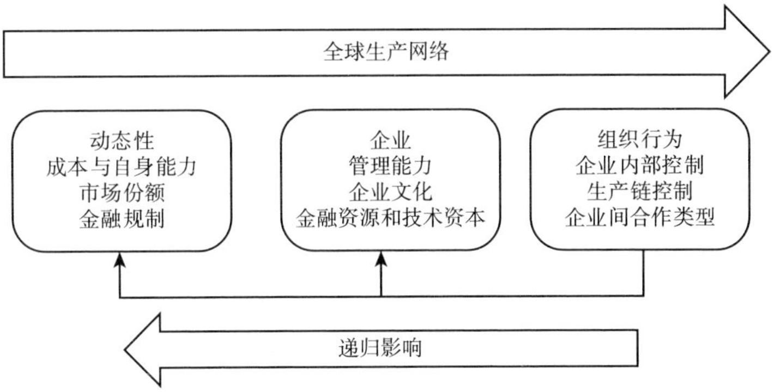

图 3－14　全球生产网络动态发展驱动机制示意图

资料来源：Yeung H W－C，Coe N M. Toward a dynamic theory of global production networks [J]. Economic Geography，2015（91）：29－58.

① Neilson J，Pritchard B，Yeung H W C. Special issue：Global value chains，global production networks and the role of the state [J]. Review of International Political Economy，2014（21）：1－274.

如前所述，全球生产网络被很多学者质疑其理论性不足。为此，新加坡国立大学杨伟聪教授2015年提出了GPN2.0版本。GPN2.0不再重点强调网络的嵌入性或产业链治理，而是阐述了三个独立的变量，通过这三个变量塑造出四种行动者策略。首先，对低成本的追求和自身能力的限制在很大程度上解释了企业如何成长为领军企业或在全球范围内选择生产区位。其次，正如Gereffi提出的买方驱动的GCC中所指出，对市场份额的追求同样推动了生产的和海外供应网络的国际化，而市场主导权的变化乃至对新市场的开拓强烈推动了全球生产网络的发展和重构。再次，伴随金融化的压力和机会使得领军企业向着发展和扩张其全球生产网络的方向转变。那些成功满足金融规制条件的领军企业反过来因其在金融市场上表现良好而有能力进一步推动其生产网络的扩张。最后，在全球生产网络中，不论是领军企业还是供应商都面临着高度的不确定性和不可预测性。这一不断变化的风险环境对于全球生产网络具有重要的影响。Yeung 和 Coe 总结了5种风险——经济风险、产品风险、管制风险、劳动风险和环境风险。每类风险都会对不同主体产生不同程度的影响。在这些竞争性变化的影响下，不同类型的跨国公司会采取多种不同的战略（Yeung、Coe，2015）[①]（图3-14）。

在GPN理论中，位于不同地理位置的行动者会采取不同的策略，即便有时来自同一产业或同一区域（国家），其策略也会不同。这个问题在现有的GVC和GPN理论中难以解释。GPN的这一突破，使我们可以针对不同产业不同地区的行动者考虑其在全球生产网络中的采取不同组织行为的因果机制。GPN理论最终可以提供一个强大的理论框架，解释全球经济中国家间与国家内发展不平衡的问题。

3.3 全球—地方创新网络理论

1987年，英国著名技术创新研究专家克里斯托夫·弗里曼（Christo-

① Yeung H W - C, Coe N M. Toward a dynamic theory of global production networks [J]. Economic Geography, 2015 (91): 29 - 58.

pher Freeman）提出国家创新系统的概念。他认为，技术变化和创新的比率是由一系列私人和公共部门组织的互动而决定的——包括企业、大学、研究机构、政府、教育机构、投资者，它们集合起来去创造、开发和传播新技术和创新，国家和区域政府在其中发挥着重要作用。国家、区域的创新和经济效率是地域特征鲜明的市场、非市场机制共同作用的产物。即使在贸易增加、资本流动加速的全球化时代，各类知识、知识资本比其他的资源流动性小，知识转移和创新扩散过程复杂，很难跨国、跨区域简单复制和转移，具有浓厚地域色彩的区域创新系统不仅没有减退、消亡，而且还显示了越来越强的生命力。

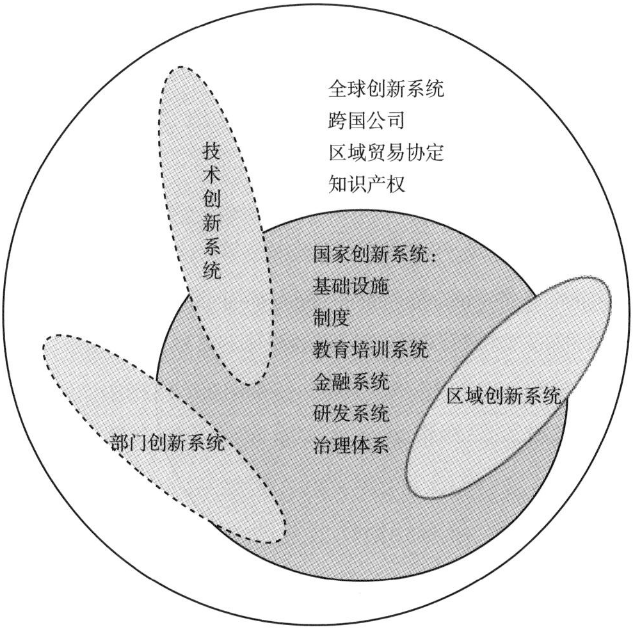

图 3-15 不同尺度与类型创新系统之间的关系

资料来源：［1］Frenz M，Oughton C. Innovation in the UK Regions and Devolved Administrations：A Review of the Literature. Report to the Department of Trade and Industry，2005. ［2］曾刚. 长江经济带协同创新研究：创新·合作·空间·治理［M］. 北京：经济科学出版社，2016.

图 3-15 显示了不同创新系统内涵、根植性及其相互渗透的问题

(Frenz、Oughton，2005；曾刚，2016)[①②]。从空间尺度上看，创新系统可以分为区域创新系统、国家创新系统和全球创新系统。区域创新系统是国家创新系统的子系统，其工作重点是为技术开发、转移、应用、扩散提供必要的区域支撑。区域创新系统不是国家创新系统的缩影，而是创新的区域化（李虹，2004)[③]。尽管国家创新系统与区域创新系统在利益和目标定位等方面具有差异性，但并不存在完全独立于国家创新体系之外的区域创新系统，也没有忽略区域创新系统的国家创新系统。区域创新系统需要一些国家创新系统提供的重大、共性、关键科学技术及基础设施平台的支撑，国家创新系统是区域创新系统健康运转的一个关键支撑力量。总之，区域创新系统受国家创新系统约束，承担国家创新系统赋予的任务。富有特色、具有多样性和灵活性、并与国家创新系统互动互融，是区域创新系统永葆生命力之关键所在，也是国家创新系统在复杂多变的国际竞争环境中立于不败之地的源泉（杨忠泰，2006)[④]。

随着经济全球化时代的快速发展，创新在区域经济发展中的地位日益重要，资本、土地、劳动力等区位要素也逐渐向技术创新要素转变，在这一过程中，经济地理学者强调全球和地方两个空间尺度创新要素互动的重要性，对全球和地方空间尺度的创新网络开展了大量研究（Dicken，1994；Boschma，2005)[⑤⑥]。20世纪90年代，Robertson首次引入了全球—地方化(Glocalization）的概念，并指出全球—地方化可能会替代全球化（Global-

① Frenz M，Oughton C. Innovation in the UK Regions and Devolved Administrations：A Review of the Literature. Report to the Department of Trade and Industry，2005.

② 曾刚．长江经济带协同创新研究：创新·合作·空间·治理［M］．北京：经济科学出版社，2016.

③ 李虹．区域创新体系的构成及其动力机制分析［J］．科学学与科学技术管理，2004（2）：34－36.

④ 杨忠泰．区域创新体系与国家创新体系的关系及其建设原则［J］．中国科技论坛，2006(5)：42－46.

⑤ Dicken P. Global－local tensions：Firms and states in the global space－economy［J］．Economic Geography，1994（70）：101－128.

⑥ Boschma R. Proximity and innovation：a critical assessment［J］．Regional Studies，2005(39)：61－74.

ization）和地方化（localization）的概念（Robertson，1995）[①]，目前在经济地理学领域，关于全球—地方创新网络的研究尚不多见，Bathelt 在提出“本地蜂鸣—全球通道”模型以来，又对本地创新主体与全球创新主体的知识交流进行了探讨，他认为区域发展受益于本地知识与全球知识的交互作用（Bathelt、Cohendet，2014）[②]。华东师范大学曾刚教授研究团队则较为系统地总结了全球—地方联结下创新网络的概念，并对其研究理论渊源、研究进展及未来的研究思路进行了深入剖析，他们指出全球—地方创新网络是指特定产业、技术领域内，分布在世界各地并具有相关关联的创新主体为追求创新而建立的地方和全球网络合作联系的总和（司月芳等，2016；曹贤忠，2019）[③④]。

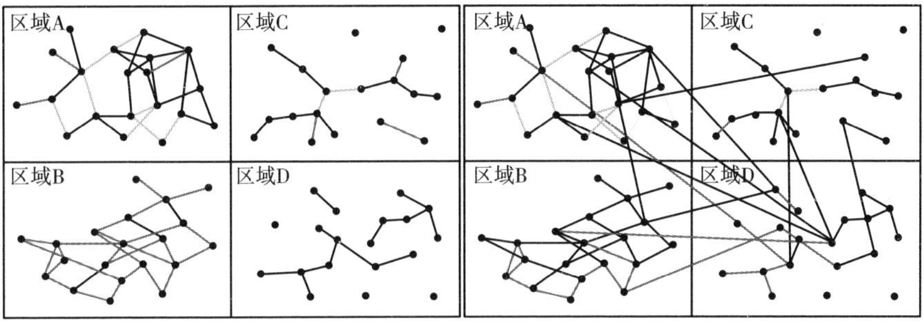

（a）基于地方的区域创新网络　　（b）基于全球和地方相联结的创新网络

图 3-16　不同类型区域创新网络比较

资料来源：曹贤忠．基于全球地方视角的上海高新技术产业创新网络研究［M］．北京：中国财政经济出版社，2019.

基于区域创新系统理论、全球生产网络理论，全球—地方创新网络成为不同空间尺度创新系统耦合的目标。全球—地方创新网络是区域创新系统与

---

① Robertson R. （n. d.） The conceptual promise of glocalization：commonality and diversity，1995. http：//artefact. mi2. hr/_aO4/lang_en/index_en. htm.

② Bathelt H and Li P F. Global cluster networks—foreign direct investment flows from Canada to China［J］. Journal of Economic Geography，2014，14（1）：45-71.

③ 司月芳，曾刚，曹贤忠，等．基于全球—地方视角的创新网络研究进展［J］．地理科学进展，2016，35（5）：600-609.

④ 曹贤忠．基于全球地方视角的上海高新技术产业创新网络研究［M］．北京：中国财政经济出版社，2019.

全球创新网络的综合，对当今创新网络的现实解释力更强（图 3－15）。基于区域创新系统理论，图 3－9 中区域 B 为创新最为活跃的地方；基于全球创新网络理论，区域 B 是全球联系最为通畅的地方；而基于全球—地方创新网络理论，区域 D 拥有地方网络资本和全球网络资本的双重优势，是创新合作条件最佳的地方，比较符合当今国际创新网络发展演变的现实。

第4章

长三角区域科技创新资源空间分布特征

习近平总书记提出，“长三角地区要实现更高质量的一体化发展，更好地引领长江经济带发展，更好地服务国家发展大局”“将支持长江三角洲区域一体化发展并上升为国家战略”。长江三角洲地区包括沪、苏、浙、皖三省一市，是我国经济最具活力、开放程度最高、创新能力最强的区域之一。不少专家指出科技创新领域率先实现一体化是推动长三角区域一体化的突破口，而科技创新领域的一体化离不开科技创新资源的支撑（曾刚、曹贤忠，2020）[①]。长三角地区科技创新资源富集且各具特色，上海是我国具有世界影响力的人才高地和开放前沿，江苏制造业实力和应用技术创新能力强，浙江互联网经济领先发展，安徽大科学设施和基础科研能力一枝独秀。然而，长三角地区科技创新资源空间分布是否均衡？不同的科技创新资源空间分布有何差异？基于长三角高质量一体化目标，有哪些优化策略？这些问题尚待深入研究。

科技创新资源是长三角地区实现高质量一体化发展的重要资源，探讨其空间分布及优化策略具有非常重要的意义。本章从科技创新投入资源和创新主体资源（高校、科研机构、企业）两个方面，尝试深入剖析长三角区域41个城市间科技创新资源的区际差异及空间关联，并结合长三角区域高质量一体化发展的目标，从管理体制创新、科技创新资源共享等方面提出促进长三角区域实现创新驱动发展的应对策略。

---

① 曾刚，曹贤忠．推进长三角创新共同体建设的体制机制创新建议［J］．张江科技评论，2020，23（6）：38－40.

4.1 文献回顾

基于 Web of Knowledge 和中国知网（CNKI）科技文献数据库，系统梳理国内外相关领域研究文献发现，科技创新空间分布问题一直是经济学、管理学和地理学者关注的重点领域，创新投入资源、创新产出、创新效率的空间差异以及创新资源与区域经济增长的关系更是成为当前研究的重中之重。

科技创新资源空间分布相关研究集中于科技创新投入资源和创新产出两个方面。如程泉民（2012）[①] 对创新资源采用科技人力资源、科技物力资源、科技财力资源和科技技术资源四方面的评价指标对我国 2000～2010 年的数据进行分析，研究发现我国创新资源在空间分布上具有堆集现象并且与我国传统地区经济发展程度和地理位置等具有高度相关性；邹琳等（2015）[②] 运用 ESDA 探索性空间数据分析法，对长三角城市群 R&D 投入相关数据进行分析，研究发现长三角城市群研发投入资源城市间差异化的整体变化呈逐渐缩小的趋势，且研发经费投入资源呈现出显著的极化现象；吕海萍等（2017）[③] 通过趋势面、引力模型进行空间数据的分析，得出我国创新资源空间分布呈现明显的“东南高、西北低”的空间指向性，在时间维度上呈现“东高、西低、北降、南升”的趋势，创新资源指标与各地的经济发展正相关。李凌月等（2019）[④] 基于探索性空间数据分析（ESDA）方法，以专利申请数作为创新产出的衡量指标，分析了上海 2000～2018 年市域创新产出空间分布和创新中心的演化特征，研究发现创新产出的空间分布呈现出快速交通导向下的均质化扩

---

① 程泉民. 科技资源存量的地区分布及其变化［J］. 调研世界，2012（11）：23－26.

② 邹琳，曾刚，曹贤忠. 基于 ESDA 的长三角城市群研发投入空间分异特征及时空演化［J］. 经济地理，2015，35（3）：73－79.

③ 吕海萍，池仁勇，化祥雨. 创新资源协同空间联系与区域经济增长——基于中国省域数据的实证分析［J］. 地理科学，2017，37（11）：1649－1658.

④ 李凌月，张啸虎，罗瀛. 基于创新产出的城市科技创新空间演化特征分析——以上海市为例［J］. 城市发展研究，2019（6）：87－92.

散和多中心结构趋向。张鹏、陈培安（2016）[①] 指出区域科技创新资源分布不均是制约区域经济发展的关键难题，并运用突变级数法研究山东省科技创新资源的空间分布与经济发展水平的协同状况，发现山东省科技创新资源空间分布不均，科技创新资源与经济发展水平整体上呈现正相关趋势。

此外，科技创新资源投入产出效率以及科技创新资源网络的创新效率也受到了众多学者的关注。实际上，企业、高校、科研院所之间进行产学研创新结网已成为科技创新的重要模式，也是科技资源配置的最优选择（王雪原、王宏起，2007）[②]。发达国家的经验表明，科技资源是一国科技创新能力建设的基础，科技创新能力不强的重要原因之一是科技资源的相对滞后和效率低下（马宁、王立，2005）[③]，因此，如何及时、有效、科学合理地将高校、科研院所的优势科技资源配置到企业科技创新活动中，实现产学研创新网络各方科技资源的有效整合，是经济学、管理学和地理学者不断探索的主要方向，也是区域科技创新能力提升需要解决的难题。学者大多从创新网络的结构特征出发，探讨其与创新效率的关系，创新网络的结构特征会影响知识在主体间的流动和吸收，进而影响企业的创新效率（Corey，2011）[④]，归纳起来主要包括关系强度、网络密度、网络位置，网络成员间联系紧密能促进企业技术创新和获取知识（Landry et al.，2002）[⑤]，联系较强的网络可加快知识在创新主体间转移，进而提高企业的创新效率（Inkpen & Tsang，2005）[⑥]，一些学者通过案例分析也证实了网络强联系对创新效率存在着正向促进作用（解学梅、左蕾蕾，2013；刘学

① 张鹏，陈培安．山东省科技创新资源空间分布与经济发展水平协同分析［J］．技术与创新管理，2016，37（3）：256－262.

② 王雪原，王宏起．基于产学研联盟的科技创新资源优化配置方式［J］．中国科技论坛，2007（11）：3－7.

③ 马宁，王立．企业主导型产学研合作创新模式分析［J］．科学学研究，2005（S1）：244－248.

④ Corey G. Theory and practice of group counseling［M］. London：Cengage Learning，2011.

⑤ Landry R，Amara N，Lamari M. Does social capital determine innovation? To what extent?［J］. Technological Forecasting & Social Change，2002，69（7）：681－701.

⑥ Inkpen A C，Tsang E W K. Social Capital，Networks，and Knowledge Transfer［J］. Academy of Management Review，2005，30（1）：146－165.

元等，2016）[①②]。有些学者认为网络密度对创新效率存在着显著正相关的作用（Clifton et al.，2010）[③]，如 Egbetokun（2015）[④] 通过对尼日利亚企业创新情况调查发现，企业创新效率与它的结网规模之间存在着正向相关关系；网络中心位置也会正向影响创新效率，学者们的研究对此有着较为一致的论断（Colazo，2010）[⑤]，但 Glückler（2014）[⑥] 通过对巴斯夫化学公司阿根廷子公司调研访谈，并运用社会网络分析发现，处于网络边缘的企业在知识创新过程中也会发挥重要作用。另外，还有一些学者探讨了网络能力、网络内部要素协同、创新政策、互补性资源、R&D 合作等对创新网络创新效率的影响（Broekel，2015）[⑦]。

科技创新资源合理配置的最重要体现在于促进了区域创新能力的提升，尤其是促进了区域经济发展水平的提高，创新网络（innovation networks）（主要是指城市创新网络，由大学、科研机构、企业、中介机构、政府部门等主体构成）则是科技创新资源得以流动和共享的途径和表征，因此大多相关研究是从创新网络视角探讨科技创新资源共享与区域经济发展的关系（曾刚、曹贤忠等，2018；Cao et al.，2018）[⑧⑨]。网络也可看作

---

① 解学梅，左蕾蕾．企业协同创新网络特征与创新绩效：基于知识吸收能力的中介效应研究［J］．南开管理评论，2013，16（3）：47－56.

② 刘学元，丁雯婧，赵先德．企业创新网络中关系强度、吸收能力与创新绩效的关系研究［J］．南开管理评论，2016，19（1）：30－42.

③ Clifton N，Keast R，Pickernell D，Senior M. Network Structure，Knowledge Governance，and Firm Performance：Evidence from Innovation Networks and SMEs in the UK［J］．Growth and Change，2010，41（3）：337－373.

④ Egbetokun A A. The more the merrier? Network portfolio size and innovation performance in Nigerian firms［J］．Technovation，2015（43－44）：17－28.

⑤ Colazo J A. Collaboration structure and performance in new software develepment：Findings from the study of open source projects［J］．International Journal of Innovation Management，2010，14（5）：735－758.

⑥ Glückler，J. How controversial innovation succeeds in the periphery? A network perspective of BASF Argentina［J］．Journal of Economic Geography，2014（14）：903－927.

⑦ Broekel，T. Do Cooperative Research and Development（R&D）Subsidies Stimulate Regional Innovation Efficiency? Evidence from Germany［J］．Regional Studies，2015，49（7）：1087－1110.

⑧ 曾刚，曹贤忠，王丰龙，叶雷．长三角区域一体化发展推进策略研究——基于创新驱动与绿色发展的视角［J］．安徽大学学报（哲学社会科学版），2019，43（1）：148－156.

⑨ Cao X，Zeng G，Teng T，Zou L. The Relationships between Research and Development（R&D）Investment and Regional Economic Growth［J］．Anthropologist，2018，31（1－3）：34－47.

区域经济增长过程中一个资本的投入，在经济地理和区域经济发展的相关文献中，网络的关注度越来越高，且已取得了较为丰硕的成果，如全球生产网络、创新环境、区域创新系统和集群等（Huggins & Thompson，2014）①。

综上所述，区域创新空间差异受到了经济学、管理学和地理学者的高度关注，然而，已有研究更多的关注区域科技创新投入资源，没有将创新主体融合在一起进行研究，根据 Cooke 的区域创新系统理论，企业、高校、科研机构等创新主体在区域创新过程中发挥着知识生产和转移转化的作用，也是非常重要的科技创新资源。科技创新资源是长三角地区实现高质量一体化发展的重要资源，探讨其空间分布及优化策略具有非常重要的意义。因此，本章从科技创新投入资源（研发经费、研发人员）和创新主体资源（创新型企业）两个方面对长三角区域 41 个城市的科技创新资源空间分布进行分析，并通过空间关联方法探讨城市间科技创新资源的差异化特征，同时还通过多元回归模型分析科技创新资源对区域创新能力的影响，有助于弥补以往研究的缺憾，具有重要的理论意义，结合长三角区域高质量一体化发展的目标，从管理体制创新、科技创新资源共享等方面提出促进长三角区域实现创新驱动发展的应对策略，具有重要的现实意义。

4.2 研究设计

4.2.1 评价指标及案例选取

关于科技创新资源评价的指标，学者们对此有着众多认识。如方远平、谢蔓等（2013）② 选取了研究与试验发展人员占总就业人员的比例、研究与试验发展经费支出、普通高等院校的数量、技术市场成交合同数、

① Huggins R，Thompson P. A Network - based view of regional growth [J]. Journal of Economic Geography，2014，14（3）：511 - 545.

② 方远平，谢蔓，林彰平．信息技术对服务业创新影响的空间计量分析［J］．地理学报，2013（8）：105 - 116.

每万人口在校大学生数5个指标作为衡量用来衡量创新要素空间分布及其差异，专利授权量用来衡量创新产出的指标。曹贤忠等（2015）[①] 选取了R&D投入经费和R&D人员投入两类资源表征科技创新资源，并选取了专利授权数、科技论文发表数、新产品产值三个指标表征创新产出。综上所述，科技创新资源在以往研究中，主要围绕创新投入资源和创新产出能力的空间分布进行研究，本书认为科技创新资源应更多的是指创新投入资源、创新条件资源，如R&D经费资源、R&D人员资源、高校/科研机构以及创新型企业等，由于高校和科研机构数量相对较为稳定，难以观察其空间变化，因此本书重点选取了R&D经费资源、R&D人员资源、创新型企业资源三类进行分析，并分别选取R&D经费（亿元）、R&D人员（万人）、创新型企业数（规模以上工业企业数，个）作为测度指标，探讨2000～2018年长三角区域41个城市的科技创新资源空间分布特征及动态演变。

长三角区域范围经历了几次比较大的调整，根据《长三角地区区域发展规划》（2009～2020），长三角城市群包括上海、江苏和浙江的16个核心城市；根据2016年5月国务院批准的《长江三角洲城市群发展规划》，长三角城市群包括上海、江苏、浙江、安徽的26个城市。本书长三角区域则是指长三角区域"三省一市"内的所有城市，共计41个城市。

4.2.2 研究方法

（1）全局空间自相关。

全局空间自相关用于分析科技创新资源空间关联程度的总体特征，公式如下：

$$I = \frac{n\sum_{i=1}^{n}\sum_{i=1}^{n} W_{ij}(x_i - \bar{x})(x_j - \bar{x})}{\sum_{i=1}^{n}\sum_{j=1}^{n} W_{ij}\sum_{i=1}^{n}(x_j - \bar{x})^2} \tag{4-1}$$

式中：I 为 *Moran* 指数，I 取值范围为（-1，1），$I>0$ 为空间正相关，

① 曹贤忠，曾刚，邹琳．长三角城市群R&D资源投入产出效率分析及空间分异［J］．经济地理，2015，35（1）：104－111.

表示科技创新资源在空间上显著集聚，说明相邻城市之间的科技创新资源具有相似属性，I 越接近 1 表示集聚程度越高；$I<0$ 为空间负相关，表明高与低的科技创新资源城市倾向于集聚在一起，I 越接近 -1 表示离散程度越高；$I=0$ 表示不存在空间自相关，说明科技创新资源在城市间的分布是完全随机的。n 为城市数；W_{ij} 为空间权重矩阵，由城市间距离的平方的倒数计算得到；x_i 为城市 i 科技创新资源；$\bar{x}$ 为科技创新资源的平均值。

（2）局部空间自相关。

局部空间自相关作为全局自相关的分解，可用于分析区域内部地区与周边地区之间的科技创新资源的空间差异程度与显著性水平，公式如下：

$$I_i = Z_i \sum_{j=1}^{n} W_{ij} Z_j \tag{4-2}$$

式中：Z_i 和 Z_j 分别为城市 i 和城市 j 的标准差标准化值；n 和 W_{ij} 的含义同上。

4.2.3　数据来源及处理

数据主要来自 2001～2018 年的《中国统计年鉴》《中国科技统计年鉴》、41 个城市统计年鉴，2000～2018 年《中国城市统计年鉴》《2000 年第一次全国 R&D 资源清查资料汇编》《2009 年第二次全国 R&D 资源清查资料汇编》。部分城市 R&D 经费和人员投入指标缺失，在数据处理过程中还参考了前后年份的数值，进行了采用平均值和根据增长率做了合理测算。经过检验，采集的数据总体较为稳定，具有较高的可信性和可靠性，可以运用于长三角区域城市科技创新资源的空间分布分析。

4.3 实证结果分析

4.3.1　长三角区域科技创新资源空间分布特征

根据 2000～2018 年长三角地区研发经费、研发人员和创新型企业的时空分布结果。可以看出长三角地区科技创新资源总体上从沿海地区向内陆地区减弱，科技创新资源呈现为Z字形分布（南京—上海—杭州—宁波）。

具体而言，2000年研发经费主要集中于上海、南京、杭州和合肥以及苏锡常（苏州、无锡和常州）等省级行政中心和经济发达城市，苏北、浙西和安徽大部分地区为科技创新资源贫乏区，研发经费不足2亿元，2018年研发经费主要集中分布于上海、杭州、南京等少数核心城市，表明这种空间集聚特征得到进一步强化。研发人员的空间分布较为分散，空间集聚特征不明显，主要分布于上海、南京、杭州等省级中心、宁波、南通和温州等沿海城市以及苏南等经济发达地区。创新型企业呈现明显的从沿海向内陆减弱的同心圆分布模式，2000年创新型企业主要分布于东部沿海地区，安徽和浙西地区创新型企业数量较少，2018年这种集聚特征虽然进一步强化，但合肥、滁州、芜湖等安徽省部分城市规上企业得到大幅提升。

4.3.2 长三角区域科技创新资源空间集聚效应

空间集聚效应分析可以剖析长三角地区整体发展差异程度和协同发展水平。利用GeoDa软件及公式（4-1）计算长三角地区2000年和2018年的全局自相关Moran指数，用于分析长三角地区41个城市科技创新资源的协同发展水平的空间相关性。

表4-1列出了长三角地区科技创新资源的Moran检验结果。可以看出，2000年和2018年研发经费和创新型企业存在显著的空间相关性（P值均小于0.050），而研发人员不存在显著的空间相关性，说明长三角地区各城市的研发人员在空间上的集聚现象不显著。换句话说，研发经费和创新型企业在空间的分布并不是完全随机的，而是有相似值的城市在空间上趋于集聚分布，而研发人员在空间上的分布趋于随机，说明长三角地区在研发人员配置上具有较好的协同发展能力。2018年研发经费、研发人员和创新型企业的Moran指数较2000年具有较大提升，表明长三角地区科技创新资源的集聚强度不断提升。

表4－1 2000～2018年长三角区域科技创新资源全局自相关 Moran's I 及 P 值

年份	2000		2018	
指标	Moran's I	P 值	Moran's I	P 值
研发经费	0.102	0.042	0.414	0.004
研发人员	0.003	0.201	0.031	0.157
创新型企业	0.455	0.004	0.688	0.001

4.3.3 长三角科技创新资源空间差异分析

利用 GeoDa 软件及公式（4－2）计算2000年和2018年的长三角地区科技创新资源的局部自相关 Moran 指数，通过 Moran 散点图象限划分的顺时针方向将局部空间自相关依次划分为4种类型：HH（高高）集聚区，表明城市自身与周边城市的科技创新资源水平都较高，区际空间差异程度小；HL（高低）集聚区，表明城市的科技创新资源水平高而周边城市较低，区际空间差异程度大；LL（低低）集聚区，表明城市自身与周边城市的科技创新资源水平都较低，区际空间差异程度小；LH（低高）集聚区，表明城市的科技创新资源水平低而周边城市较高，区际空间差异程度大。

2000年研发经费高高集聚区主要分布于上海和苏锡常，2018年扩展至浙江的绍兴、金华和台州。2000年高低集聚区主要为南京、杭州和合肥，作为省会城市和省域科技中心，集聚了全省大部分的研发经费，自身研发资金投入远高于周边地区，2018年高低集聚区数量增加明显，南通、宁波和温州由低低集聚区转变为高低集聚区。低高集聚区主要为紧邻高高集聚区的城市，如宣城、湖州和嘉兴等，周边城市研发经费投入高而自身研发经费较低。2000年低低集聚区主要为浙西、苏北和安徽的连片区域，不仅自身研发经费较少，周边地区研发经费也较少，大多属于欠发达城市，2018年浙西地区研发经费投入提升较快，如温州由低低集聚区转变为高低集聚区。

研发人员高高集聚区分布于上海和苏州，2000年和2018年保持不变。

2000 年高低集聚区主要为南京、杭州、合肥和常州，2018 年无锡转变为低低集聚区，南通由低低集聚区转变为高低集聚区。低高集聚区主要分布于高低集聚区和高高集聚区周边。低低集聚区主要分布于长三角边缘地区，数量较多，且在 2018 年有所增长，如芜湖、泰州、无锡由低高集聚区转变为低低集聚区，表明研发人员在空间上的集聚有所增强。

创新型企业主要集中在长三角地区的东南部。2000 年高高集聚区和高低集聚区主要分布于以南京—上海—杭州—台州为节点的 Z 字形区域，2018 年南京、镇江、扬州等城市由高高集聚区转为低低集聚区，而南通、盐城、金华、杭州则由高低集聚区转变为高高集聚区，表明东部沿海地区的差异逐渐变小。高低集聚区的分布较为分散，2000 年主要分布于杭州、宁波、盐城等城市，2018 年数量有所减少，仅有为宁波、温州和常州三个城市。低高集聚区数量较少，主要为宣城、湖州、丽水等区域一般城市。

4.4 科技创新资源对区域创新能力的影响

为检验科技创新资源对区域创新能力的影响，以研发经费、研发人员和创新型企业数为核心解释变量，以专利授权量为被解释变量，以人口规模、在校大学生数、外商直接投资为控制变量，构建多元线性回归模型，对长三角地区 41 个城市的创新能力进行回归分析。构建回归模型如下：

$$Y_i = \alpha + \beta_1 X_{1i} + \beta_2 X_{2i} + \beta_3 X_{3i} + \beta_4 X_{4i} + \beta_5 X_{5i} + \beta_6 X_{6i} + \varepsilon \quad (4-3)$$

其中，Y_i 代表第 i 个城市的专利授权量，X_{1i}、X_{2i}、X_{3i} 分别代表第 i 个城市的研发经费、研发人员和创新型企业数等核心解释变量，X_{4i}、X_{5i}、X_{6i} 分别代表第 i 个城市的人口规模、在校大学生数、外商直接投资等控制变量，α 为常数项，β 代表变量的回归系数，ε 代表残差变量。为控制潜在的内生性问题，对被解释变量作滞后一期处理。并对原始数据进行中心化处理，以便于比较不同科技创新资源对创新能力的差异性影响。通过对普通最小二乘法（OLS）、空间滞后模型（SLM）和空间误差模型（SEM）的对数似然函数值（LogL）、赤池信息准则（AIC）和施瓦茨准则（SC）的检验发现，认为空间滞后模型的拟合效果最好。模拟结果见表 4－2。

表 4－2　　2000～2018 年长三角区域科技创新资源对创新能力影响的估计结果

变量	2000 年			2018 年		
	OLS	SLM	SEM	OLS	SLM	SEM
研发经费	19.676***	20.099***	19.316***	58.271**	37.037**	45.947**
研发人员	224.799***	217.833***	229.341***	704.272***	893.881***	933.060***
创新型企业	0.028**	0.030**	0.031**	0.833**	0.523**	0.497**
人口规模	0.018	0.017	0.017	1.799	3.611	3.454
在校大学生数	0.058***	0.032***	0.033***	0.036***	0.037***	0.034***
外商直接投资	0.002**	0.003**	0.003**	0.039***	0.032***	0.032***
R^2	0.866	0.898	0.870	0.789	0.814	0.792
LogL	－217.019	－216.935	－216.868	－395.734	－390.97	－395.356
AIC	448.038	439.870	447.737	805.468	797.939	804.711
SC	460.033	453.579	459.732	817.463	811.648	816.706
N	41	41	41	41	41	41

注：* $p<0.10$；** $p<0.05$；*** $p<0.01$.

从表 4－2 可以看出，不同科技创新资源对区域创新能力的影响存在显著差异。从核心解释变量来看，研发人员对区域创新能力的促进作用最强，从两个时间截面的估计结果来看，研发人员均在 1% 水平上显著，且相较于研发经费和创新型企业，研发人员的相关系数提升最大，表明人才是促进长三角地区创新能力的最关键创新资源，且这种重要性在不断增强。研发经费投入的回归系数相较于研发人员相对较小，但研发经费在两个时间截面中在 5% 及以上水平上显著，表明研发经费投入对区域创新能力具有显著促进作用。创新型企业的回归系数最小，但回归系数呈上升趋势，创新型企业在两个时间截面的估计中均在 5% 水平上显著，表明企业在区域创新中的作用越来越重要。从控制变量来可能，人口规模通常用于表示集聚经济相关的外部性，但人口规模对区域创新能力的影响不显著，表明长三角地区创新活动未能形成有效的规模经济效应。在校大学生数不仅可以体现劳动力素质的高低，还可以间接地体现一个地区高校创新资源的丰富程度，在校大学生数在1%水平上显著，体现了劳动力素质和高校创新资源对创新活动的显著促进作用。外商直接投资是开放式创新背景下区域获取外部创新资金、异质性知识和技术的重要途径，外商直接投资在5%水平上显著，表明外商直接投资可以有效促进区域创新能力。通过2000年和2018年的结果比较可以发现，随着科技创新资源空间布局的不断均衡，区域科技创新能力也相应显著提升。

4.5 小结与建议

本章运用全局和局部空间自相关研究方法，对2000～2018年长三角区域41个城市的科技创新资源（研发经费、研发人员、创新型企业）的空间分布和集聚特征进行分析，发现长三角区域科技创新资源丰富，但空间分布差异巨大，且2000～2018年呈现出空间差异不断缩小的态势。构建的多元回归分析模型结果显示，科技创新资源（研发经费、研发人员、创新型企业）对长三角区域41个城市的区域创新能力均有显著促进作用，从2000～2018年，科技创新资源对区域创新能力的促进作用越来越显著，且研发人员发挥的作用更大，同时也表明，科技创新资源空间分布趋于均衡，有利于区域创新能力的提升。基于长三角区域高质量一体化发展及上海建设具有全球影响力的科创中心目标，本研究提出以下对策建议：

（1）建立长三角区域科技创新资源管理协调机制。

建议“三省一市”联合设立“长三角区域科技创新资源管理中心”，由各省市副省长/市长轮值担任中心主任，发改、教育、科技、工信、财政、人才等有关部门参与，强化长三角地区科技创新资源统筹服务工作，推动建设市场体系统一开放、基础设施共建共享、产业错位协同发展、公共服务统筹协调、创新创业环境优化的一体化发展体制机制。建立的长三角区域科技创新资源管理协调机制将在以下三个方面发挥作用：一是，对“三省一市”科技创新资源布局、高新技术产业、战略性新兴产业、技术转移成果转化、公共科技基础资源、科技服务业等相关政策措施进行梳理，统筹协调长三角区域科技创新资源有效供给，制定更加有效的支持创新、促进技术转移成果转化以及促进科技创新资源合理利用的政策。二是，对需要三省一市联合承担、联合攻关的国家重大科技项目，统筹协调各地优势，建立有利于充分发挥三省一市的创新资源优势，有利于成果共享推广的机制。三是，依托上海研发公共服务平台的资源管理平台优势，进一步促进科技创新资源数据化管理，为长三角区域创新体系建设提供数据支撑。

（2）构建长三角区域科技创新资源共建共享网络。

发挥创新型企业的创新主体作用，联合地方政府、高校、科研机构、中介机构、行业协会等主体构建科技创新资源共建共享网络，进一步扩大“三省一市”科技成果、专家库等基础性科技资源的共建共享。同时，面向长三角地区的各类创新主体的创新需求，建立相互开放国家级和省级重点实验室、中试基地、大型仪器设备、科学装置、技术标准监测机构的有效机制。此外，依据创新链、价值链，促进长三角区域实现创新功能合理分工，构建起创新型企业承担科技成果转移转化、高校/科研机构承担科技创新知识生产、地方政府承担科技创新资源布局优化管理的良性健康创新网络体系。

（3）加大长三角区域科技创新资金中长期投入。

据国家统计局、科技部、财政部 2018 年 10 月 9 日联合发布的《2017 年全国科技经费投入统计公报》显示，2017 年全国共投入研发经费 17606.1 亿元，在全球排名第二，仅次于美国，但研发经费投入强度为 2.13%，距离美国等发达国家还有一定差距。长三角区域总体研发经费投入强度为 2.2% 左右，仍需继续加大研发经费的投入力度。Cao 等（2018）① 实证研究表明，研发经费投入对于区域经济增长具有显著的正向促进作用，且在中长期的效果会更加显著。因此，建议在现有基础上，不仅要注重短期内提高长三角各城市研发经费投入强度，更应加强对重大关键技术的中长期持续高投入，促进高质量科技成果的产出。

（4）促进长三角区域科技创新人才合理流动。

以长三角整体、综合性人才需求为出发点，构建多元、多层次的综合

① Cao X, Zeng G, Teng T, Zou L. The Relationships between Research and Development (R&D) Investment and Regional Economic Growth. Anthropologist, 2018, 31 (1-3): 34-47.

人才体系，满足企业多元人才需求结构。吸引、培育高级经营管理人才、特殊专才、科技服务业人才、国际创客等构成的应用型、多元化人才，以及配合顶尖人才工作的中高端科研人才、技术服务人才、普通科研人员、工程师和实验员等构成的“中间人才队伍”。推动长三角人才资质互认，对经“三省一市”科技部门认定的包括高新技术企业研发人才、科技中介服务机构技术服务人员、技术经纪人（金黄牛、技术经理人）等实现资质互认，促进人才在长三角区域合理流动。

（5）加强国际合作获取更多外部创新知识。

研究表明研发人员的空间关联性高于研发经费和创新型企业等科技创新资源，也就是说研发人员是区域创新发展的根本动力，从长三角进一步高质量发展的目标来看，应着眼于从外部吸引高层次人才或创新资金参与到长三角一体化建设中，因此，应加强国际合作获取更多的创新知识，从而推动长三角区域科技创新体系建设。目前，三省一市的国际科技合作基本是独立进行，相互之间缺乏协同，且存在资源竞争，“三省一市”应共同建立国际科技合作协调办公室，加强相互间的沟通与统筹。坚持引进来和走出去并重，抓住科技创新资源在全球范围内流动组合机遇，主动参与全球研发分工，加快构建开放创新体系，积极推进对外科技合作。

第 5 章

长三角区域科技创新资源投入—产出效率

越来越多的研究表明，经济增长是知识的生产、分配和使用之间相互作用的结果，而且跨越行政边的知识流动也发挥着重要作用（Antonelli et al.，2011；Huggins、Thompson，2017）[①②]。中国中央政府提出了创新驱动发展战略，表明创新在区域发展中发挥着不可替代的作用。长三角城市群虽然是世界第六大城市群，但内部区域发展差异很大。如何推动长三角城市群走创新驱动的发展道路，是一个不可忽视的现实问题。在回答这个问题之前，许多学者指出，长三角城市群的城市创新效率的现状、空间差异和原因应该首先得到澄清（曾刚等，2018）[③]。因此，本书对长三角城市群的城市创新效率评价、空间差异及影响因素进行了研究，对于实施创新驱动发展战略，更好地实现长三角世界级城市群建设具有十分重要的理论价值。

实际上，创新效率是指一个地区的创新行为者在创新活动过程中，将创新投入转化为创新产出的能力，分为狭义和广义。狭义上，创新效率是指创新者将新产品投放市场的能力（Freeman & Soete，1997）[④]。广义而

---

① Antonelli C，Patrucco P P，Quatraro F. Productivity growth and pecuniary knowledge externalities：An empirical analysis of agglomeration economies in european regions［J］. Economic Geography，2011，87（1）：23 – 50.

② Huggins R，Thompson P. Networks and regional economic growth：A spatial analysis of knowledge ties［J］. Environment and Planning A，2017.

③ 曾刚，王丰龙，等. 长江经济带城市协同发展能力指数（2017）研究报告［M］. 北京：中国社会科学出版社，2018.

④ Freeman C，Soete L. The economics of industrial innovation［M］. London：Psychology Press，1997.

言，创新效率包括新产品的技术创新能力和将其投放市场的能力（Ahuja & Lampert，2001）①。Guan 等（2015）② 基于 USPTO 专利数据评价了城市和国家的创新效率，他们认为国家的中心性和结构性漏洞很高，城市的中心性和结构性漏洞对创新效率有显著的积极影响。Frenz 和 Ietto – Gillies（2009）③ 基于英国社区案例研究发现，独立研发和购买知识产权两种不同的知识来源对企业没有显著影响，但对外部企业创新网络的效率有积极影响。从创新效率的方法学看，数据包络分析（Chen & Guan，2012；Cao et al.，2018）④⑤，负二项式固定效应回归模型和结构方程模型（Guan et al.，2015）⑥，主成分回归方法（Egbetokun，2015）⑦，神经网络分析方法（Wang & Chien，2006）⑧ 和系统动力学方法（Samara et al.，2012）⑨ 已广泛用于创新效率的评价和预测。尽管许多学者对创新效率进行了研究，但在创新效率的指标体系构建、空间差异和影响因素等方面仍存在争议。一些学者认为，创新效率是创新能力，可以通过专利和论文等创新产出来衡量，影响创新效率差异的主要因素是创新投资资金和人员。然而，一些学者认为创新效率应该用投入产出比来衡量，影响创新效率差异的主要因素是市场需求等。基于这些认识，本书以长三角区域 26 个核心城市为研究区

---

① Ahuja G，Katila R. Technological Acquisitions and the Innovation Performance of Acquiring Firms：A Longitudinal Study［J］. Strategic Management Journal，2001，22（3）：197 – 220.

② Guan J C，Zhang J J，Yan Y. The impact of multilevel networks on innovation［J］. Research Policy，2015（44）：545 – 559.

③ Frenz M，Ietto – Gillies G. The impact on innovation performance of different sources of knowledge：Evidence from the UK Community Innovation Survey［J］. Research Policy，2009（38）：1125 – 1135.

④ Chen K H，Guan J C. Measuring the efficiency of China's regional Innovation systems：Application of network Data Envelopment Analysis（DEA）［J］. Regional Studies，2012，46（3）：355 – 377.

⑤ Cao X，Zeng G，Teng T，Si Y. The best spatial scale of firm innovation network：an evidence of Shanghai high – tech firms［J］. Growth and Change，2018（8）：1 – 16.

⑥ Guan J C，Zhang J J，Yan Y. The impact of multilevel networks on innovation［J］. Research Policy，2015（44）：545 – 559.

⑦ Egbetokun A A. The more the merrier? Network portfolio size and innovation performance in Nigerian firms［J］. Technovation，2015（43 – 44）：17 – 28.

⑧ Wang T Y，Chien S C. Forecasting innovation performance via neural networks—a case of Taiwanese manufacturing industry［J］. Technovation，2006（26）：635 – 643.

⑨ Samara E，Georgiadis P，Bakouros I. The impact of innovation policies on the performance of national innovation systems：A system dynamics analysis［J］. Technovation，2012（32）：624 – 638.

域，从投入产出角度构建评价指标体系，深入分析城市创新效率的时空演变特征、空间差异和影响因素，对长三角城市群创新驱动型经济发展和经济地理学区域创新理论具有重要价值。

5.1 指标体系构建

关于创新投入与创新产出之间的关系，经济学文献中称之为知识生产函数（Ponds et al.，2009；Huallacháin & Leslie，2007）[①②]，关于 R&D 投入的指标基本达成共识，即研发人员和经费两方面。大多学者采用的指标是 R&D 人员数和 R&D 支出经费（Cao et al.，2018）[③]，但本书认为在人员投入方面，R&D 人员全时当量更能体现人员的投入，因而，本书的研发资源投入指标设定为 R&D 人员全时当量（万人年）和 R&D 支出经费（亿元）。

表 5－1　　研发资源投入与产出效率评价指标

指标类型	一级指标	二级指标
投入指标	R&D 投入	R&D 人员全时当量（万人年） R&D 支出经费（亿元）
产出指标	专利产出 创新产出	专利数量（个） 科技论文数量（篇）、新产品产值率（%）

关于研发资源产出指标，学术界较有争议。Crepon 等（1998）[④] 用专利数量和新产品的销售份额作为产出绩效的指标；有的学者认为专利只代

① Ponds R，Oort F V，Frenken K. Innovation，spillovers and university－industry collaboration：an extended knowledge production function approach ［J］. Papers in Evolutionary Economic Geography，2009，10（2）：231－255.

② Huallacháin B O，Leslie T F. Rethinking the regional knowledge production function ［J］. Journal of Economic Geography，2007（6）：737－752.

③ Cao X，Zeng G，Teng T，Si Y. The best spatial scale of firm innovation network：an evidence of Shanghai high－tech firms ［J］. Growth and Change，2018（8）：1－16.

④ Crepon B，Duguet E，Mairesse J. Researc，innovation and productivity：An econometric analysis at the firm level ［R］. NBER Working Paper No. 6696，1998.

表了 R&D 产出的一个部分，科技期刊发表的论文数、技术收支盈余数以及新产品开发的数量都是 R&D 的产出变量（Park et al.，2003）[①]。Hagedoorn & Cloodt（2003）[②] 用专利数量、专利引用率以及新产品数量反映企业产出绩效；而 Belderbos、Carree 和 Lokshin（2004）[③] 用劳动生产率和创新产品生产率作为指标来衡量产出绩效。综上所述，本研究选用专利数量（个）、科技论文数量（篇）、新产品产值率（%）三个指标表征研发资源的产出，因而，研发资源投入与产出共有五项指标（表 5－1）。根据投入产出效率指标数量宜少原则，一般要求（投入指标数目＋产出指标数目）≤1/3DMU 个数（评价单元）。本研究对长三角城市群的 26 个城市进行投入产出效率测度分析，因而要求投入产出指标最多为 8 个，表 5－1 所构建的指标体系符合要求。

5.2 研究方法与数据

5.2.1 DEA 模型

数据包络分析（Data Envelopment Analysis）简称 DEA，由 Charnes 和 Cooper 等于 1978 年创建，并广泛地应用于运筹学、管理科学和数理经济学等学科领域。与其他评估方法相比较，DEA 具有结构简单、不需要事先确定各指标间的可比性和权重，并可以提供信息来找出低效率环节等优点，是一种非参数统计分析方法（许皓等，2010）[④]。在国内地理学、区域科学

① Park K M，Shin J S，Park Y T. A Study on the Aggregation and Structuring of Technological Knowledge Indicators［J］. Technology Innovation Research，2003（11）：125－145.

② Hagedoorn J，Cloodt M. Measuring innovative performance：Is there an advantage in using multiple indicators?［J］. Research Policy，2003，32（8）：1365－1379.

③ Belderbos R，Carree M，Lokshin B. Cooperative R&D and firm performance［J］. Research Policy，2004，33（10）：1 477 1 492.

④ 许皓，孙燕红，华中生. 基于整体效率的区间 DEA 方法研究［J］. 中国管理科学，2010，18（2）：102－107.

领域，杨开忠等（2002）①、李郇等（2005）②、保继刚等（2009）③、刘毅等（2010）④等较早地将 DEA 模型方法运用到地理学领域，对中国城市投入产出有效性、中国城市效率变化、风景名胜区使用效率评价、自然灾害区域脆弱性评价等进行了深入研究；赵媛等（2010）⑤、方创琳等（2011）⑥、佟连军等（2012）⑦、焦华富等（2015）⑧等城市地理学者围绕江苏能源效率及空间格局、中国城市群投入产出效率、辽宁沿海经济带工业环境效率、长三角城镇化效率等开展了卓有成效地研究；在创新经济地理学领域，曾刚等（2015）⑨、刘卫东等（2011）⑩、李二玲等（2014）⑪、杜德斌等（2013）⑫、吕拉昌等（2015）⑬等研究团队运用 DEA 方法分别开展了长三角城市群研发资源投入产出效率、中国大都市区科技资源配置效率、农业产业集群创新效率、城市科技资源配置效率、城市工业创新效

---

① 杨开忠，谢燮．中国城市投入产出有效性的数据包络分析［J］．地理与地理信息科学，2002，18（3）：45－47.

② 李郇，徐现祥，陈浩辉．20 世纪 90 年代中国城市效率的时空变化［J］．地理学报，2005，60（4）：615－625.

③ 马晓龙，保继刚．基于 DEA 的中国国家级风景名胜区使用效率评价［J］．地理研究，2009，28（3）：838－848.

④ 刘毅，黄建毅，马丽．基于 DEA 模型的我国自然灾害区域脆弱性评价［J］．地理研究，2010，29（7）：1153－1162.

⑤ 赵媛，郝丽莎，杨足膺．江苏省能源效率空间分异特征与成因分析［J］．地理学报，2010，65（8）：919－928.

⑥ 方创琳，关兴良．中国城市群投入产出效率的综合测度与空间分异［J］．地理学报，2011，66（8）：1011－1022.

⑦ 佟连军，宋亚楠，韩瑞玲，等．辽宁沿海经济带工业环境效率分析［J］．地理科学，2012，32（3）：294－300.

⑧ 张荣天，焦华富．长江三角洲地区城镇化效率测度及空间关联格局分析［J］．地理科学，2015，35（4）：433－439.

⑨ 曹贤忠，曾刚，邹琳．长三角城市群 R&D 资源投入产出效率分析及空间分异［J］．经济地理，2015，35（1）：104－111.

⑩ 王蓓，刘卫东，陆大道．中国大都市区科技资源配置效率研究——以京津冀、长三角和珠三角地区为例［J］．地理科学进展，2011，30（10）：1233－1239.

⑪ 史焱文，李二玲，李小建．农业产业集群创新效率及影响因素——基于山东省寿光蔬菜产业集群的实证分析［J］．地理科学进展，2014，33（7）：1000－1008.

⑫ 范斐，杜德斌，李恒，等．中国地级以上城市科技资源配置效率的时空格局［J］．地理学报，2013，68（10）：1331－1343.

⑬ 杜志威，吕拉昌，黄茹．中国地级以上城市工业创新效率空间格局研究［J］．地理科学，2016（3）：321－327.

率等方面的研究。上述研究成果表明，DEA 方法能够有效地用于效率评价，能较好地运用于国家、区域或产业创新相对效率的评估，且逐渐成为创新效率评价的主要研究方法。因此，本章主要运用这一方法对长三角核心城市科技创新资源的创新效率进行评价。

一般而言，要评价 M 个区域的创新网络效率，并假设评价指标体系分为 K 种投入指标，L 种产出指标，设 $x_{mk}(x_{mk}>0)$ 代表第 m 个区域或企业的第 k 种创新资源的投入量，$y_{mi}(y_{ml}>0)$ 代表第 m 个区域或企业的第 i 种产出量。对于第 $m(m=1,2,\cdots,M)$ 个城市，$\theta(0<\theta\leqslant 1)$ 代表要素资源效率综合指数，简称综合效率指数；ε 为非阿基米德无穷小量；$\lambda_m(\lambda_m\geqslant 0)$ 为权重变量，用来判断区域创新资源的规模收益情况；$s^-(s^-\geqslant 0)$ 为松弛变量，表示创新资源达到 DEA 有效需要减少的投入量；$s^+(s^+\geqslant 0)$ 为剩余变量，表示创新资源达到 DEA 有效需要增加的产出量。公式如下：

$$\begin{cases} \min(\theta-\varepsilon(\sum_{k=1}^{K}s^-+\sum_{l=1}^{L}s^+)) \\ s.t.\ \sum_{m=1}^{M}x_{mk}\lambda_m+s^-=\theta x_k^m \quad k=1,2,\cdots,K \\ \sum_{m=1}^{M}y_{ml}\lambda_m-s^+=y_l^m \quad l=1,2,\cdots,L \\ \lambda_m\geqslant 0 \quad m=1,2,\cdots,M \end{cases} \tag{5-1}$$

上述公式是基于规模报酬不变（Constant Returns to Scale，CRS）的 DEA 模型，简称 CRS 模型。当存在最优解 $\theta_m=1$ 时，表明第 m 个区域创新资源运行在最优生产前沿面上，该区域的创新产出相对于投入而言达到了综合效率最优；当 $\theta_m<1$ 时，表明第 m 个区域的创新效率无效，若 θ_m 的值越接近于 1，则表示第 m 个区域创新资源投入产出的综合效率越接近有效，反之越低。

在公式中引进约束条件 $\sum_{m=1}^{M}\lambda_m=1$，将其转变为规模报酬可变（Variable Returns to Scale，VRS）的 DEA 模型，简称 VRS 模型，利用 VRS 模型可将综合效率分解为纯技术效率与规模效率的乘积，即 $\theta_m=\theta_{TE}\times\theta_{SE}$。用 VRS 模型得到的效率指数 θ_m 为第 m 个区域创新资源的综合效率指数；θ_{TE}

为对应区域的纯技术效率指数（Technical Efficiency），有 $0 < \theta_{TE} \leqslant 1$，$\theta_{TE} \geqslant \theta_m$；规模效率指数（Scale Efficiency，记为 θ_{SE}），$0 < \theta_{SE} \leqslant 1$，$\theta_{SE} \geqslant \theta_m$。同样对于 θ_{TE}、θ_{SE} 的值越接近于 1，表示区域创新资源投入产出的纯技术效率、规模效率就越高。当 $\theta_{TE} = 1$ 或 $\theta_{SE} = 1$ 时，则该区域创新资源分别为纯技术效率最优或规模效率最优（曹贤忠、曾刚、邹琳，2015）①。

本书创新投入产出的综合效率是指创新资源要素的配置效率、资源利用效率等综合效率，纯技术效率是指技术进步带来的生产效率，规模效率指的是创新资源当前规模与最适规模之间的差距。

5.2.2　Malmquist－DEA 模型

Malmquist 指数最早由 Malmquist（1953）作为一种消费指数提出，之后，Caves 等（1982）将其应用到生产率变化的度量。当全要素生产率增长指数大于 1 时，意味着全要素生产率增长为正，反之则意味全要素生产率增长为负，Malmquist 指数主要度量全要素生产率增长、效率变化与技术进步率。本书用来测度 2000～2015 年长三角城市群研发资源的投入产出效率的变化。

5.2.3　因子分析定权法

效率评价的本质是以各种科技资源作为投入，以各种效果作为产出，以产出除以投入，进而分析最终的资源配置效率。因此，本书选择最为基本的测度方法—因子分析定权法，进行测算，并与 DEA 的测算结果进行比较分析。效率测度公式为：

$$E_i = \frac{C_i}{T_i} \tag{5-2}$$

其中，E_i 为第 i 年的技术创新效率值；C_i 为第 i 年的技术创新产出综合值，

① 曹贤忠，曾刚，邹琳．长三角城市群 R&D 资源投入产出效率分析及空间分异［J］．经济地理，2015，35（1）：104－111．

且 $C_i = \sum_{j=1}^{3} \lambda_j C_{ij}$ $(j=1,2,3)$ 为第 i 年的三项技术创新产出值，$\lambda_j(j=1,2,3)$ 为三项技术创新产出指标的权重，T_i 为第 i 年的技术创新投入综合值，$T_i = \sum_{j=1}^{2} \theta_j T_{ij}$ $(j=1,2)$ 为第 i 年的两项技术创新投入值，$\theta_j(j=1,2)$ 为两项技术创新投入指标的权重。

此外，对数据进行标准化处理，具体操作如下：

正向指标：

$$W_n = \frac{X_n - X_{min}}{X_{max} - X_{min}} \tag{5-3}$$

负向指标：

$$W_n = \frac{X_{max} - X_n}{X_{max} - X_{min}} \tag{5-4}$$

通过因子分析确定各指标的权重分别为：R&D 人员全时当量（0.211）、R&D 支出经费（0.296）、专利数量（0.493）、科技论文数量（0.519）、新产品产值率（0.481）。

5.2.4 案例城市与数据来源

本书研究的样本城市包括长三角的 26 个城市，包括上海、杭州、宁波、嘉兴、湖州、绍兴、舟山、台州、金华、南京、扬州、镇江、常州、无锡、苏州、扬州、泰州、南通、盐城、合肥、芜湖、马鞍山、铜陵、安庆、滁州、池州、宣城。由于数据收集困难，在对 2000～2015 年数据进行纵向比较分析后，收集并分析了 2000 年、2005 年、2010 年和 2015 年的横截面数据。鉴于 R&D 活动的特点，存在从投入产出的时滞效应，协整分析表明，最大时滞为一年，因此创新产出指标为 t 年数据，投入指标为 $t-1$ 年数据。

基础数据主要来源于《长三角地区各市统计公报（2001～2016）》、《各市统计年鉴（2001～2016）》、各市经济信息委员会网站、相关新闻报道以及已有学术研究文献。其中，科技论文数量来自重庆维普中文科技期刊数据库（http://www.cqvip.com/）和 Web of Knowledge 数据库（http://apps.webofknowledge.com/UA），专利数量来自国家知识产权局（SIPO）。

5.3

实证结果

运用 DEAP 2.1 软件计算 DEA 综合效率、纯技术效率和规模效率值，并计算 Malmquist 指数，所得结果如表 5－2 所示。

表 5－2　　2000～2015 年长三角城市群科技创新资源投入产出效率计算值

城市	2000 年			2005 年			2010 年			2015 年		
	CE	PTE	SE	CE	PTE	SE	CE	PTE	SE	CE	PTE	SE
上海	0.589	1.000	0.589	1.000	1.000	1.000	1.000	1.000	1.000	1.000	1.000	1.000
杭州	0.629	1.000	0.629	0.328	1.000	0.328	0.700	0.702	0.997	1.000	1.000	1.000
宁波	0.718	0.932	0.771	0.345	0.673	0.513	1.000	1.000	1.000	0.996	1.000	0.996
湖州	0.848	0.934	0.908	0.327	1.000	0.327	0.663	1.000	0.663	0.933	1.000	0.933
嘉兴	0.316	0.346	0.915	0.167	0.794	0.211	0.236	0.248	0.952	0.282	0.311	0.909
绍兴	0.274	0.473	0.578	0.140	0.559	0.250	0.579	0.756	0.766	0.359	0.360	0.997
舟山	0.631	1.000	0.631	0.402	0.478	0.842	1.000	1.000	1.000	1.000	1.000	1.000
台州	0.844	1.000	0.844	0.241	0.912	0.264	0.707	0.781	0.906	1.000	1.000	1.000
南京	0.649	1.000	0.649	1.000	1.000	1.000	1.000	1.000	1.000	1.000	1.000	1.000
苏州	0.534	0.882	0.605	0.774	0.795	0.974	0.192	0.192	0.999	0.248	0.251	0.989
无锡	0.535	0.867	0.618	0.479	0.499	0.959	0.754	0.766	0.985	0.334	0.335	0.999
常州	0.441	0.487	0.905	0.583	0.638	0.914	0.344	0.359	0.959	0.460	0.477	0.965
镇江	0.569	0.666	0.854	0.185	0.294	0.628	0.258	0.266	0.971	0.494	0.525	0.942
扬州	0.325	0.434	0.748	0.237	0.245	0.970	0.347	1.000	0.347	0.447	0.452	0.989
泰州	0.265	0.314	0.844	0.144	0.152	0.947	0.146	0.174	0.839	0.162	0.211	0.770
南通	1.000	1.000	1.000	0.199	0.228	0.874	0.211	0.217	0.973	0.225	0.240	0.937
金华	0.087	0.291	0.300	0.257	1.000	0.257	0.364	0.527	0.691	0.732	0.750	0.976
盐城	0.222	0.672	0.330	0.174	0.224	0.774	0.471	0.714	0.659	0.711	0.754	0.942
合肥	0.331	0.823	0.402	0.632	0.766	0.826	1.000	1.000	1.000	1.000	1.000	1.000
芜湖	0.126	0.202	0.622	0.833	0.890	0.936	0.395	0.701	0.563	0.374	0.430	0.868
马鞍山	0.224	0.318	0.703	0.822	0.874	0.940	1.000	1.000	1.000	0.707	0.957	0.739
铜陵	0.302	0.618	0.489	0.539	1.000	0.539	1.000	1.000	1.000	1.000	1.000	1.000

续表

城市	2000年			2005年			2010年			2015年		
	CE	PTE	SE	CE	PTE	SE	CE	PTE	SE	CE	PTE	SE
安庆	0.317	0.750	0.422	1.000	1.000	1.000	0.999	1.000	0.999	1.000	1.000	1.000
滁州	0.100	0.168	0.595	0.656	1.000	0.656	0.316	0.330	0.958	0.362	0.550	0.658
池州	1.000	1.000	1.000	1.000	1.000	1.000	1.000	1.000	1.000	1.000	1.000	1.000
宣城	0.169	0.292	0.579	0.251	0.335	0.750	0.376	0.394	0.955	0.521	0.907	0.574
平均	0.463	0.672	0.674	0.489	0.706	0.718	0.618	0.697	0.892	0.667	0.712	0.930

注：CE代表综合效率；PTE代表纯技术效率；SE代表规模效率。

5.3.1 长三角创新资源投入产出效率普遍较低但逐年上升

长三角创新资源投入产出的综合效率普遍较低，但逐渐上升。2000年、2005年、2010年和2015年综合效率值分别为0.463、0.489、0.618和0.667，低于最优效率的70%。从2000年到2015年，综合效率平均值增加了0.204。南通和池州的综合效率在2000年达到最优水平，上海、南京、安庆和池州在2005年达到最优水平，上海、宁波、舟山、南京、合肥、马鞍山、铜陵和池州在2010年达到最优水平，上海、杭州、舟山、台州、南京、合肥、铜陵、安庆和池州在2015年达到最优水平。此外，18个城市的综合效率值低于2000年最优水平的60%，占所有城市的69.23%；4个城市的综合效率值达到2000年最优水平的80%以上，占所有城市的15.38%；4个城市的综合效率值在2000年最优水平的60%～80%，占所有城市的15.38%。然而，2015年，12个城市的综合效率值低于最优水平的60%，为所有城市的46.15%；11个城市的综合效率值在最优水平的80%以上，占所有城市的42.31%；三个城市的综合效率值在最优水平的60%～80%，占所有城市的11.54%。总体而言，长三角创新资源投入产出效率普遍较低，2000～2015年未能达到最优水平，但逐渐提高。研究发现，经济发展水平较高或较低的城市，其创新效率会较高，但中等发展水平城市的创新效率会较低，原因是经济发展水平较高的城市创新资源丰富，创新产出和利用率较高，经济发展水平较低的城市创新资源稀缺，但创新产出和利用率高于中等经济发展水平的城市。这也与现有的研究相一致，如滕堂伟和方文婷（2017）①。

长三角创新资源投入产出的纯技术效率普遍高于综合效率，并逐渐上升。2000 年、2005 年、2010 年和 2015 年的纯技术效率分别为 0.672、0.706、0.697 和 0.712，均达到最优效率的 60%。与综合效率相比，纯技术效率普遍较高，尽管 2005～2010 年略有下降，但 2000～2015 年上升了 0.040。7 个城市的纯技术效率在 2000 年达到最佳水平，2015 年上升到 11 个。2000 年，12 个城市的纯技术效率值达到最优水平的 80% 以上，占所有城市的 46.15%；10 个城市的纯技术效率值低于最优水平的 60%，占所有城市的 38.46%；4 个城市的纯技术效率值在最优水平的 60%～80%，占所有城市的 15.39%。2015 年，13 个城市的纯技术效率值达到最优水平的 80% 以上，占所有城市的 50%；11 个城市的纯技术效率值低于最优水平的 60%，占所有城市的 42.31%；只有两个城市处于最佳水平的 60% 到 80% 之间，占所有城市的 7.69%。2000～2015 年，长三角创新资源投入产出的纯技术效率大幅提高，也表明技术水平取得了长足进步。

从规模效率来看，它明显高于同期的综合效率和纯技术效率。2000 年、2005 年、2010 年和 2015 年的规模效率分别为 0.674、0.718、0.892 和 0.930，达到最优水平的 60% 以上，2000～2015 年增长了 0.256。2000 年，两个城市的规模效率达到最佳水平，2015 年有 9 个城市达到最佳水平。此外，2000 年有 8 个城市的规模效率高于最优值的 80%，9 个城市低于最优值的 60%；22 个城市的规模效率在 80% 以上，只有宣城低于 60%。总体而言，长三角城市群创新资源投入产出的规模效率普遍较高且不断提高，明显高于综合效率和纯技术效率。

5.3.2　长三角城市群科技创新资源投入产出效率比较

2000～2015 年长三角核心城市创新资源投入产出效率总体较高，如上

① 滕堂伟，方文婷．新长三角城市群创新空间格局演化与机理［J］．经济地理，2017，37（4）：66－75.

海、杭州、宁波、南京、合肥。上海、杭州、舟山、台州、南京、合肥、铜陵、安庆和池州的综合效率在2015年达到最佳水平，而苏州仅为0.248，纯技术效率和规模效率分别为0.251和0.989。结果表明，苏州创新资源投入产出数据真实，创新资源规模与投入产出匹配不佳，导致苏州创新资源投入产出综合效率低下。Deap 2.1软件计算结果表明，苏州市的产出并没有随着创新投入的增加而相应增加，这意味着可以通过降低创新资源投入的规模或增加创新产出来提高地方综合效率，即使是在新产品产出方面。此外，虽然嘉兴、绍兴、无锡、常州、镇江、扬州、马鞍山、滁州和宣城的创新资源投入产出综合效率高于苏州，但它们对创新资源投入规模的回报却随着苏州的下降而逐渐下降，金华、盐城和芜湖也是如此，但由于R&D人员和支出过剩，创新产出较差，特别是专利产出。对于宁波和湖州等剩余两个城市，创新资源投入规模的回报逐渐增加，但综合效率未能达到最优水平，主要是由于投入冗余和产出不足，特别是新产品的产值需要进一步显著提高，湖州科技论文产出较弱，可以通过增加创新资源规模和鼓励新产品开发来提高。

如表5-2所示，上海市和浙江省的创新资源投入产出综合效率明显优于江苏省和安徽省，浙江省和安徽省的差距较小，而江苏省的差距较大。为了更清晰地揭示长三角地区不同省份创新资源投入产出的效率，本研究估算了2015年上海、江苏、浙江和安徽的综合效率（表5-3），上海、江苏、浙江和安徽的综合效率分别为1.000、0.653、0.768和0.726，只有上海的纯技术效率在2015年达到最优水平，表明创新资源投入规模对综合效率的提高至关重要。进一步研究表明，江浙皖地区创新资源产出规模下降，需要合理增加创新资源产出规模，提高综合效率。

表5-3　2015年长三角区域省级层面科技创新资源投入产出效率

区域	综合效率	纯技术效率	规模效率
上海	1.000	1.000	1.000
江苏	0.653	0.772	0.846
浙江	0.768	0.872	0.881
安徽	0.726	0.835	0.869

从长三角各城市创新资源投入产出效率的纵向比较来看，2000～2015年，各城市间的空间分异逐渐减小，但内部空间格局变化较大。

2000～2005年，长三角创新资源投入产出的综合效率在上海、南京、苏州、常州、金华、合肥、芜湖、马鞍山、铜陵、安庆、滁州和宣城有所提高。上海、南京和安庆确切地说已经达到了最优水平，芜湖和马鞍山都达到了80%以上的最优水平，但其他城市的效率仍然很低，上海、南京、金华、合肥、芜湖、马鞍山、安庆和滁州都经历了重大变化。进一步分析表明，上海和南京创新资源投入产出综合效率的较大波动主要在于规模报酬递减和创新资源相应减少，而安庆创新资源投入产出达到最优水平则在于对创新资源投入产出的合理控制。杭州、宁波、湖州、嘉兴、绍兴、舟山、台州（浙江）、无锡、镇江、扬州、台州（江苏）、南通、盐城综合效率下降，主要原因是R&D支出过大，新产品和专利产值低。池州从2000～2005年一直是最佳水平。

2005～2010年，长三角创新资源投入的综合效率发生了很大变化。上海、宁波、舟山、南京、合肥、马鞍山、铜陵、池州等8个城市达到了可选水平。综合效率上升的城市包括杭州、宁波、湖州、嘉兴、绍兴、舟山、台州、无锡、镇江、扬州、泰州、南通、金华、盐城、合肥、马鞍山、铜陵和宣城，其中宁波、舟山、合肥、马鞍山和铜陵处于较高水平，其余城市处于较低水平，宁波和舟山的波动最大，从0.345和0.402波动到2005～2010年的最佳水平。据进一步观察，2005年宁波、舟山创新资源投入产出过程受到研发经费严重过剩、创新人才缺乏、新产品和科技论文产值低的困扰，说明宁波、舟山五年来创新资源投入进行了合理调整，实现了优化；综合效率下降的城市包括苏州、常州、芜湖、安庆和滁州，下降最严重的是苏州，苏州的规模效率为0.999，但纯技术效率较低，这表明技术进步在创新资源投入产出过程中没有得到充分发挥，苏州的技术成果转移转化有待加强。安庆市的纯技术效率为1.000，这体现了创新资源投入规模不当导致综合效率下降的主要原因，适当缩小创新资源规模的必要性，以及R&D人员和经费过剩、科技论文产出严重不足导致其他城市创新资源综合效率下降的原因。从2005～2010年，上海、南京、池州一直是最佳水平。

从2010~2015年，长三角创新资源投入产出的综合效率总体变化不大，大部分城市都有所上升。上海、杭州、舟山、台州、合肥、铜陵、安庆和池州达到最佳水平，宁波、绍兴、无锡、芜湖和马鞍山下降，其余城市有不同程度的上升，杭州、湖州、台州和安庆达到较高水平，其他城市则较低。绍兴、无锡、芜湖、马鞍山因创新资源投入规模不当进一步下降，宁波虽略有下降，但仍保持高位。另外，值得注意的是，杭州、台州和安庆五年来创新资源投入的综合效率快速上升，2015年达到最优水平，经过深入分析发现，R&D在这些城市的人员和支出得到合理控制，科技论文和发明专利数量突飞猛进。

5.3.3 因子分析定权法与DEA方法计算效率值的比较

选用因子分析定权法（FAR）对数据进行测算的目的是获得更具可比性的结果，计算后的效率值为标准化后的数值（表5-4）。

表5-4　2015年FAR与DEA两种方法计算结果比较

省/城市	FAR效率	DEA效率	省/城市	FAR效率	DEA效率
上海	0.923	1.000	镇江	0.379	0.494
江苏	0.609	0.653	扬州	0.324	0.447
江苏	0.770	0.768	泰州	0.124	0.162
安徽	0.687	0.726	南通	0.205	0.225
杭州	0.859	1.000	金华	0.553	0.732
宁波	0.828	1.000	盐城	0.623	0.711
湖州	0.780	0.996	合肥	0.780	1.000
嘉兴	0.696	0.933	芜湖	0.291	0.374
绍兴	0.208	0.282	马鞍山	0.651	0.707
舟山	0.002	0.359	铜陵	0.799	1.000
台州	0.804	1.000	安庆	0.778	1.000
南京	1.000	1.000	滁州	0.227	0.362
苏州	0.850	1.000	池州	0.801	1.000
无锡	0.231	0.248	宣城	0.438	0.521
常州	0.338	0.334	—	—	—

根据表 5 - 4 的数据，从省级层面来看，上海创新资源投入产出效率高于浙江、安徽和江苏。相对而言，基于 FAR 的效率值是归一化的，而基于 DEA 效率只是相对值，因此两者是不同的，但基于 FAR 的效率值和基于 DEA 的效率值的变化趋势大体相同。大致说来，基于这两种方法计算出的各省市效率值较为吻合。以上海为例，基于 FAR 的效率为 0.923，基于 DEA 的效率为 1.000，两者都比较高。然而，舟山的两个值差异很大，这是由于舟山的指标在数据标准化过程中的为最小值。因此，FAR 验证了数据包络分析的结果，证明了数据包络分析方法在创新资源投入产出效率计算中的有效性和可靠性。

5.4 长三角城市群科技创新资源投入产出效率时空演化机制

基于 Malmquist - DEA 模型，利用 DEAP 2.1 软件计算了 2000 ~ 2015 年长三角 26 个城市创新资源投入产出的 Malmquist 指数（表 5 - 5）。综合效率变动指数（1.110）、技术进步变动指数（1.001）、纯技术效率变动指数（1.047）、规模效率变动指数（1.060）和全要素生产率变动指数（1.111）均大于 1.000，表明长三角创新资源全要素生产率的显著提高是技术进步的结果，而综合效率的提高主要是通过纯技术效率的提高来推动的，创新资源的规模优势得到了很好的利用，技术进步在效率变动中起着举足轻重的作用。本书研究发现，安徽省 8 个城市和舟山、无锡的全要素生产率波动均小于 1.000，其他城市均大于 1.000，也就是说，技术进步对这些城市创新能力的提高影响不大，创新资源利用率不高。2000 ~ 2015 年长三角地区全要素生产率波动的空间演变过程，形成了以上海为核心、合肥、南京、杭州和宁波为轴心的“Z”字形，这也是长三角地区 26 个城市创新资源投入产出效率时空演变的动力。

表 5 - 5　　2000 ~ 2015 年长三角城市群 Malmquist 指数

城市	综合效率变动指数	技术进步变动指数	纯技术效率变动指数	规模效率变动指数	全要素生产率变动指数
上海	1.000	2.119	1.000	1.000	2.119
杭州	1.428	1.742	1.424	1.003	2.488
宁波	0.996	1.335	1.000	0.996	1.330
湖州	1.407	0.712	1.000	1.407	1.002
嘉兴	1.195	1.260	1.252	0.954	1.505
绍兴	0.619	1.150	0.476	1.302	0.712
舟山	1.000	0.636	1.000	1.000	0.636
台州	1.414	1.478	1.281	1.104	2.089
南京	1.000	1.660	1.000	1.000	1.660
苏州	1.295	1.451	1.308	0.990	1.878
无锡	0.443	1.517	0.437	1.014	0.672
常州	1.336	1.518	1.327	1.007	2.029
镇江	1.916	1.338	1.977	0.969	2.563
扬州	1.289	1.124	0.452	2.852	1.449
泰州	1.111	1.418	1.211	0.918	1.576
南通	1.065	1.420	1.106	0.963	1.511
金华	2.011	0.706	1.423	1.413	1.419
盐城	1.510	0.726	1.056	1.430	1.096
合肥	1.000	0.872	1.000	1.000	0.872
芜湖	0.946	0.566	0.614	1.542	0.536
马鞍山	0.707	0.811	0.957	0.739	0.573
铜陵	1.000	0.408	1.000	1.000	0.408
安庆	1.001	0.764	1.000	1.001	0.764
滁州	1.145	0.688	1.667	0.687	0.788
池州	1.000	0.632	1.000	1.000	0.632
宣城	1.384	0.462	2.301	0.602	0.640
平均	1.110	1.001	1.047	1.060	1.111

5.5 小结与建议

本书利用数据包络分析的 CRS 模型和 VRS 型对长三角城市群 2000 ~ 2015 年科技创新资源投入产出效率进行了测度，并用因子分析定权法对结果进行了验证；此外，基于 Malmquist - DEA 模型对效率波动（2000 ~ 2015）进行了估计，并得出以下结论。

第一，长三角创新资源投入产出的综合效率普遍较低，低于最优水平，但从 2000 年到 2015 年有上升趋势；纯技术效率一般高于综合效率并不断提高；规模效率明显高于同期综合效率和纯技术效率。

第二，上海创新资源投入产出效率显著高于浙江、安徽和江苏，浙江、安徽和江苏的创新资源投入产出效率最低；长三角不同城市创新资源投入产出效率的差距逐渐缩小，但空间格局变化很大；长三角创新资源投入产出效率波动指数逐渐增大，全要素生产率剧烈变化，技术进步对创新资源投入产出效率的提高起着决定性作用。创新资源投入产出效率整体较低，主要是创新资源投入规模报酬递减或 R&D 支出过度的结果，其次是产出疲软。

第三，基于因子分析定权法的效率值与基于 DEA 的效率值相近，证明了 DEA 方法在创新资源投入产出效率计算中的有效性。

考虑到数据的可用性，采用了四个时期的横截面数据，建议在今后的研究中考虑更多的时期，进一步探讨创新投入产出效率差异的影响因素和动因。

第6章

科技创新资源驱动长三角一体化发展效应

区域发展进程中与周边区域必然会通过人流、物流、资金流、技术流等相互补充、影响，区域的资源禀赋、区位特点等要素差异分析及不同地区之间的相互作用也一直是区域经济学和经济地理学的重点研究领域（曾刚等，2018）[①]。20世纪80年代，中国科学院地理科学与资源研究所陆大道院士在编写全国国土规划纲要过程中，提出了中国区域发展的“T”字形空间结构战略，建议将沿海经济带和长江经济带作为国家最重要的一级经济带进行建设（陆大道，2014）[②]。而长江经济带具备强大的经济实力和抗风险能力，尤其是长江三角洲地区，对国家经济发展起着“压舱石”“稳定器”的作用（蒋媛媛，2016）[③]。2018年11月中央决定将长三角区域一体化发展上升为国家战略。2017年，长三角地区三省一市以全国1/26的国土面积、容纳了1/6的人口、创造了1/4的GDP，R&D经费占全国R&D经费总额的30%，专利申请量占全国专利申请总量的32.4%，每万人发明专利拥有量为22.9件，远高于全国9.8件的平均水平，长三角已成为全国创新活动最活跃、知识产权最密集的区域之一

① 曾刚，王丰龙，等．长江经济带城市协同发展能力指数（2017）研究报告［M］．北京：中国社会科学出版社，2018.

② 陆大道．建设经济带是经济发展布局的最佳选择——长江经济带经济发展的巨大潜力［J］．地理科学，2014，34（7）：769－772.

③ 蒋媛媛．长江经济带战略对长三角一体化的影响［J］．上海经济，2016（2）：50－73.

（刘承良、管明明，2018）[①]。

此外，“创新驱动、绿色发展”是中央确定的长江流域经济发展的主导方向，创新网络、绿色发展及其相伴而生的区域发展模式是国内外学者关注的热点问题之一（陆大道，2018；方创琳，2018）[②③]。Phillip Cooke（2002）[④]、Peter Maskell（1999）[⑤]、Harald Bathelt（2014）[⑥] 等学者对创新网络、产业集群网络以其背后支撑的多维邻近性成因进行了系统研究。Johnnes Glückler（2007）[⑦] 分析了世界众多创新网络结构后指出，网络都存在着一个影响网络行为、绩效的关键地点，即“结构洞（Structural Holes）”。然而，上述西方学者的研究成果多基于发达国家自由经济体制、地域知识生产与转化能力强的现实，但无法解析、指导我国改革开放以来“引进—吸收—创新”技术进步路径的国情和实践。同时，尽管国内不少学者关注长三角地区创新发展问题，吕国庆等（2014）[⑧]、曾刚等（1999，2004，2011，2016，2018）[⑨⑩⑪⑫⑬]、

① 刘承良，管明明．基于专利转移网络视角的长三角城市群城际技术流动的时空演化［J］．地理研究，2018，37（5）：981－994.

② 陆大道．我国新区新城发展及区域创新体系构建问题［J］．河北经贸大学学报，2018，39（1）：1－3.

③ 方创琳．改革开放40年来中国城镇化与城市群取得的重要进展与展望［J］．经济地理，2018，38（9）：1－9.

④ Cooke P. Regional innovation system：General findings and some new evidence from biotechnology clusters［J］．Journal of Technology Transfer，2002，27（1）：133－145.

⑤ Maskell P，Malmberg A. Localised learning and industrial competitiveness［J］．Cambridge Journal of Economic，1999，23（2）：167－185.

⑥ Bathelt H and Li P F. Global cluster networks—foreign direct investment flows from Canada to China［J］．Journal of Economic Geography，2014，14（1）：45－71.

⑦ Glückler J. Economic geography and the evolution of networks［J］．Journal of Economic Geography，2007，7（5）：619－634.

⑧ 吕国庆，曾刚，郭金龙．长三角装备制造业产学研创新网络体系的演化分析［J］．地理科学，2014，34（9）：1051－1059.

⑨ 曾刚，袁莉莉．长江三角洲技术扩散规律及其对策初探［J］．人文地理，1999（1）：5－9.

⑩ 曾刚，文婷．上海浦东信息产业集群的建设［J］．地理学报，2004，S1：59－66.

⑪ 曾刚，林兰，叶森．长三角区域产业联动的理论与实践［J］．上海城市规划，2011（2）：18－25.

⑫ 曾刚．长江经济带协同创新研究：创新・合作・空间・治理［M］．北京：经济科学出版社，2016.

⑬ 曾刚，杨舒婷，王丰龙．长江经济带城市协同发展能力研究［J］．长江流域资源与环境，2018，（12）：2641－2650.

曹贤忠等（2015，2016）[①②]、滕堂伟等（2017，2018）[③④] 等学者在长三角产业集群、技术扩散、城市之间创新互动关系、创新绩效等方面开展了长期研究，尚勇敏等（2014）[⑤]、宓泽峰等（2018）[⑥]、海骏娇等（2014）[⑦] 等人在环境规制、绿色创新发展方面也做了一些有益的工作，并取得了系列研究成果，但这些成果主要立足于省市行政分割、城市互动机制缺乏的前提，没有从长三角区域一体化发展国家战略的新高度出发，审视长三角地区创新和绿色发展空间分布特征，更鲜有从体制创新角度论述长三角地区协同创新框架，也没能关注长三角地区绿色创新网络的关键地点和突破口（曾刚等，2018）[⑧]，而这些问题正是本研究试图回答的问题。因此，明确长三角区域创新、绿色发展空间特征，找到区域创新网络的中枢与突破口，创新区域治理模式，对于实施长三角区域一体化发展的国家战略具有十分重要的理论与现实意义。

6.1 长三角区域一体化发展特征

狭义的长三角城市群包括上海市、江苏省、浙江省、安徽省的26个城市，而广义的长三角城市群则包括三省一市全部41个地级及以上城市，本研究以41个地级及以上城市为研究对象，着力分析创新与绿色发展因子对

① 曹贤忠，曾刚，邹琳．长三角城市群 R&D 资源投入产出效率分析及空间分异［J］．经济地理，2015，35（1）：104－111.

② 曹贤忠，曾刚，司月芳．网络资本、知识流动与区域经济增长：一个文献述评［J］．经济问题探索，2016（6）：175－184.

③ 滕堂伟，方文婷．新长三角城市群创新空间格局演化与机理［J］．经济地理，2017，37（4）：66－75.

④ 滕堂伟，覃柳婷，胡森林．长三角地区众创空间的地理分布及影响机制［J］．地理科学，2018，38（8）：1266－1272.

⑤ 尚勇敏，曾刚，海骏娇．基于低碳经济目标的中国经济增长方式研究［J］．资源科学，2014，36（5）：937－945.

⑥ 宓泽锋，曾刚，周灿，等．长三角城市群生态文明建设问题及潜力研究——基于5大城市群的比较［J］．长江流域资源与环境，2018，27（3）：463－472.

⑦ 海骏娇，尚勇敏．基于生态文明的区域竞争力重构与评价——以上海市为例［J］．中国城市研究，2014（9）：51－64.

⑧ 曾刚，杨舒婷，王丰龙．长江经济带城市协同发展能力研究［J］．长江流域资源与环境，2018，（12）：2641－2650.

长三角区域一体化发展的影响、空间关联等。

长三角区域内部各城市发展阶段不完全相同。根据美国经济学家钱纳里对区域发展阶段的划分方法（孙久文、丁鸿君，2011）[①]，长三角区域41个城市经济发展可以划分为两个阶段，上海、南京、杭州、苏州、宁波、无锡等17个核心城市整体上已经步入后工业化阶段，盐城等24个城市还处于工业化初期或中期阶段。2016年，苏州人均GDP为145556元，而同期阜阳仅为17642元/人，两者相差约8倍。可看出，南京、镇江、苏锡常、上海、杭州、宁波等城市形成了“Z”字形高增长空间格局，人均GDP超过了10万元，合肥、扬州、泰州、南通、湖州、嘉兴和绍兴等城市形成了“之”字形区域增长空间格局，人均GDP超过了7万元，而苏北、浙南和安徽的马鞍山、芜湖、铜陵等城市处于快速增长阶段，人均GDP超过了5万元，其余城市发展水平较低。

从创新驱动、绿色发展水平来看，长三角城市群内部也存在较大差距。2016年，上海R&D经费投入占GDP的比重高达3.72%，而丽水仅为0.42%；从空间分布来看，上海、无锡、南京、合肥、杭州、宁波等城市绿色发展水平（单位用电量产值）较高，淮安、滁州、衢州、嘉兴等城市绿色发展水平较低。不难发现，2016年长三角城市创新投入与绿色发展水平与人均GDP空间分布大体相一致，这充分表明创新驱动与绿色发展有利于区域经济发展。

6.2 研究方法与数据

6.2.1 研究方法

(1) 模型设定。

区域一体化发展受到多方面因素的影响，这些因素一直以来都是区域

① 孙久文，丁鸿君．我国工业化阶段测度的区域特征实证分析——基于江苏、河南和新疆的比较研究［J］．南京社会科学，2011（7）：28－33，40.

经济学者探讨的议题，特别是关于创新驱动、绿色发展与区域经济发展之间的关系开始成为关注热点。采用柯布－道格拉斯生产函数作为基本模型：

$$Y = AK^{\alpha}L^{\beta} \tag{6-1}$$

公式（6－1）中 Y 为总产出；A 为劳动和资本之外的其他因素；K 为资本投入；L 为劳动投入；α 和 β 分别为资本和劳动投入的产出弹性。本研究主要探讨创新投入与绿色发展对区域一体化发展的影响，但又不能忽略资本和劳动以及其他更多因素的影响，因而可将创新（R）与绿色发展（G）要素从 A 中析出，公式（6－1）可写为：

$$Y = AK^{\alpha}L^{\beta}R^{\theta}G^{\delta} \tag{6-2}$$

公式（6－2）中，R 代表创新水平；G 代表绿色发展水平；Y 代表区域一体化发展水平。为了消除各地级市一体化发展的差异性影响，对所有变量分别取对数处理（Cao et al.，2018；李光龙、张明星，2018）①②：

$$\ln Y = \ln A + \alpha \ln K + \beta \ln L + \theta \ln R + \ln G \tag{6-3}$$

本书考察的是2000～2016年41个城市的面板数据，因此在公式（6－3）的基础上，进一步修正并建立面板数据模型：

$$\ln Y_{it} = c_i + \alpha_i \ln K_{it} + \beta_i \ln L_{it} + \theta_i \ln R_{it} + \delta_i \ln G_{it} + \mu_{it} \tag{6-4}$$

式中：i 表示截面个体（$i = 1, 2, 3, \cdots, 41$）；t 为时间；c 为截距；μ 为变量系数；α、β、θ、δ分别表示资本、劳动、创新、绿色发展因素的弹性系数；

模型（6－4）是基本面板数据模型，运用 Eviews 8.0 软件对面板数据进行 Hausman 检验和 F 检验，确定 ln$Y$ 与各变量之间应建立固定效应变系数模型：

$$\ln Y_{it} = c + c_i + \alpha_i \ln K_{it} + \beta_i \ln L_{it} + \theta_i \ln R_{it} + \delta_i \ln G_{it} + \mu_{it} \tag{6-5}$$

式中，（$c + c_i$）代表除了资本、劳动、创新水平、绿色发展之外的其他因素对区域一体化发展的影响程度，该数值越大表明其他因素的影

---

① Cao X, Zeng G, Teng T, Zou L. The Relationships between Research and Development (R&D) Investment and Regional Economic Growth. Anthropologist, 2018, 31 (1－3): 34－47.

② 李光龙，张明星．扩大对外贸易加剧了中国环境污染吗？[J]．安徽大学学报（哲学社会科学版），2018，42（3）：119－125.

响程度越大（何志超等，2015）①，θ、δ表示长三角区域 41 个城市一体化发展驱动因子的差异性。对于式（6-5）中的变量设定，本书采用各地区人均 GDP 来衡量区域一体化发展水平，即总产出（Y）；选取固定资产投资和从业人员数来衡量资本投入（K）和劳动投入（L）；选取 R&D 经费投入指标表征创新投入（R），单位用电量产值指标表征绿色发展水平（G）。

（2）数据平稳性检验。

为了确保参数估计的有效性，避免伪回归现象的出现，在回归前对面板数据是否存在单位根进行检验，即检验数据的平稳性（徐建军等，2008）。借助 Eviews8.0 软件，本书选择了 LLC 检验、IPS 检验、Fisher - ADF 检验、Fisher - PP 检验等方法对 2000 ~ 2016 年长三角城市群 41 个城市的面板数据进行单位根检验，结果显示原始数据序列平稳（表 6-1），表明数据可用于进一步模型测算分析。

表 6-1　面板数据单位根检验结果

变量	IPS	LLC	Fisher - ADF	Fisher - PP	结论
LnY	-25.911 (0.000***)	-43.975 (0.000***)	524.948 (0.000***)	701.160 (0.000***)	平稳
Ln RD	-20.542 (0.000***)	-44.960 (0.000***)	454.269 (0.000***)	447.553 (0.000***)	平稳
Ln EC	-9.909 (0.000***)	-22.367 (0.000***)	233.488 (0.000***)	429.665 (0.000***)	平稳

注：***、**、* 分别表示参数估计在 1%、5% 和 10% 的水平上显著，括号中为 p 值，下同。

（3）协整检验。

为了检验各变量与 ln$Y$ 之间是否存在长期协整关系，本研究采用 Eviews 8.0 软件，运用 Pedroni 检验方法，对 2000 ~ 2016 年长三角城市群 41 个城市

① 何志超，余兆武，伍博炜．基于面板数据的中国 R&D 投入对城镇化影响分析［J］．地理科学进展，2015，34（8）：998-1008.

面板数据进行协整检验。根据徐建军等（2008）①、Cao 等（2018）②的做法，结果显示，lnY 与各变量之间存在长期稳定的关系（表 6－2），表明面板数据平稳可靠。

表 6－2　　面板数据协整检验结果

检验方法	统计量	lnY 与 lnRD	lnY 与 lnEC
Pedroni	Panel v－Statistic	1.693 (0.045**)	1.625 (0.052*)
	Panel rho－Statistic	－1.181 (0.001***)	－2.681 (0.004***)
	Panel PP－Statistic	－4.661 (0.000***)	－13.864 (0.000***)
	Panel ADF－Statistic	－2.508 (0.006***)	1.289 (0.901)
	Group rho－Statistic	2.131 (0.984)	1.743 (0.959)
	Group PP－Statistic	－4.522 (0.000***)	－9.941 (0.000***)
	Group ADF－Statistic	－3.196 (0.000***)	－1.358 (0.081*)

6.2.2 数据来源

考虑行政区划调整，以 2016 年作为参考基准对其他年份统计数据进行整合，数据主要来源于 2001～2017 年《中国城市统计年鉴》《中国科技统计年鉴》和长三角区域 41 个城市统计年鉴，部分创新投入数据来自第一

① 徐建军，熊德平，汪浩瀚．中国金融发展与外贸关系的面板协整检验和因果分析［J］．经济地理，2008（5）：82－87.

② Cao X, Zeng G, Teng T, Zou L. The Relationships between Research and Development（R&D）Investment and Regional Economic Growth. Anthropologist, 2018, 31（1－3）：34－47.

次（2000 年）和第二次（2009 年）全国及各省市 R&D 资源清查公报，部分人口数据来源于 2000 年和 2010 年中国人口普查分县资料，还有小部分缺失数据来自中国知网上已发表的相关科技论文以及相关政府职能部门发布的数据。

6.3 实证结果分析

6.3.1 创新投入对区域一体化发展的影响

从 R&D 投入强度分析，$\ln Y$ 与 $\ln RD$ 的模型估计方程为：

$$\ln Y = 9.407 + C_i + \theta \ln R \qquad (6-6)$$

式（6－3）中，模型检验结果：$R^2=0.927$，F－statistic＝156.880，Prob(F－statistic)＝0.000，结果表明 $\ln Y$ 与 $\ln R$ 的模型方程显著，DW 值为 2.443，表明模型不存在自回归现象，各研究单元的 t 值除六安市不显著之外，其他城市均在 1% 或 5% 置信水平上显著，表明创新对长三角区域一体化发展的整体影响较为显著（表 6－3）。

从长三角区域各市估计模型的截距来看，长三角 41 个城市中舟山的截距项最大，其次为铜陵、马鞍山，表明这 3 个城市一体化发展受创新以外的其他因素的综合影响较大。与安徽各城市相比，上海和浙江、江苏两省大部分城市的估计模型截距均较大，结合长三角区域 41 个城市的 R&D 投入强度来看，经济发展水平较高的城市在一体化发展过程中受到创新以外因素的综合影响较大；从各市估计模型的系数来看，南京的弹性系数最大，南京在 2010 年后 R&D 投入强度增长势头强劲，平均高于 3%，处于长三角前列，创新对城市发展的驱动作用显著。江苏的常州、无锡、南通、镇江与浙江的杭州、宁波的弹性系数均在 1 以上，创新对这些城市一体化发展影响较大。安徽各市的弹性系数普遍较小，表明创新对城市一体化发展的影响相对较小。其中弹性系数最小的是六安和阜阳，六安 t 值不显著，阜阳呈微弱负相关。通过进一步分析发现，该时期六安和阜阳 R&D

投入强度远低于长三角其他城市，例如 2016 年两市 R&D 投入强度分别仅为 0.72% 和 0.64%，且 R&D 投入强度的提升速度与经济发展提升速度失调，因而弹性系数小。

表 6-3　lnY 与 lnR 固定效应变系数模型估计参数与检验结果

城市	截距 c	lnR 系数	城市	截距 c	lnR 系数	城市	截距 c	lnR 系数
上海	-0.197	1.110***	杭州	-3.607	1.561***	淮南	0.616	0.044***
南京	-5.580	1.991***	宁波	1.111	1.430***	马鞍山	1.362	0.004***
无锡	-0.148	1.075***	温州	0.896	0.209**	淮北	0.631	0.123**
徐州	0.391	0.357**	嘉兴	-0.034	0.492***	铜陵	1.436	0.097***
常州	-1.969	1.430***	湖州	0.719	0.243***	安庆	0.850	0.264***
苏州	-0.266	1.281***	绍兴	0.294	0.709***	黄山	0.972	0.279***
南通	0.547	0.556***	金华	0.576	0.369***	滁州	0.478	0.078***
连云港	0.306	0.372***	衢州	0.968	0.269***	阜阳	-0.651	-0.269**
淮安	0.779	0.261**	舟山	1.534	0.424***	宿州	0.609	0.283***
盐城	0.842	0.202***	台州	0.694	0.381**	六安	-10.378	-7.585
扬州	0.198	0.548**	丽水	1.042	0.167**	亳州	-0.571	0.042**
镇江	0.110	0.724***	合肥	1.288	0.562***	池州	0.868	0.217***
泰州	0.446	0.350**	芜湖	1.058	0.107***	宣城	0.737	0.166**
宿迁	0.708	0.186***	蚌埠	0.337	0.116**			

6.3.2　绿色发展对区域一体化发展的影响

从绿色发展角度分析，lnY 与 lnG 的模型估计方程为：

$$\ln Y = 8.277 + C_i + \delta \ln G \qquad (6-7)$$

式（6-4）中，模型检验结果：$R^2 = 0.931$，F - statistic = 106.657，Prob（F - statistic）=0.000，结果表明 lnY 与 lnEC 的模型方程显著，DW 值为 2.082，表明模型不存在自回归现象，除了淮安在 10% 置信水平上显著之外，其他各城市的 t 值均在 1% 或 5% 置信水平上显著，表明整体上绿色发展对长三角区域一体化发展的影响较为突出（见表 6-4）。

从各市估计模型的截距来看，长三角 41 个城市中嘉兴的截距项最大，其次为芜湖、池州和马鞍山，这 4 个城市受绿色发展以外因素的综合影响较大；从弹性系数来看，最小的城市是嘉兴，嘉兴资源利用率多年处于较低水平，致使绿色发展压力较大；最大的是六安，其次为杭州、合肥、上海、亳州、南京、安庆和黄山，为经济相对发达的省会城市或生态环境规制严格的生态屏障区。杭州、上海、南京与合肥的资源利用率在长三角各市中处于较高水平，绿色发展对这些城市一体化推动作用显著，皖西北地区的亳州、宿州和阜阳等城市一体化发展虽然较其他地区相对较晚，发展相对落后，但绿色发展对城市一体化发展的影响却相对较高。

表 6－4　lnY 与 lnG 固定效应变系数模型估计参数与检验结果

城市	截距 c	lnG 系数	城市	截距 c	lnG 系数	城市	截距 c	lnG 系数
上海	-3.434	0.287***	杭州	-1.740	0.463***	淮南	0.061	0.158***
南京	-1.212	0.252***	宁波	2.426	0.246***	马鞍山	3.592	0.102***
无锡	2.544	0.136***	温州	0.127	0.165***	淮北	-1.990	0.173***
徐州	1.304	0.149***	嘉兴	9.779	0.063***	铜陵	-0.715	0.160***
常州	1.278	0.206***	湖州	-0.793	0.076***	安庆	-3.013	0.236***
苏州	2.767	0.134***	绍兴	-0.734	0.109***	黄山	-2.877	0.234***
南通	2.189	0.164***	金华	-0.629	0.111***	滁州	3.161	0.098***
连云港	2.461	0.097***	衢州	1.657	0.110***	阜阳	-5.230	0.231***
淮安	-2.378	0.146*	舟山	1.222	0.196***	宿州	-9.261	0.295***
盐城	2.284	0.156***	台州	-7.814	0.209***	六安	-3.239	0.499***
扬州	1.951	0.171***	丽水	-2.073	0.238***	亳州	-7.373	0.287***
镇江	1.892	0.195***	合肥	-5.660	0.309***	池州	5.690	0.133***
泰州	2.085	0.155***	芜湖	5.764	0.278***	宣城	-0.743	0.094***
宿迁	2.012	0.136***	蚌埠	-0.262	0.182***			

6.3.3　创新与绿色驱动区域一体化发展的空间差异与聚类

从长三角区域 41 个城市的创新投入对城市一体化发展的贡献空间差异显著。创新投入对江苏省、浙江省和上海市的区域一体化发展影响明显高于安徽省，除了阜阳和六安三个城市的相关性为负以外，其余各城市创新投入对一体化发展均起到了推动作用。具体来看，创新对上海、南京、苏州、无锡、常州、杭州、宁波等核心城市一体化发展作用更加明显，对合肥、扬州、镇江、绍兴等城市一体化发展的影响一般，对安徽大部分城市、江苏和浙江小部分城市一体化发展的影响较弱，这进一步验证了曹贤忠等（2015）的研究结论。绿色发展对城市一体化发展影响的空间差异同样明显，合肥—南京—上海—杭州—宁波在空间上形成“Z”形创新城市带，加强创新的集聚效应。绿色发展对安徽和上海城市一体化发展的影响明显高于江苏和浙江，六安、安庆、黄山等城市发展水平低、对外经济联系不强的城市，绿色发展的作用较强；上海、杭州、合肥、宁波、南京等城市发展水平高、对外经济联系强的城市，重视生态环境问题的解决，绿色发展的作用也相对较强；南通、常州、芜湖、徐州、镇江、泰州、衢州、舟山、蚌埠等中等发达城市，绿色发展的作用较低；连云港、嘉兴、池州、滁州、马鞍山等城市，绿色发展与区域一体化发展呈现负相关，其城市发展仍然停留在消耗大量资源、增加生态环境负担的基础上，仍然没有步入一体化、高质量转型发展的轨道，离长江绿色发展带建设目标仍相距甚远。

利用 Geoda 软件描绘创新投入和绿色发展对长三角区域一体化发展影响的空间关联特征。创新投入和绿色发展的 Moran I 分别为 0.281 和 -0.150，且均在 1% 的检验显著水平上，表明创新和绿色发展对长三角区域一体化发展的影响具有较强的空间关联。为进一步了解局部关联特征，利用 Moran 散点图和 LISA 集聚图解释长三角创新投入和绿色发展对区域一体化影响的空间差异。根据 Moran 散点图将创新投入和绿色发展与长三角区域一体化发展相关系数划分为 4 类：一是高—高（H - H）关联区，表明区域自身和周边地区的创新投入对长三角一体化的影响均较强，二是高—低（H - L）关联区，表明区域自身的创新投入对长三角一体化的影响较强，而周边地区对长三角一体化的影响较弱，三是低—高（L - H）关联区，表明区域自身的创新投入对长三角一体化的影响较弱，但周边地区对长三角城市一体化的影响较强，四是低—低（L - L）关联区，表明区域自身和周边地区的创新投入对长三角城市一体化的影响均较弱。从创新投入来看，H－H关联区集中于以南京、上海、杭州、宁波为节点的“之”字形连片区域，表明该区域创新驱动发展呈现高水平一体化特征。这与长三角区域科技创新资源的分布密切相关，长三角地区科技创新资源富集，创新主体（高校、科研机构、创新型企业）、科研设施（大科学装置等）、科技人才、R&D等科技创新资源呈现出以上海为中心、以合肥—南京—无锡/苏州—上海—杭州—宁波为轴线的集聚特征，科技资源的集聚为创新驱动区域一体化创造了条件。L－H关联区分布于H－H关联区外围，未来有望在H－H关联区的带动下实现与H－H关联区的一体化发展。H－L关联区分布于合肥、连云港，合肥作为安徽省创新驱动转型升级的“排头兵”，未能较好地与省内其他地区同步推进创新驱动发展。L－L关联区集中于皖北和皖西地区，自身缺乏创新资源，周边地区创新辐射带动作用不强，创新驱动区域一体化发展动力不足，这是因为长三角80%的高校、科研院所、大型科学仪器与装置、重点实验室、院士等机构和高端人才集中在上海、南京、杭州、合肥、无锡、宁波等中心城市，而位于边缘地区的安徽北部、西部区域的中小城市科技资源占比较小，享受上级政府创新政策的优惠较少，部分城市甚至还存在人才流失的问题，影响了其参与一体化发展的积极性。从绿色发展来看，长三角区域绿色驱动一体化发展仍有待进一步加强。H－H关联区集中分布于六安、安庆、黄山等长三角西部边缘地区。H－L关联区零散分布于上海、杭州、合肥、南京等发展水平高的城市，在空间上未能形成连片集聚区，绿色驱动发展的区域一体化仍有待强化。L－H关联区主要分布于苏皖省际边缘区、苏浙皖省际边缘区和浙江中部地区，是未来推动长三角地区绿色驱动发展一体化的关键区域。L－L集聚区分布于苏北区域，这也是绿色发展空间关联效应较薄弱的区域。

进一步将创新投入、绿色发展与长三角区域一体化发展相关系数按照高高（HH）、高低（HL）、低高（LH）、低低（LL）4个类别，将相关系数0.500/0.200作为标准进行聚类分析。结果显示，上海、杭州、宁波、南京、合肥等城市在一体化发展过程中，创新和绿色发展均发挥了重要作用；而舟山、泰州、徐州、温州、宣城、台州、淮北、金华、铜陵、淮安、湖州、连云港、嘉兴、池州、滁州、马鞍山、宿迁、盐城、衢州、蚌埠、淮南、阜阳等城市一体化发展过程中，创新驱动和绿色发展的作用尚未发挥或较不明显；苏州、无锡、常州、扬州、镇江、绍兴、南通等城市在一体化发展过程中，创新的作用显著高于绿色发展的作用，而宿州、亳州、六安、安庆、芜湖、黄山、丽水等城市一体化发展过程中，绿色发展的作用显著高于创新（表6－5）。上述结果也充分证实了曾刚和王丰龙等（2018）对长江经济带城市协同发展能力的相关研究结论。

表6－5　创新与绿色驱动长三角区域一体化发展区域聚类

HH（5个）	HL（7个）
上海、杭州、宁波、南京、合肥	苏州、无锡、常州、扬州、镇江、绍兴、南通
LH（7个）	LL（22个）
宿州、亳州、六安、安庆、芜湖、黄山、丽水	舟山、泰州、徐州、温州、宣城、台州、淮北、金华、铜陵、淮安、湖州、连云港、嘉兴、池州、滁州、马鞍山、宿迁、盐城、衢州、蚌埠、淮南、阜阳

注：H表示创新投入或绿色发展对区域一体化发展影响高，L表示创新投入或绿色发展对区域一体化发展影响低。

6.4 小结与建议

本章从长三角区域一体化发展新的国家战略出发，从长三角城市协同发展、一体化发展、区域创新共同体、科技创新圈建设的目标出发，借助面板数据以及固定效应变系数模型、单位根与协整检验方法，对长三角地区创新与绿色资源分布特征及其对区域一体化的贡献、创新与绿色一体化格局进行了分析研究，主要结论如下：

（1）长三角创新与绿色资源空间分布层次分明，不同类型城市间“创新驱动，绿色发展”条件不完全相同。

无论是从创新，还是从绿色发展角度看，上海、南京、杭州、合肥、宁波等行政中心均占据资源高地，这5个城市共同构成了支撑长三角地区创新与绿色发展的“Z”字形空间格局。从空间关系看，创新资源邻近性特征显著，而位于长三角边缘地区的城市在绿色资源方面却拥有相对优势。

（2）创新与绿色发展对长三角区域一体化发展的贡献不同。

固定效应变系数模型、协整检验结果表明，长三角区域一体化发展与创新、绿色发展之间存在着长期稳定的相互促进关系，创新因子贡献更大，对“Z”字形沿线核心城市发展的影响更加显著。

（3）上海是长三角创新与绿色发展网络治理的核心。

空间相关关系计算结果显示，上海是长三角创新网络的“结构洞”与全域协同中心，对长三角整体网络质量、水平、能力有着重要影响，而杭州、南京、合肥 3 个省会城市为创新网络的“重要节点”与地方协同中心，对邻近城市的辐射带动作用不容小觑。

为了落实中央关于长三角区域一体化发展的战略部署，以“聚焦高质量，聚力一体化”为指导，抓住长三角从成本洼地、规模型发展向创新高地、质量型发展转变的时代契机，秉承“政府引导、市场主导”的原则，基于上述研究结果，笔者建议：

（1）在上海设立长三角管理机构。

研究表明，上海是长三角创新网络系统的“结构洞”和网络协同的核心，在长三角创新与绿色网络的建设、升级等方面肩负着时代与国家使命，建议在上海设立长三角区域一体化发展办公室，由国务院选派国家发改委、科技部、工信部、商务部、财政部等中央以及上海、江苏、浙江、安徽等省市的相关部门人员构成，负责长三角区域一体化发展的统一规划、统一管理、统一督查以及指导、协调上海、江苏、浙江、安徽“三省一市”相关工作。同时，进一步提升 G60 科技创新走廊现有多市联动管理层级，以上海虹桥商务区、上海青浦、江苏吴江、浙江嘉善为核心，以上海张江、江苏南京、浙江杭州、安徽合肥为支点，以其他城市为腹地，构建“一核，多心，点面结合”、层次分明、运营高效的长三角区域创新系统。

（2）建立区域一体化的市场体系。

打破不同城市之间边界效应，构建以上海为核心，南京、杭州、合肥为枢纽、其他城市为结点的一体化技术市场体系。秉承“政府引导、市场主导”原则，在充分调研的基础上，通过鼓励并购、相互持股、引入社会投资等形式，对现有分散的技术市场进行资产重组，建立跨越省市行政边界、长三角区域一体化科技、人才、资本信息发布与共享、要素交易、争议仲裁的公共服务平台。在现有上海科技人才信息库基础上，“三省一市”联合建设包括基础型、公益型、市场型专家信息，覆盖不同行业专业领域、不同层次层级、不同机构主体、不同需求的全球高层次科技专家信息平台。

（3）建立国有非营利的技术中介机构。

德国史太白基金会、弗朗霍夫协会的成功经验表明，国有非营利组织具有政府管理部门、一般非营利组织所不具有的独特优势，能够弥补政府管理与市场运营之间的缺陷，能较好地兼顾公共利益和企业自身利益之间的平衡，有利于提高科技成果的转移转化效率。建议由长三角“三省一市”政府共同出资、联合组建国有非营利长三角技术服务中心，负责长三角公共服务平台运营，形成长三角“三省一市”争取中央支持的合力，提升长三角创新资源汇集、创新服务升级、创新人才交流等领域的运营效率。

第7章

长三角区域科技创新资源协同发展及网络构建

7.1 方法与数据

7.1.1 指标体系构建

基于现有研究和数据的可获得性，构建了长三角协同发展能力指数指标体系（表7－1）。相关指标主要来长三角41个地级及以上城市的统计年鉴和国民经济和社会发展统计公报等公开发布的统计数据。为了避免个别年份随机波动对评价结果造成偏差，报告中采用的指标基本都采用近三年指标的平均值。

表7－1　长三角城市协同发展能力评价指标体系（2018年）

要素层	指标层
经济发展	人均GDP
	当年实际使用外资金额
	开发区数量
	单位GDP的固定资产投资额
	支柱产业与中国制造2025产业的匹配度
	制造业500强总部数
	银行总行支行数
	社会消费品零售额

续表

要素层	指标层
科技创新	财政科技支出
	双一流大学数量
	合作发明专利申请数量
	从事科技活动人员数量
交流服务	机场客货运量
	铁路站点数量
	互联网用户数
生态支撑	环保固定资产投资占 GDP 比重
	单位 GDP 耗电量
	单位工业产值污水排放量
	空气质量指数（AQI）
	高危企业数量

7.1.2 指数测算方法

根据整体设计方案，20 个具体指标的权重采取逐级分配的方式确立。考虑到经济发展、科技创新和交流服务对于区域协同发展以及开发区发展的推动作用更强，本报告对这三个要素层分别赋予了 2/7 的权重；相比之下，由于生态支撑指标属于相对被动的指标，且受先天生态本底条件影响较大，本报告对该要素层赋予了 1/7 的权重；各要素层中的具体指标采取等权重平均的形式计算。最终，目标层的计算可以按照如下加权公式实现：

$$C_i = \sum_k x_{ki} w_k, i = 1,2,3,\cdots,n \tag{7-1}$$

其中，C_i为第 i 座城市的综合协同发展能力评价值，w_k为第 k 个指标的权重，x_{ki}为第 i 座城市第 k 个指标的分值。

在对指标进行计算中，我们区分了正向指标和逆向指标，并按照最大值－最小值方法标准化到 1～100 的区间——其中正向指标的最大值设定为 100 分，逆向指标的最小值设定为 100 分。最终，目标层和要素层的得分越高，表示该城市的协同发展能力越高。

根据国家统计局以及长三角城市群三省一市统计局近几年来公布的官方统计资料，采用由经济发展、科技创新、交流服务、生态保护四个领域 23 个指标构成的评价指标体系以及加权平均并求和的计算方法，对长三角 41 个地级及以上城市协同发展能力进行了综合计算，对 2018 年度各城市的空间分布特征以及内在驱动因子等进行了详尽的比较分析。

7.1.3　社会网络分析方法

主要采用社会网络分析方法，基于描述性统计指标刻画和比较长三角各地级市间的协同创新水平。社会网络分析主要采用一系列统计指标刻画和衡量网络结构，并通过构建模型分析网络特征的形成演化规律。本研究主要基于统计指标分析长三角内部各个城市间创新网络特征。已有研究一般选用点度中心度（degreee centrality）、接近中心度（closeness centrality）和中间中心度（betweenness centrality）等指标来刻画创新主体的网络位置特征。其中，点度中心度指网络内与某个节点直接相连的其他节点数量，其数值越大表示节点在网络中的联系度和中心性越高；接近中心度指节点到网络中其他节点的最短路径长度倒数的平均数，其数值越大表示到其他节点的平均距离越短，在网络中获取资源约快捷；中间中心度则指网络中经过某一节点的两个节点之间的最短路径数占任意两个节点的所有最短路径数的比重，其数值越高表示该节点在网络中的重要性和控制力越大，在网络地位越高。这三个指标中点度中心度的指标最为简单明了，被应用得最为广泛。其计算公式为：

$$k_i = C_D(i) = \sum_j^N x_{ij} \tag{7-2}$$

式中，x_{ij}是 1 或 0 的数值，代表节点 j 是否与节点 i 具有连接关系，N 代表网络中的节点数量。

不过，在衡量城市间的创新网络时，不同城市之间的联系强度比有无联系更有意义，因此有必要进一步考虑网络联系的权重，并构建加权的点度中心度。本书借鉴了 Opsahl 等（2010）的研究，基于以下公式计算加权点度中心度：

$$s_i = C_D^w(i) = \sum_j^N w_{ij} \tag{7-3}$$

式中，w_{ij}是节点 i 和节点 j 之间联系的权重，N 代表网络中的节点数量（详见表 7-2）。

表 7-2　网络结构特征的常用指标

指标	数学表达式	表征意义
度数中心性	分为绝对度数中心度和相对中心度，前者表示与 i 直接相连的其他点的个数，记作 $C_{AD}(i)$；后者指的是点的绝对中心度和图中点的最大的度数之比，记作 $C_{RD}(i)=\frac{C_{AD}(i)}{n-1}$	度数中心性越高的节点，其对于网络的影响力也越大，具有更高的技术权力
中介中心性	$C_B(n_i) = \sum_j^1 \sum_k^1 \frac{g_{ik}(n_i)}{g_{jk}}$ 假设 g_{ik}表示行为主体 j 和 k 之间存在最短路径的数目，$g_{jk}(n_j)$ 是节点 j 到 k 之间存在的经过节点 i 的最短路径数目	中间中心性越高的节点，即可为技术守门员。与此同时，与其建立联系是其他节点提高网络地位的重要捷径
接近度	$C_{APi}^{-1} = \sum_{j=1}^n d_{ij}$ 该点与图中所有其他点的捷径距离之和，其中，d_{ij}表示 i 和 j 之间的捷径距离（即捷径中包含的线数）	接近中心性高的节点，其在网络中信息资源、权力、威望和影响也越高
中心势	$C = \frac{\sum_{i=1}^n (C_{max} - C_i)}{\max\left[\sum_{i=1}^n (C_{max} - C_i)\right]}$ 其中，C_{max}是网络中最大点的中心度数值，C_i是任何其他点的中心度数值	用以描述整个网络的中心情况，C 值越大表明网络的中心势越高；当 $C=0$ 时，每个节点之间处于对等的态势
密度	$M = \frac{\sum_{i=1}^n D_i}{n\times(n-1)}$ 其中，n 表示网络的节点数，D_i表示第 i 个节点的度数，M 表示网络密度。	取值在 0～1，M 值越接近于 1，则表明网络越稠密，反之则越稀疏

续表

指标	数学表达式	表征意义
小世界效应	具有大的群聚系数以及小的平均最短距离	小世界网络具有信息通畅、快捷交流等特征
无标度特性	节点度服从幂律分布的网络	
派系	建立在网络可达性和直径基础上 n - 派系、n - 宗派；建立点度数基础上 k - 丛；建立在“子群内外关系”上核心 - 边缘结构分析	用以分析网络中存在的子结构（sub - structure）

此外，空间分析方法也常常用于检验区域内不同地区间的空间差异、空间趋同和空间自相关效应。本报告采用专题地图的方法，对各个城市合作专利的数量及其空间分布特征进行了分析，并讨论了长三角各城市对外协同创新水平的空间特征和演变趋势。

7.1.4　数据来源

协同发展评价指标体系中的指标数据分别来自 2018 年长三角 41 个《城市的统计年鉴》、《中国科技统计年鉴》、《中国城市统计年鉴》等。

专利合作申请数据是 2012 ~ 2016 年长三角 41 座地级及以上城市的合作专利数据。数据来自国家知识产权局专利检索网站（http：//www. pss - system. gov. cn/. ）。本书按照专利申请人的数量对不同创新主体间的联系强度进行统一赋值。具体而言，我们假定：（1）第一申请人负责主要的合作专利协调工作，即其他专利申请人主要与第一申请人建立合作创新联系；（2）第一申请人与其他专利申请人之间的联系是平等的，即每个专利对应的第一申请人与其他申请人的联系强度为非第一专利申请人总数的倒数；（3）每份专利起核心作用的专利申请人不超过 6 个，如果超过按前 6 个专利申请人计算和分配合作专利联系；（4）个人在推动城市间的专利合作中所起作用有限，故在计算中仅考虑公司或科研院所的合作专利申请主体。

7.2

长三角区域综合协同发展能力分析

根据综合计算结果，形成了2018年长三角城市群协同发展能力排行榜（表7-3）。从榜单可以看出，上海、南京、苏州、杭州、宁波、无锡、合肥、温州、镇江、南通10个城市居排行榜的前10名。在排行榜的最后10个城市则分别为淮南、马鞍山、衢州、铜陵、宿迁、安庆、淮安、淮北、亳州、池州。从总的格局来看，长三角城市群协同发展能力依然呈现东高西低、省会城市和沿江沿海城市较高的态势。总体来说，相对于江苏省、浙江省和上海市来说，安徽省城市的排名均较为靠后，仅省会城市合肥排名较为靠前，位居排行榜的第7名。

表7-3　长三角城市协同发展能力排行榜（2018年）

排名	城市	指数	排名	城市	指数	排名	城市	指数
1	上海	100.00	15	舟山	15.12	29	泰州	9.20
2	南京	52.48	16	扬州	14.81	30	阜阳	9.02
3	苏州	44.15	17	宣城	14.80	31	宿州	8.15
4	杭州	43.29	18	盐城	14.10	32	池州	7.39
5	宁波	29.72	19	黄山	14.04	33	亳州	7.27
6	无锡	29.59	20	嘉兴	13.77	34	淮北	7.19
7	合肥	27.08	21	芜湖	13.41	35	淮安	7.05
8	温州	22.89	22	绍兴	12.83	36	安庆	5.37
9	镇江	22.74	23	滁州	12.71	37	宿迁	4.93
10	南通	20.90	24	蚌埠	12.70	38	铜陵	4.73
11	金华	19.98	25	丽水	12.69	39	衢州	3.50
12	台州	19.00	26	湖州	11.57	40	马鞍山	2.05
13	常州	18.81	27	六安	10.16	41	淮南	1.00
14	徐州	17.43	28	连云港	9.32			

长三角城市群各地级市的协同发展能力与其位序近似服从 Zipf 的规模位序分布规律，得分的对数与其排序的拟合优度达到了 80.13%（图 7-1）。然而，前几名城市和后几名城市的协同能力明显偏离拟合的整体规模—位序分布曲线。说明长三角城市群的整体协同发展能力仍有待于进一步提高，尤其是排序靠后的城市，从另一方面来讲，排名靠后的城市在协同发展能力上仍有较大的提升空间。

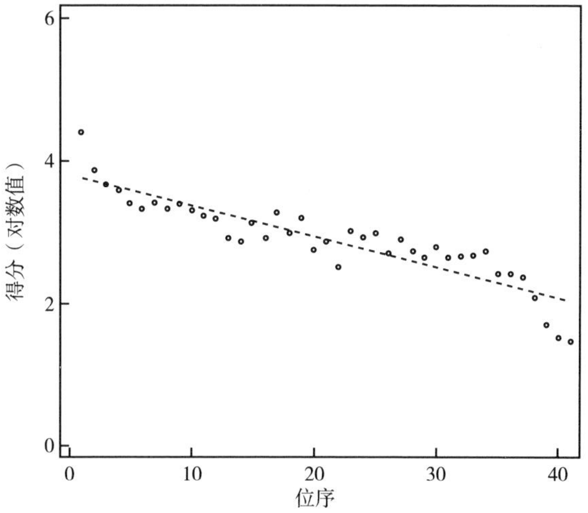

图 7-1　长三角城市群协同发展能力的得分-位序分布（2018 年）

长三角城市群内部各城市间的协同发展能力差距仍然比较显著。使用自然断裂点分析方法，根据本报告的现实数据，发现长三角城市群协同发展能力的自然断裂点分别为 58、27、14 和 9。据此，可以将长三角城市群 41 个地级及以上城市分为五个等级：

第一类城市：龙头城市（得分 100 分）

上海的协同发展能力在长三角城市群 41 个地级及以上城市中排名首位，得分遥遥领先于排在第二位的南京，是长三角协同发展的龙头。上海在经济发展、科技创新、交流服务等领域协同发展能力得分都位居榜首，仅在生态保护协同发展能力上得分较低。上海不仅具有规模可观的外资、科创资源，还具有辐射全流域的交通设施和生产性服务业，在辐射带动整个经济带的协同发展领域也具有一定的制度创新优势和前期发展经验，对长三角城市群发展具有重大影响。

第二类城市：枢纽城市（得分27～58分）

包括排名第2至7位的南京、苏州、杭州、宁波、无锡、合肥，共计6个城市。这6个城市是对长三角城市群具有辐射带动作用的综合枢纽城市。这6个城市在经济发展、科技创新、交流服务领域拥有雄厚的基础，在三个排行榜中均名列前茅。然而在生态保护领域表现一般，6个城市中在生态领域排行最靠前的合肥，仅排名第13位，其余5个城市均排名中下游，杭州甚至跌入生态领域排行的后五名之内。这6个城市在经济发展、科技创新、交流服务、和生态保护领域的平均得分分别为42.9分、23.8分、41.9分和30.7分。其中，南京在合作专利数量、重点高校数量，以及飞机铁路客运量等处于领先地位，是长三角城市群重要的科创中心和交通枢纽；苏州在合作专利数量、财政科技支出以及制造业500强总部数上都处于领先地位，是长三角城市群重要的科创中心和经济中心；杭州在铁路客运数量以及重点高校数量处于领先地位，是长三角城市群重要的铁路节点和科创中心；宁波是世界第四大行口城市，在交流服务领域名列前茅，在公路、铁路、航空、航运等领域均处于领先地位，也是长三角南翼重要的经济中心；合肥在科技创新领域表现突出，是长三角城市群中重要的科技创新重镇，也是具有国际影响力的综合性国家科学中心。

第三类城市：重要节点城市（得分14～27分）

包括排名第8位至19位的温州、镇江、南通、金华、台州、常州、徐州、舟山、扬州、宣城、盐城、黄山计12个城市。这些城市虽然在综合能力上逊色于前一类城市，但往往在个别分专题领域表现突出，是长三角城市群的重要节点城市。例如徐州在交流领域表现优异，是辐射长三角城市群的重要交通枢纽；宣城和黄山在节能减排方面表现突出，在生态领域分别排行前两位，是长三角城市群重要的生态集约型城市和环境保护模范城市。

第四类城市：一般节点城市（得分9～14分）

包括排名第20位至30位的嘉兴、芜湖、绍兴、滁州、蚌埠、丽水、湖州、六安、连云港、泰州、阜阳计11个城市。这类城市总体协同能力并不突出，当前辐射带动能力相对较弱，是长三角城市群中的一般节点城市。

不过，这些城市大多是地方性经济中心，在当地对邻近区域具有一定的辐射带动能力；个别专业化的城市依赖当地某类自然禀赋（如部分旅游城市、矿业城市），在个别领域有较强的对外服务功能，其未来的协同发展能力提升空间较大。

第五类城市：地方城市（得分 <9 分）

包括排名第 31 位至 41 位的宿州、池州、亳州、淮北、安庆、宿迁、铜陵、衢州、马鞍山、淮南计 11 个城市。这类城市协同发展能力薄弱，与前四类城市相比差距显著。限制这类城市协同发展的因素主要有两个：一是存在生态保护或科技创新等领域的短板，且经济基础薄弱，而其他领域又不突出；二是对外联系强度很低，交流服务能力较弱，城市内几乎没有任何突出的对外服务功能，属于完全靠内生服务功能支撑的地方城市。这类城市未来亟待补齐短板、增强对外联系，积极融入区域整体的协同发展。

7.3 长三角区域分指标协同发展能力分析

为了更好地了解不同城市协同发展能力的优势和劣势，本书进一步分析了各个城市在经济发展、科技创新、交流服务、生态保护等领域的协同能力。

7.3.1 经济协同发展能力

从长三角区域协同发展能力排行榜中可以发现，上海和苏州两个城市的经济协同发展能力最为突出（表 7－4）。究其原因，一方面由于两个城市经济总量很大，另一方面由于两个城市吸引了众多高等级对外协同联系功能要素（如银行、企业总部）等。苏州通过积极吸引外资、积极探索共建工业园区等方式成功地带动了当地的经济总量和外资规模的增长，成为长三角区域重要的经济中心。省会城市杭州、南京，以及长三角传统经济发展的节点城市无锡、宁波等也都具有十分强大的经济协同发展能力。六安、宿州等区位较差、经济较为落后的城市其经济协同发展能力较弱。从空间分布来看，经济协同发展能力较高的城市均集中分布在东南方向的沿海一带，即上海市、江苏省和浙江省的城市，而经济协同发展能力较为落后的城市多为城市群中西部的安徽省部分城市。

表 7－4　　长三角区域经济协同发展能力排行榜（2018 年）

排名	城市	指数	排名	城市	指数	排名	城市	指数
1	上海	100.00	15	镇江	18.10	29	衢州	8.23
2	苏州	60.76	16	盐城	16.90	30	蚌埠	6.57
3	杭州	53.58	17	嘉兴	16.66	31	黄山	4.45
4	无锡	43.54	18	舟山	14.81	32	阜阳	4.44
5	宁波	43.47	19	湖州	14.36	33	亳州	4.32
6	南京	41.85	20	合肥	13.96	34	池州	4.20
7	常州	29.52	21	金华	12.94	35	宿迁	4.07
8	绍兴	26.14	22	淮安	12.62	36	淮南	3.65
9	扬州	24.44	23	泰州	10.40	37	安庆	3.19
10	南通	23.13	24	丽水	9.93	38	宣城	1.67
11	徐州	20.99	25	铜陵	9.17	39	淮北	1.13
12	台州	20.80	26	马鞍山	8.87	40	六安	1.11
13	温州	18.83	27	连云港	8.53	41	宿州	1.00
14	芜湖	18.52	28	滁州	8.24			

7.3.2　科创协同发展能力

从长三角区域科创协同发展能力排行榜来看，上海、南京、杭州、苏州、合肥等大学密集、创新资源丰富、创新型企业集聚的城市科技创新协同发展能力表现最为突出（表 7－5）。苏州虽然大学数量较少，但是凭借对科技创新的巨额财政投入和对创新型企业的积极引进，在合作专利等领域已经取得不俗的成就，成为长三角区域内新兴的科创中心。合肥结合自身传统的科创资源，同时通过打造合肥高新技术产业开发区等国家级自主创新试验区，在科技创新的协同发展领域也取得长足进展。无锡凭借在超级计算产业、物联网产业、光伏产业等方面的竞争优势，也成功跻身长三角区域科技创新协同发展能力前六强。池州、淮北等城市无论是在创新资源基础、创新投入还是创新产出方面都表现较差。

表 7－5　　长三角区域科创协同发展能力排行榜（2018 年）

排名	城市	指数	排名	城市	指数	排名	城市	指数
1	上海	100.00	15	绍兴	4.50	29	衢州	1.76
2	南京	45.48	16	台州	3.62	30	安庆	1.75
3	杭州	26.33	17	镇江	3.50	31	舟山	1.74
4	苏州	25.91	18	温州	3.47	32	滁州	1.72
5	合肥	25.76	19	泰州	3.28	33	丽水	1.61
6	无锡	10.64	20	金华	3.18	34	宣城	1.59
7	宁波	8.65	21	连云港	2.99	35	铜陵	1.58
8	芜湖	7.01	22	淮安	2.64	36	淮南	1.42
9	徐州	6.40	23	蚌埠	2.62	37	阜阳	1.21
10	南通	6.33	24	湖州	2.53	38	黄山	1.14
11	常州	5.89	25	六安	2.04	39	亳州	1.10
12	嘉兴	4.63	26	宿州	2.02	40	池州	1.05
13	盐城	4.62	27	马鞍山	2.02	41	淮北	1.00
14	扬州	4.59	28	宿迁	1.77			

7.3.3　交流服务协同发展能力

从长三角区域交流服务能力排行榜中可以看出，上海、南京、杭州、苏州等区位重要、基础设施完善的城市交流服务协同发展能力突出（表 7－6）。其中，南京、杭州、苏州等省会城市凭借在各自省内较高的集散能力和较高级别的基础设施配置，稳坐长三角区域交流服务协同发展能力的前四强。无锡、徐州、宁波分别依赖各自在铁路运输和航空运输方面的优势，也具有较强的交流服务协同发展能力。亳州、淮北等对外交通联系不便的城市在交流服务协同发展能力方面排名靠后。

表 7-6　　长三角区域交流服务能力排行榜（2018 年）

排名	城市	指数	排名	城市	指数	排名	城市	指数
1	上海	100.00	15	台州	14.44	29	阜阳	4.90
2	南京	60.98	16	湖州	14.17	30	舟山	4.38
3	杭州	57.85	17	蚌埠	13.61	31	淮南	4.13
4	苏州	45.41	18	宿州	10.64	32	马鞍山	3.76
5	无锡	34.44	19	衢州	9.69	33	安庆	3.44
6	徐州	29.26	20	南通	9.45	34	连云港	3.32
7	宁波	28.83	21	扬州	7.30	35	黄山	3.25
8	温州	25.50	22	丽水	7.23	36	淮安	3.16
9	金华	25.23	23	滁州	6.66	37	池州	2.66
10	常州	25.02	24	泰州	6.29	38	宿迁	2.32
11	合肥	24.11	25	铜陵	6.29	39	宣城	1.56
12	嘉兴	19.88	26	六安	6.05	40	亳州	1.38
13	绍兴	17.73	27	芜湖	5.83	41	淮北	1.00
14	镇江	17.57	28	盐城	5.76			

7.3.4　生态保护协同能力

在长三角生态协同发展能力排行榜中，宣城、黄山、镇江的生态协同发展能力高居榜首（表 7-7）。镇江、舟山、南通等城市也凭借其环保投资及节能减排等方面的努力，为长三角区域的生态协同做出了重要贡献。这说明，镇江等低碳试点城市和生态文明先行示范区对于推动城市生态协同发展具有积极意义。黄山凭借其较好的空气质量，在生态协同发展能力排行榜中名列前茅。然而，上海、南京、苏州、杭州、宁波等经济发展水平较高、创新发展能力突出的城市在生态协同发展领域上却表现得不尽如人意。虽然这几座城市有巨额的环保固定投资，但在污染物排放和能耗指标上表现平平，在空气质量指标上更是不尽如人意，未来仍有待进一步提升。其中杭州甚至位列后五名的行列，虽然杭州在环保固定投资上并不少，但其污染物排放指标却在长三角区域中垫底。马鞍山等矿业城市在生态保护领域表现较差。尽管衢州和嘉兴的经济发展水平不算太差，但是能耗和污染排放强度过高，亟待对地方产业结构进行调整、对落后产能进行关停淘汰。值得注意的是，在城市协同发展综合能力，以及经济协同能力、科创协同能力、交流服务能力等领域表现良好的区域中心城市和区域重要城市，甚至是作为龙头城市的上海，其在生态保护协同发展能力上却表现得差强人意，这为长三角区域在各个不同领域间的协同发展敲响了警钟。

长三角区域生态保护领域协同能力存在较大差异。协同发展水平较高的城市主要分为两类：一类是经济发展水平较高、能耗和污染排放较少的城市，以合肥等为代表，另一类则主要是经济发展水平不高、工业污染较少的城市，以黄山、丽江等为代表。而生态协同发展能力较差的城市多集中在那些能耗和污染严重的地区，包括能耗较高的马鞍山、衢州等城市，工业废水排放量较高的淮南等城市，空气质量较差的徐州、宿迁、泰州等城市。

表 7－7　　长三角区域生态协同发展能力排行榜（2018 年）

排名	城市	指数	排名	城市	指数	排名	城市	指数
1	宣城	100.00	15	蚌埠	51.38	29	淮安	26.05
2	黄山	87.40	16	盐城	50.86	30	上海	23.77
3	镇江	79.23	17	亳州	50.57	31	苏州	22.55
4	舟山	69.73	18	池州	49.07	32	无锡	21.65
5	南通	68.62	19	连云港	46.85	33	嘉兴	21.05
6	滁州	63.80	20	宿州	42.21	34	铜陵	14.77
7	六安	63.26	21	南京	40.39	35	常州	12.98
8	温州	62.88	22	芜湖	38.56	36	徐州	12.18
9	丽水	59.34	23	宁波	37.77	37	淮南	7.95
10	金华	58.19	24	扬州	37.05	38	杭州	6.06
11	淮北	57.49	25	安庆	35.98	39	马鞍山	3.43
12	台州	57.24	26	泰州	35.89	40	衢州	2.12
13	合肥	56.05	27	宿迁	33.79	41	绍兴	1.00
14	阜阳	53.64	28	湖州	28.02			

7.3.5 不同领域的相关关系

经济发展、科技创新、交流服务、生态保护四个专题领域的协同发展能力相辅相成，呈现出相关关系。长三角区域不同专题领域协同能力相互关系表明（图 7－2），四个专题领域中的经济发展、科技创新以及交流服务，两两之间呈现十分显著的正相关关系，且相关系数非常高。其中，经济发展能力与交流服务能力呈显著的正相关关系，且相关系数最高，高达 0.92；交流服务能力与科技创新能力呈现出显著的正相关关系，相关系数次高，为 0.90；此外，经济发展能力与科技创新能力也呈现出显著的正相关关系，其相关系数为 0.85。然而，图 3－4 还表明，长三角城市中，生态发展能力与其他三个领域协同发展能力呈现出一定的负相关关系，但其相关系数较小，且相关性不够显著。生态发展能力与其他三个领域的协同发展能力相关系数分别为 －0.33（经济发展能力）、－0.19（科技创新能力）和 －0.30（交流服务能力）。这说明，经济发展水平的提高和基础设施建设条件的改善不会自动带来生态改善，甚至会对生态保护能力带来微

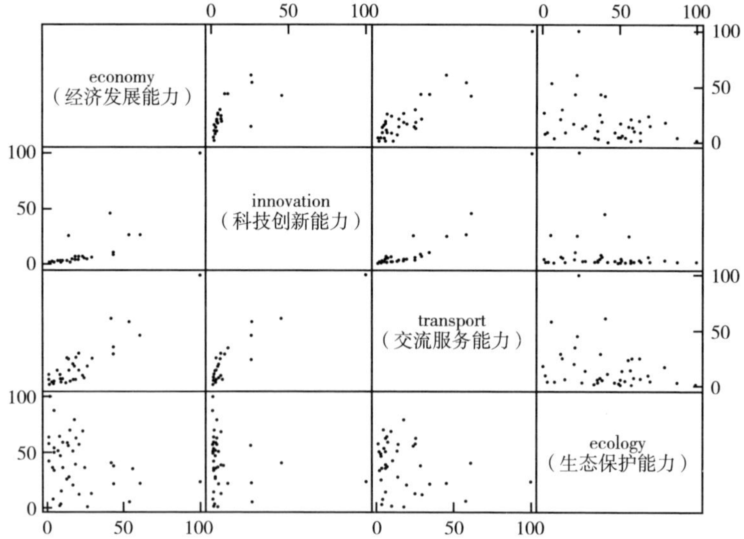

图 7－2 长三角区域协同发展能力四个专题领域相关关系图（2018 年）

弱的负面影响，这期间需要政府出台相关的协同发展战略措施。科技创新虽然一般会促进节能减排，但是目前长三角区域内的科技创新显然仍以经济收益为主，对绿色技术的改进和推广仍待提高。

7.4 长三角区域协同发展能力的空间关系分析

7.4.1 长三角区域协同发展能力空间集聚效应分析

应用空间计量的方法对长三角区域 41 个地级及以上城市协同发展能力的空间相关性进行分析。首先根据 2018 年长三角区域各地级及以上城市的协同发展能力指数计算出 Moran 指数，其中，空间权重矩阵根据各城市距离平方的倒数计算得到。Moran 指数可看作各地区城市协同发展能力的乘积和，取值范围介于 -1 ~ 1 之间：若其数值大于 0，则说明城市协同发展能力存在空间正自相关，即相邻区域之间城市协同发展能力具有相似属性，城市协同发展能力高的城市集聚在一起，发展水平低的城市集聚在一起，数值越大说明空间分布的正自相关性越强，集聚的强度也越强；若其数值小于 0，则说明城市协同发展能力存在空间负自相关，城市协同发展能力高的城市和城市协同发展能力低的城市集聚在一起，数值越小则说明各空间单元的离散性越大；若其数值为 0，则说明城市协同发展能力服从随机分布，地区间不存在相关关系。

表 7 -8 给出了城市协同发展能力和经济协同发展能力、科创协同发展能力、交流服务能力以及生态保护协同能力的 Moran 检验结果。可以发现，不论是对综合协同发展能力，还是经济发展、科技创新、交流服务、生态保护四个分领域的协同发展能力，长三角城市的 Moran 指数都在 10% 的水平上不显著。这说明，长三角区域 41 个地级以上城市已经作为一个整体很好地实现了一体化发展，其内部不论在协同发展能力上，还是在其分领域即经济协同发展能力、科创协同发展能力、交流服务能力以及生态保护协同能力上均已不存在显著的空间集聚现象，长三角区域的一体化发展态势已经较为成熟。

表 7－8　　长三角区域协同发展能力 Moran 指数

城市协同发展能力	Moran's I	P 值
综合	－0.028	0.453
经济	－0.034	0.362
科创	－0.029	0.435
交流	－0.027	0.474
生态	－0.006	0.250

注：使用的空间权重矩阵为各城市距离平方的倒数。

7.4.2　长三角区域协同发展能力空间异质性分析

值得注意的是，全域 Moran 指数可以描绘经济变量整体的空间自相关性，但不能反映具体地区的空间依赖性，而局域 Moran 分析则可以提供各地区与相邻地区间的空间关系。在局域 Moran 分析中，一般是通过图形来展示不同地区的空间关系模式。具体而言，通过在二维平面上绘制局域 Moran 指数散点图，将各区域互联网金融发展指数分为 4 个象限的集群模式，用以清晰识别一个区域与邻近区域的空间关系。具体而言，第 1 象限为高—高组合，表示城市协同发展能力高的地区被同是高能力的地区包围；第 2 象限为低—高组合，表示城市协同发展能力低的地区被高能力地区包围；第 3 象限为低—低组合，表示城市协同发展能力低的地区被同是低能力的地区包围；第 4 象限为高—低组合，表示城市协同发展能力高的地区被低能力的地区包围。

为进一步分析长三角区域协同发展能力的空间集聚特征，本部分绘制出了长三角区域协同发展能力的局域 Moran 指数散点图（图 7－3）。Moran 指数散点图根据各城市协同发展能力所属局部空间的集聚类型划分了四个象限，分别对应于地区城市协同发展能力与邻近地区之间的四种类型的局部空间联系形式。长三角区域协同发展能力的局域 Moran 指数散点图如图 7－3 所示。可以发现，落在 4 个象限中的城市数量相当，说明在城市协同发展能力上，4 种组合的城市集聚类别同时存在。落在第 1 象限的属于“高—高”组合，如镇江、温州等，这些城市本身协同发展能力高，周边城市协同发展能力也高，在城市协同发展能力排行榜中排名靠前；落在第

3 象限的城市则恰恰相反，属于“低—低”组合，如马鞍山等，这些城市本身协同发展能力低，周边城市协同发展能力也低，在城市协同发展能力排行榜中排名靠后，属于城市分类中的一般城市。第 4 象限城市属于“高—低”组合，这些城市本身协同发展能力高，但周边城市协同发展能力一般，比如上海、苏州、杭州等，在城市协同发展能力排行榜中名列前茅，属于城市分类中的龙头城市和枢纽城市；而第 2 象限与此相反，多位于枢纽城市和重要节点城市的周边，属于“低—高”组合，这些城市周边的区域中心城市和区域重要城市协同发展能力高，但这些城市的协同发展能力却一般，如淮南，在城市经济发展能力排行榜中排名居中。这也说明长三角区域城市协同发展能力有一定的空间异质性。长三角的四个要素层协同发展能力的局域 Moran 指数散点图分布与图 7－3 大体类似，限于篇幅这里不再详述。

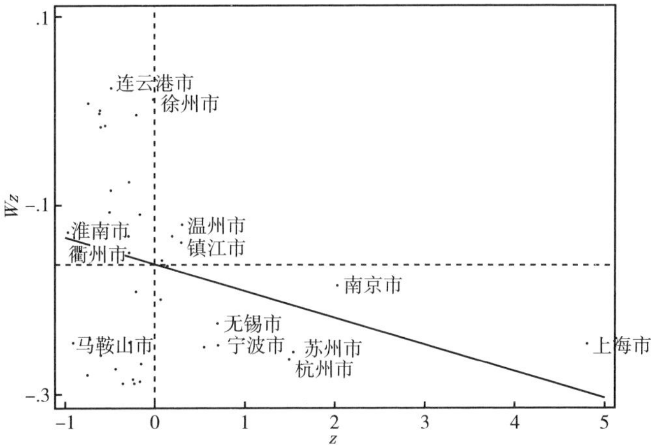

图 7－3　长三角区域协同发展能力指数局部 Moran's I 散点图

7.5

长三角区域科技创新资源网络构建

7.5.1　合作创新联系网络的空间演化

2012～2016 年，长三角各城市间合作创新联系网络的空间分布如图 7－4。

从各地图的比较中可以发现，在长三角区域合作创新中，上海是核心，在城市间合作专利中始终占比超过 20%，其与南京、杭州等省会核心城市的联系一直非常紧密。此外，苏州、杭州、南京也是长三角对外协同创新的核心节点，贡献了长三角主要的专利合作。

从各城市专利合作数量的演化来看，长三角主要城市年际变化较大。总体来说，2012～2016 年内上海的中心地位进一步凸显，与合肥之间的联系更加紧密。而杭州与苏州、盐城、无锡、台州等城市间的合作大量减少，中心地位有所下降，尤其是苏州 4 年内合作专利在长三角合作专利的比例从 19% 下降至 11%。此外，在总专利数快速增长的背景下，上海、苏州、杭州合作专利占所有专利的比例都有所下降，只有南京的合作比例有较小的增长，而常州市、镇江市、淮北市、马鞍山市、黄山市等中等城市的城市间合作专利增长速度较快，说明长三角协同创新水平整体在加强、区域差异在缩小。

具体而言，2012 年杭州和苏州间合作专利数最多。上海与杭州间的联系较弱，主要与连云港、徐州、绍兴、宁波等城市进行合作。长三角边缘地区的各中小城市互相联系较弱，他们通过一些中心城市进行合作。苏北地区专利主要产出在徐州、连云港和盐城。安徽地区还未出现明显的中心节点，合肥此时与杭州、上海、苏州等城市的合作专利数还很低。

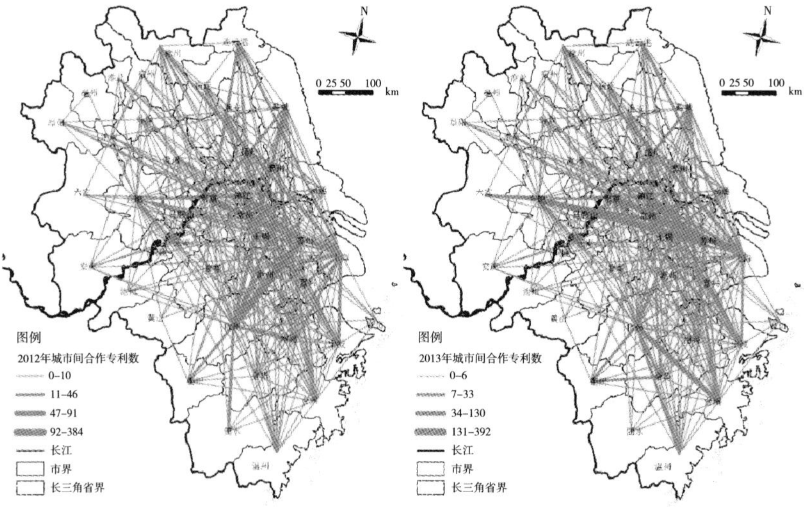

图 7－4　2012～2016 年长三角城市间合作创新联系网络空间分布

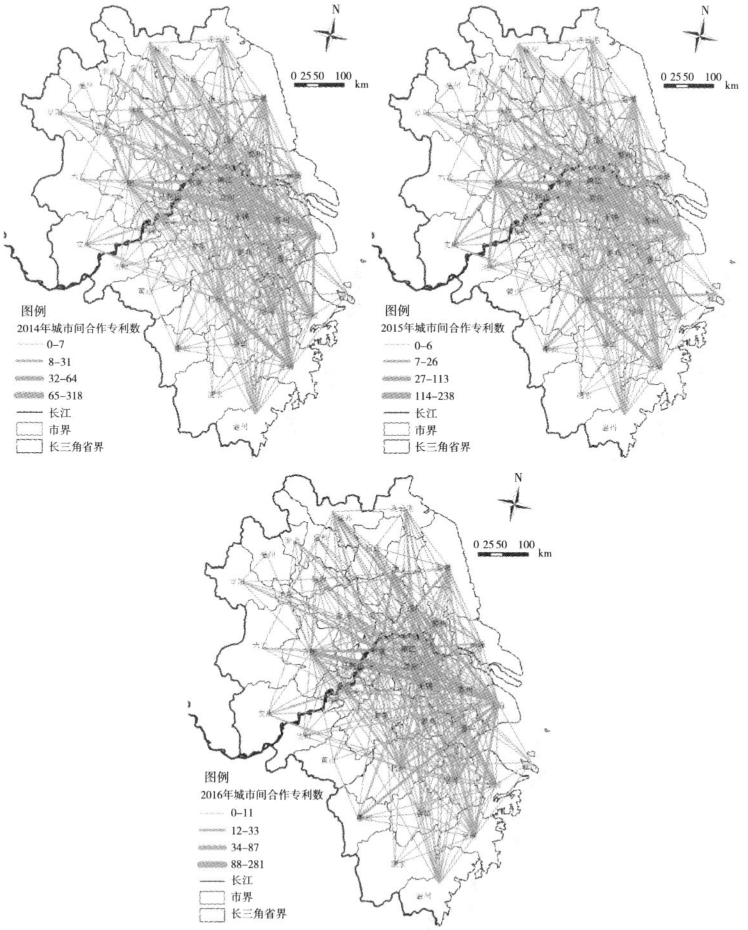

图 7－4　续图

2013 年杭州和台州、温州、之间的合作有所增长，但与苏州之间合作大幅减少。杭州在浙江省专利合作上的中心地位进一步加强。苏州—合肥间的频繁合作开始出现。一些邻近的城市间合作专利有所增多，如衢州—金华、六安—合肥。浙江南部一些城市如温州、台州、宁波在创新网络中变得越发重要。

2014 年合肥和常州间出现了大量的合作，与苏州的合作减少。南通—镇江间合作加强。南京与徐州、金华等距离较远的城市也有了一定的合作。此外上海和蚌埠间合作较多。

2015 年长三角地区的专利合作主要集中在合肥—苏州—上海一带上。合肥的中心地位进一步增强，与安庆、池州、铜陵等地的联系开始增多。杭州与南京间的合作也开始出现。杭州在浙江的中心地位比较明显，与台州、金华、舟山等地都有频繁的合作。但杭州与合肥、上海、苏州等其他长三角中心城市互动较少，主要辐射浙江地区。

2016 年各种合作活动变得更为分散，上海的中心地位得到了较好的保持。城市间合作专利数较高的城市有上海—合肥、合肥—常州、扬州—无锡、南京—淮安等。长三角形成了以上海为中心的专利合作网络。

7.5.2 合作创新联系网络的描述性统计

表 7-9 计算了 2012~2016 年长三角各个城市的加权度数中心度。可以发现，上海、南京、苏州和杭州的加权度数中心度始终较高，说明四城市处于长三角协同创新的中心位置。无锡、常州、南通和合肥的加权度数中心度也比较高，且合肥的加权度数中心度快速增长，说明这四座城市处于长三角协同创新的次中心位置，对于带动所在地区周边中小城市的协同创新具有重要影响。其他城市总体上处于长三角协同创新网络的外围位置，参与区域协同创新的程度不高。

表 7-9　　2012~2016 年长三角城市加权度数中心度

城市	2012 年	2013 年	2014 年	2015 年	2016 年
上海市	904.50	1001.83	844.75	740.03	1207.37
南京市	416.00	467.63	495.28	494.18	678.32
苏州市	733.58	760.25	580.65	504.03	706.77
杭州市	454.50	537.88	497.72	464.40	610.00
宁波市	56.67	126.33	87.07	72.28	103.67
无锡市	165.75	157.53	182.23	186.00	222.33
合肥市	86.58	119.25	122.17	142.08	162.62
温州市	30.67	57.17	40.17	62.50	102.58
镇江市	61.17	88.67	87.50	71.33	119.67

续表

城市	2012 年	2013 年	2014 年	2015 年	2016 年
南通市	86.17	116.83	140.50	157.25	162.92
金华市	28.50	41.50	39.50	33.50	30.67
台州市	69.83	94.75	71.17	65.50	89.62
常州市	156.00	134.48	130.48	138.17	200.32
徐州市	29.67	21.25	24.33	31.33	41.25
舟山市	0.00	8.00	14.33	12.58	20.50
扬州市	48.17	39.33	42.40	73.90	66.58
宣城市	6.50	8.00	2.00	5.67	10.33
盐城市	73.50	57.15	53.92	65.25	98.00
黄山市	3.00	8.50	5.50	5.00	4.33
嘉兴市	64.17	57.00	97.67	83.03	96.68
芜湖市	3.25	1.50	6.00	7.50	24.67
绍兴市	62.67	69.67	65.67	82.73	114.93
滁州市	6.58	16.67	20.50	16.00	13.50
蚌埠市	51.00	67.00	66.00	16.00	30.50
丽水市	13.50	4.00	2.50	6.50	3.33
湖州市	24.00	25.83	18.67	20.10	38.77
六安市	3.00	11.00	12.50	20.50	4.50
连云港市	40.50	42.75	43.33	46.17	81.50
泰州市	54.08	38.87	60.83	65.67	84.48
阜阳市	2.00	4.83	6.00	7.00	6.75
宿州市	0.00	2.00	2.00	3.00	2.25
池州市	6.00	5.00	0.33	8.00	10.00
亳州市	3.00	0.00	1.00	0.00	3.08
淮北市	1.83	7.00	5.00	2.50	4.50
淮安市	18.00	15.17	28.50	19.08	31.00
安庆市	2.00	6.50	9.00	9.00	6.87
宿迁市	18.67	10.17	19.50	24.75	31.00

续表

城市	2012 年	2013 年	2014 年	2015 年	2016 年
铜陵市	3.00	6.00	7.00	12.00	14.67
衢州市	24.00	26.50	13.67	27.00	36.83
马鞍山市	12.00	16.50	22.50	11.17	39.42
淮南市	12.83	21.50	24.50	5.50	10.00

7.5.3 合作创新能力的空间演化

长三角各城市对外合作创新水平呈现较大的空间差异，合作创新水平较高的城市集中在“合肥—南京—苏州—上海—杭州—宁波”的“Z”字形走廊和东部沿海城市。从变化趋势看，2012～2016 年长三角各城市合作专利数大致呈先上升后下降的变化趋势——2012 年开始城市间专利合作快速增长，但 2014 年和 2015 年略有下降，2016 年又恢复增长。在变化过程中，长三角城市间的协同创新能力差异不断缩小，从以上海为核心变为东部多核心的空间格局。

具体而言，2012 年，长三角城市间合作专利数以上海、杭州、苏州为最，南京、无锡次之。合作专利数地区差异较大，城市间合作专利数最少的安庆、阜阳、六安等，与最多的沪苏杭相比，甚至有数百倍之差。

与 2012 年相比，2013 年南京、无锡上升为第一梯队，与沪苏杭并驾齐驱。其后三年，除无锡外，上海、杭州、苏州、南京一直作为长三角城市专利合作的领头羊。从整体上来看，大多数市级行政区的城市间合作专利数皆有所提升。

与 2012 年相比，2014 年城市间合作专利数地区差异明显下降，以上海为核心的城市间专利合作，逐渐向江苏、浙江扩散。因此形成东部城市间合作专利数显著大于西部的地理特征。

2014 年与 2015 年的显著特征为，城市合作专利数较高的城市尤其是第一梯队的城市较之前两年，合作专利数都显著降低，反而城市合作专利数较低的城市会有一定的上升。这也表现了在这两年，城市间合作专利数地区差异明显下降。

第8章

长三角区域科技创新资源的共享模式

本章主要以产业飞地、创新飞地为例，探讨长三角区域科技创新资源的共享模式。在长三角区域一体化背景下，飞地经济呈现出从单一的“产业飞地”向“创新飞地”转变的趋势，“创新飞地”建设已成为长三角区际合作的重要方式。本章重点聚焦于外省市在上海设立的“创新飞地”，利用文献分析和实地调研方法，总结归纳长三角创新飞地的特征及发展模式，主要包括政府主导—政府运营模式、政府主导—企业化运营模式、政府主导—基金引导—企业化运营模式三类。然而，长三角创新飞地建设中还受到管理体制、人才流动、研发基金、生活配套和创新体系五个方面因素的制约，从实现长三角更高质量一体化目标要求出发，本研究提出了创新飞地建设的对策建议。

“创新飞地”是指两个相互独立的行政地区打破区划限制，通过跨区域的行政管理和经济开发，实现两地资源互补、经济协调发展，通常也被称为“人才飞地”“科创飞地”“双创飞地”等。2020年12月20日，科技部发布了《长三角科技创新共同体建设发展规划》（国科发规〔2020〕352号），明确指出要聚焦生物医药、新材料、集成电路、装备制造等高技术产业领域，联合三省一市的高校、科研机构、企业、中介机构等创新主体实现跨界合作，推动创新要素跨省界自由流动，最终将长三角打造成为全球科技创新高地的引领者、国际创新网络的重要枢纽、世界科技强国和知识产权强国的战略支柱。2019年12月1日，中共中央、国务院印发的《长江三角洲区域一体化发展规划纲要》明确指出，探索共建合作园区等合作模式，共同拓展发展空间，有序推动产业跨区域转移和生产要素双向流动。国家政策文件表明，长三角跨区域创新合作是推动长三角高质量一体化发展的重要途径。

8.1 飞地经济相关研究述评

当前区域经济学、经济地理学者主要关注飞地经济的类型与特征、飞地创新合作网络以及飞地创新经济效应，受限于数据和实证资料，创新飞地研究较为缺乏。

8.1.1 飞地经济类型与特征

飞地（enclave）原本是一个地理学术语，意思是指在同一国家内位于某一行政区域中而由另一行政区域管辖的地域范围，或位于其他国家境内的管辖领土。飞地经济（Enclave Economy）存在多重含义，通常指一国外向型或高新技术产业被国际资本所主导而非嵌入地方经济的现象（Bustos – Gallardo，2017）①。我国对飞地研究起源于20世纪90年代，最早是围绕城市用地展开，付桂军和齐义军（2013）② 认为城市飞地是城市向外推进过程中出现的与原有城区在空间上断开，职能上却依然保持紧密联系的城市用地。随着社会的不断发展进步，世界经济也日趋全球化，使得跨区域的经济合作越来越密集，由此衍生出跨行政区域的异地经济合作模式，尤其是2000年以来，飞地经济这一城市合作形式在长三角、珠三角等地区迅速发展起来并扩散到全国，成为协调区域发展的重要空间策略（李鲁奇等，2019）③。飞地的功能从行政管辖转变为经济合作，再向当前的创新合作转变，飞地类型也从过去的产业飞地（发达地区主

① Bustos – Gallardo B. The post 2008 Chilean Salmon industry：An example of an enclave economy [J]. The Geographical Journal，2017，183 (2)：152 – 163.

② 付桂军，齐义军．飞地经济研究综述 [J]．经济纵横，2013 (12)：113 – 116.

③ 李鲁奇，马学广，鹿宇．飞地经济的空间生产与治理结构：基于国家空间重构视角 [J]．地理科学进展，2019，38 (3)：346 – 356.

动在欠发达地区设立）向创新飞地（欠发达地区主动在发达地区设立）转变。我国的飞地经济早期以发达地区在欠发达地区设立开发区分区的形式为主，如上海漕河泾开发区海宁分区；随着国家区域协调发展战略和创新驱动发展战略的实施，出现了欠发达地区在发达地区设立研发中心的创新飞地，如嘉善在上海虹桥商务区设立的国际研发中心，同时，也出现了“双向飞地”，如温州（嘉定）科技创新园和嘉定工业区温州园。

8.1.2　飞地创新合作网络

创新飞地体现了飞出地和飞入地两个主体的创新合作，关于创新合作的空间尺度，不同学者的观点不尽相同。如 Bathelt 等（2004）① 提出了本地蜂鸣 - 全球管道概念模型，论述了集群成员企业借助本地蜂鸣和全球管道而获得众多独特优势的方式，引起了学术界的极大反响。从创新驱动力的空间来源看，可分为区域内产业创新驱动力和区域外产业创新驱动力，而区域外产业创新驱动力又可以细分为邻近区域间产业创新驱动力和飞地产业创新驱动力。区域内驱动力主要是指该区域为产业创新活动提供的创新资源，如企业和当地政府的创新投入，以及区域内的知识溢出等；邻近区域间的产业创新驱动力则主要是从空间依赖（地理邻近）的角度出发，考察邻近区域间的知识溢出情况；飞地产业创新驱动力是指来自不相邻地区的创新资源扶持（韩宝龙、李琳，2011）②。

8.1.3　飞地创新经济效应

飞地经济在促进经济发展方面具有明显的作用。飞地经济不仅能促进欠发达地区经济的快速发展，还能为欠发达地区带来先进的经济管理

---

① Bathelt H, Malmberg A and Maskell P. Clusters and knowledge: local buzz, global pipelines and the process of knowledge Creation [J]. Progress in Human Geography, 2004, 28 (1): 31 - 56.

② 韩宝龙，李琳．区域产业创新驱动力的实证研究——基于隐性知识和地理邻近视角 [J]．科学学研究，2011，29 (2)：314 - 320.

经验，提升政府治理能力（麻宝斌、杜平，2014）[①]。从 20 世纪 70 年代开始，新加坡就已经在周边国家和地区发展飞地经济，迄今经济飞地的规模已经远超国土面积，有力地推动了经济发展。创新飞地还促进了长三角地区城市之间经济技术合作。截至 2018 年 12 月，上海漕河泾开发区产业转移中心基地累计促成产业转移落地项目 111 个，总金额高达 960 亿元，园区建立了覆盖全国 200 余家开发区的数据共享云平台，成为助推东西部地区社会经济合作互动的强有力纽带。随着创新飞地的兴起，欠发达地区主动融入发达地区的创新体系对于双方发展将具有重要推动作用。

8.2 长三角产业飞地发展模式

产业飞地主要是指发达地区在欠发达地区共建的产业园区。改革开放以来，长三角地区已成为中国科技园区分布最为密集、发展势头最为迅猛的区域，长三角地区演绎了中国开发区发展的成功模式。截至 2018 年年底，在长三角地区，拥有 146 家国家级开发区和 320 家省级开发区，平均每个城市拥有 3.6 家国家级开发区、7.8 家省级开发区。长三角城市群主要协同发展方式：园区共建，推动区域间的产业联动、转移和承接。上海在江苏、浙江、安徽等地建立了多个合作园区和开发区，江苏、浙江省内的园区共建也快速发展；长三角地区还在科技中介战略联盟、科技咨询服务、科技评估、技术交易、创业的孵化、风险投资和科技人才培养与交流等方面加强了合作。

8.2.1 长三角园区共建特征

狭义的共建多指跨省合作，而省域内的跨市合作、园区与园区合作、园区与企业合作等多种合作共建模式都是从广义上来讲的。从园区合作涉

① 麻宝斌，杜平．区域经济合作中的“飞地经济”治理研究［J］．天津行政学院学报，2014，16（2）：71－79.

及的主体来看，主要包括五种：园区与企业、园区与政府、园区之间、政府与企业、政府与政府合作（表 8－1）。截至 2018 年，长三角地区上海、江苏、浙江、安徽四省市参与合作共建园区已逾 200 个，涉及政府部门、各类园区、企业、机构等约 500 家，其中，江苏、安徽数量最多。从产业结构看，江浙皖三省合作共建园区多数以纺织服装、机械制造、电子器械、化工医药、食品等产业为主，而上海多依托自身产业和园区优势，开发新能源、电子信息等高新技术产业。

表 8－1　　2018 年长三角不同园区合作主体案例分析

合作园区名称	成立时间	合作主体	合作主体	合作定位与成效
漕河泾开发区盐城园区	2009 年	园区—园区	漕河泾开发区—盐城经开区	主动接受上海作为长三角一体化龙头地位辐射，承接上海产业转移
中国服装（铜陵）产业园	2005 年	园区—企业	铜陵经开区—中国恒天集团	打造成最具国际竞争力的服装产业基地
柏堰科技园	2006 年	园区—政府	合肥高新区—肥西县政府	以电器产业为支柱，产业特色显著的工业园区
苏州宿迁工业园区	2006 年	政府—政府	苏州市政府—宿迁市政府	苏州宿迁两市紧密合作共建的新型工业园区
苏滁现代产业园	2012 年	企业—政府	中新产业集团—滁州市政府	国际产业转移承接区、安徽产业升级示范区、东部田园都市样板区

长三角城市群园区合作的几种常见模式有：（1）开发区间缔结友好园区模式，如上海漕河泾开发区先后与武汉经济技术开发区、合肥经济技术开发区、上饶经济开发区、盐城经济开发区、通州经济开发区等多家开发区缔结了友好开发区。（2）飞地自建模式，即委托方在开发区内划出一块园区，托管给具有管理、资金和产业基础等优势的受托方，全权委托其操

作，包括园区发展定位、产业选择、招商引资、基础和公共设施建设等。例如铜陵经开区与中国恒天集团合作共建园区即属于该模式。（3）股份合作模式。即在合作双方共同出资，并交由合作双方成立的合资股份公司进行管理，公司负责园区总体规划、招商引资和日常经营管理等工作，收益按照双方股本比例分成。外高桥－启东的合作就是采用这一模式。目前，江苏与上海主要采用这一模式进行园区合作共建。（4）产业招商模式。即在现有开发区内划出一块区内园，全权委托给第三方，对特定区域或特定产业开展招商。（5）“总部＋生产”模式。先进地区的园区在产业转移过程中，引导企业在转入地建立生产基地和科研成果转化基地，而入驻企业的总部、研发、营销等环节仍保留在当地。

8.2.2 共建园区主导的科技创新合作

作为高技术企业集聚的科技园区，通过创新效应显现出越来越强的竞争力，成为区域经济发展中最具活力的增长点和推动区域经济增长的重要力量。自20世纪80年代以来，我国先后建立了168个国家高新技术产业园区，涌现出一批优秀的高技术产业集群，如北京中关村电子产业集群、武汉的光电子产业集群等，截至2019年，长三角三省一市共设立国家级高新区32家，经济技术开发区65家。科技园区在地方经济发展中扮演着增长极和经济驱动源双重角色，也成为实施创新型国家战略的重要载体（表8－2）。

表8－2　园区主导的区域科技合作案例

案例	成立时间	合作特点	合作方式	合作成效
上海漕河新兴技术开发区海宁分区	2009年	政府大力支持、同一品牌、跨区布局、多点联动、协调发展	全资源导入构筑产业发展新平台、开发区公司化合作	开创了国家级开发区“走出去”的先河，为上海和海宁之间企业转移、信息共享、市场互补提供了更广阔的空间

续表

案例	成立时间	合作特点	合作方式	合作成效
上海市北高新（南通）科技城	2010 年	政府大力支持，公司独立运营，异地整体开发	搭建科技创新、产业孵化、投融资、人才服务等各类服务平台	上海市北高新（南通）科技城已成为沪苏两地跨江经济合作的示范新高地
张江长三角科技城	2013 年	两地政府协同，依托张江品牌，项目公司运作，建设跨省市融合创新实践区	统一规划、统一建设、统一管理、统一招商、统一运营“五统一”模式	智能制造、信息技术、大健康三大产业；优惠政策叠加效应；区内已落户企业 24 家，总投资 72.6 亿元，年产值 140.4 亿元

众多高新技术企业在科技园区集聚成长，逐步发展为各具特色的高技术产业集群。高技术产业集群通过集群内部各种资源要素的有效协调，以及创新主体的合作配合来驱动经济发展。但现阶段多数科技园区在发展中显现出创新资源分散、创新网络不健全等诸多问题，导致创新能力低下和形成刚性，面临锁定价值链低端困境。因此，探索科技园区创新系统功能与外显能力之间的差异，解析创新系统黑箱，寻找决定集群创新能力的微观基础，挖掘制约因素，探寻培育和提升高新区系统创新能力的有效途径、措施和政策着力点，对于拓展与深化集群创新能力研究具有非常紧迫和重要的现实意义。

8.2.3 典型园区共建经验

上海漕河泾新兴技术开发区是国务院批准设立的经济技术开发区、高新技术产业开发区和出口加工区，总面积 14.28 平方千米。开发区汇聚中外高科技企业 3600 多家，81 家世界 500 强跨国公司在区内设立 131 家高科技企业。根据漕河泾新兴技术开发区官网发布数据显示，2017 年，园区地区生产总值达 1133 亿元，营业收入 3240 亿元，其中第三产业收入 2430

亿元，进出口总额96亿美元，单位面积经济效益在全国开发区名列前茅，形成以电子信息为支柱产业，新材料、航天航空、生物医药、环保新能源、汽车研发配套为五大重点产业和现代服务业为支撑产业的“一五一”产业格局。

纵观漕河泾开发区“走出去”的发展历程，总结发现主要存在着四种合作模式可供借鉴：

（1）缔结友好园区，实现理念互动。

通过共建友好园区的形式，重点进行理念互动，建立互访制度，以交流互访、干部挂职、信息共享等作为主要形式，强化合作双方在规划设计理念、管理经验、创新发展、员工培训等方面的交流互动，促进合作园区全方位、多领域、深层次学习借鉴上海漕河泾开发区先进经验，从而保证了合作园区发展理念具备国际化视野，增添发展后劲。截至2013年1月27日，漕河泾开发区已经与国内外51个科技园区和组织机构建立了友好合作关系，其中国内34个遍及18个省及直辖市，1/3分布在东部地区，2/3分布在中西部地区，国外17个遍及五大洲（邵家营，2013）①。根据官网公布的信息，上海漕河泾新兴技术开发区目前拥有漕河泾开发区海宁分区和盐城分区2家重点共建园区。

（2）施行统一品牌主导战略。

合作双方认可漕河泾开发区管理理念和品牌内涵的基础上，开发区通过授予合作园区使用漕河泾开发区的品牌，以提供咨询顾问服务、管理团队输出、功能服务输出为主要方式，与合作园区形成一种较为密切、点对点的品牌输出合作模式，促成合作园区引入丰富的招商资源，形成集研发、营运、管理、生产、制造合理布局的完整产业链。充分发挥漕河泾开发区品牌溢出效应，加快了园区外部空间拓展的步伐，破解了由行政分割引起的要素流动阻滞，这样也提升了合作园区专业化服务水平，并推进其科技创新、企业孵化和成果转化。漕河泾的盐城分园区、遵义分园区、松江高科技园区、临港产业园区、康桥科技绿洲、南桥科技绿洲主要是采用了品牌输出模式。

---

① 邵家营．开发区的空间扩展与治理研究——以上海漕河泾新兴技术开发区为例［D］．上海：华东师范大学，2013.

（3）合作模式以项目对接为纽带。

开发区是以招商项目推荐、产业转移对接、技术项目推荐等方式，与合作园区建立一种以项目对接为纽带的合作模式，促进东西部产业转移，重点加强汽车研发与配套、节能环保、新材料、电子信息、高端装备制造、生物医药等战略性新兴产业的合作。漕河泾开发区产业转移中心基地，截至 2018 年年底，累计促成产业转移落地项目 111 个，总金额高达 960 亿元。园区建立了覆盖全国 200 余家开发区的数据共享云平台，成为助推东西部地区社会经济合作互动的强有力纽带。

8.3 长三角创新飞地发展模式

8.3.1 长三角创新飞地发展新趋势

近年来，长三角区域“创新飞地”出现了新趋势，“反向飞地”或“双向飞地”越来越多，即出现了浙江、江苏等地到上海合作共建针对人才、科技、产业孵化的“创新飞地”现象。具体而言：

第一，“飞地”呈现出反向化，即低梯度地区主动到高梯度地区设立“反向飞地”。2019 年浙江嘉善县在上海建立嘉善国际创新中心，引导嘉善高科技企业到上海设立研发中心，造就了“前台在上海、后台在嘉善”的沪善协同创新模式，并吸引上海或海外优质创业项目入驻孵化，成熟后转移到嘉善进行产业化发展，实现“孵化在上海、产业化在嘉善”的产业协同创新模式，目前已有上海大学复合材料研究中心、涂鸦智能、数澜科技、以色列 Startup East China 公司签约落户嘉善县。此外，浙江省衢州、慈溪、湖州、淳安也纷纷在上海、杭州等地建立了“创新飞地”。

第二，“飞地”呈现出双向化，即低梯度和高梯度地区间互设“双向飞地”。以往上海向外省市开辟“产业飞地”，然而随着长三角一体化战略深度推进，一些经济实力强且有研发需求的城市主动到“寸土寸金”的上海寻找“飞地”，开启“双向模式”。例如，2018 年上海市在浙江省温州市设立“先进制造业深度融合发展示范区（嘉定工业区温州园）”的同时，温州市在上海市嘉定区设立了“科技创新（研发）园”，将上海的科创资源与温州的先进制造业优势无缝对接。

第三，“飞地”呈现出多元化，即开发运营机制与管理模式的多元化。根据主导者的不同，长三角“创新飞地”可以分为中央主导、地方政府主导、园区主导、企业主导等四种类型；根据主导区域的不同，可以分为飞入地主导、飞出地主导、飞入飞出共管模式、多层级参与类型。浙江在国内其他省市建设的“创新飞地”大多属于企业主导、双方共管类型，多以研发中心为主要形式。例如，浙江温州市在上海嘉定区投资兴建了“科技创新（研发）园”、浙江嘉善县在上海投资兴建了嘉善国际创新中心等。上海、江苏等省市在浙江建设的“创新飞地”大多属于园区主导、双方共管类型。例如，上海市投资新建了上海漕河泾新兴技术开发区海宁分区、嘉定工业区温州园（先进制造业深度融合发展示范区）。

第四，“飞地”呈现出特色专业化与高密度、高浓度化。据第一财经日报数据显示，截至2018年12月，长三角区域共拥有146家国家级开发区和320家省级开发区，其中参与合作共建园区达200多个，涉及政府部门、各类园区、企业、机构等主体约500家。从产业结构看，江浙皖三省合作共建园区多数以纺织服装、机械制造、电子器械、化工医药、食品等产业为主，而上海多依托自身产业和园区优势，重点发展新能源、电子信息等高新技术产业。例如，上海—南通中央创新区已基本形成了“研发在上海，生产在南通”“孵化在上海，转化在南通”“前台在上海，后台在南通”的“创新飞地”特色专业化分工模式。

8.3.2 长三角创新飞地发展特征

根据国家科技部、长三角三省一市科委/科技厅、地市科技局官方网站以及新闻媒体报道，采集长三角各地市跨省界在上海设立的创新飞地情况，统计发现，从2013~2020年年底，长三角区域内其他城市在上海设立创新飞地共24家，其中浙江省为20家，占84%，2019年设立了16家，占67%（图8-1、表8-3）。峰值出现在2019年，表明2018年长三角区域一体化发展上升为国家战略后，各地市采取了在上海设立研发中心等积极举措响应、贯彻落实长三角区域一体化发展国家战略。

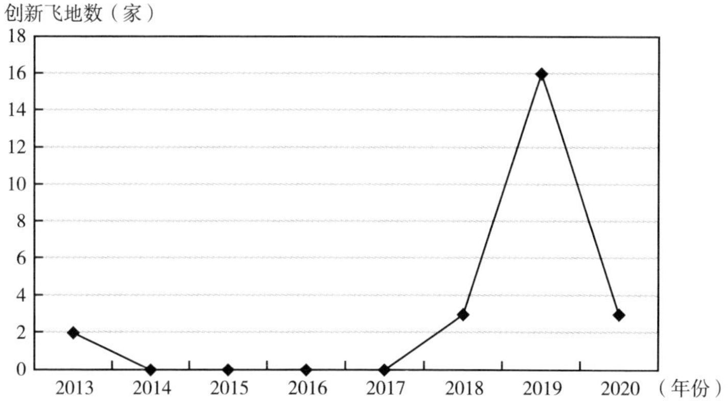

图 8-1 2013～2020 年长三角跨省在沪创新飞地设立情况

表 8-3 2013～2020 年长三角跨省在沪创新飞地设立情况一览表

名称	设立时间	规模面积	飞出地	飞入地	产业定位
长三角科技城	2013.04	$87km^2$	浙江平湖	上海金山	智能制造、科技信息、生命健康和高端服务
上海张江（衢州）生物医药孵化基地	2013.12	$12500m^2$	浙江衢州	上海浦东	生物医药等
嘉昆太科创产业园	2018.05	$2.2km^2$	江苏昆山	上海嘉定	集成电路及物联网、新能源汽车及汽车智能化、智能制造及机器人、高性能医疗设备及精准医疗（生物医药）
海宁·上海创新中心	2018.10	$2000m^2$	浙江嘉兴	上海杨浦	医药器械，人工智能，储能技术
乐清市·南翔镇科创合作基地	2018.11	$3600m^2$	浙江温州	上海嘉定	智能制造、电子信息、生命健康、新材料、新能源等新兴产业
宁波慈溪（上海）科创飞地	2019.02	/	浙江宁波	上海闵行	信息技术、新材料、智能制造等新兴产业

续表

名称	设立时间	规模面积	飞出地	飞入地	产业定位
婺城上海科创中心	2019.03	/	浙江金华	上海闵行	智能制造、电子信息、生命健康、新材料、新能源等新兴产业
湖州全球招商中心	2019.03		浙江湖州	上海闵行	新能源汽车、数字经济、高端装备、生物医药、节能环保、绿色家居
瑞安市（安亭）飞地创新港	2019.05	$5070m^2$（一期建设面积 $2200.69m^2$）	浙江温州	上海嘉定	汽车制造、电子信息、数字经济、智能装备、生命健康、新能源网联汽车、新材料等战略性新兴产业
鹿城区（上海·浦东）人才科创飞地	2019.06	/	浙江温州	上海浦东	电子信息等
乌镇上海创新中心	2019.08	$2200m^2$	浙江嘉兴	上海闵行	进数字经济、工业智能、高端装备制造、高端生产性服务等新兴产业
怀宁县（松江）科创中心	2019.08	$5000m^2$	安徽安庆	上海松江	高端装备制造、新材料
嘉善国际创新中心（上海）	2019.10	$20000m^2$	浙江嘉兴	上海闵行	高端装备、新一代信息技术、健康医疗、节能环保
金华异地研发中心（虹桥富力中心项目）	2019.11	/	浙江金华	上海闵行	电子信息、生物医药等
上海临港科创（东阳）中心	2019.12	/	浙江金华	上海浦东	高端环保装备等
萧山科技城上海人才交流中心	2019.12	/	浙江杭州	上海浦东	电子信息、生物医药
海陆普陀（上海）国际创新中心	2019.12	/	浙江舟山	上海普陀	大健康、海洋科技、5G+智能制造

续表

名称	设立时间	规模面积	飞出地	飞入地	产业定位
温州（嘉定）科技创新园	2019.12	9610m^2	浙江温州	上海嘉定	数字经济、智能装备、生命健康、新能源网联汽车、新材料等战略性新兴产业
浙南（嘉定）创新中心	2019.12	2000m^2	浙江温州	上海嘉定	高端装备、电子信息
莫干智谷"上海飞地"	2019.12	1600m^2	浙江湖州	上海浦东	人工智能、生物医药、装备制造等
界首（上海）离岸科创中心	2019.12	1578m^2	安徽阜阳	上海杨浦	新能源、节能环保
南浔（上海）科创中心	2020.06	/	浙江南浔	上海松江	高端电机电控、信息技术、生物医药、工业自动化
金华开发区上海科创中心	2020.10	/	浙江金华	上海松江	
上海如东创新中心	2020.07	/	江苏如东	上海浦东	

资料来源：作者整理。

作者选择 6 家发展较为成熟的创新飞地深度访谈调研，包括嘉善国际创新中心、慈溪上海飞地、温州嘉定科创园、南浔上海科创中心、乐清市·南翔镇科创合作基地、瑞安市（安亭）飞地创新港。通过调研材料深入分析，总结发现长三角创新飞地呈现出如下特征：

（1）创新飞地已成为区际合作重要途径。

基于区域创新合作模式的文献和实践分析，发现区域创新经历了单一企业、产业集群、创新网络到集群创新的演变，对应的承载空间也发生了变化，如从最初的产业集聚区、经济技术开发区、高新技术产业开发区向科技园区和创新飞地转变，创新飞地正是当前区域创新合作模式演变的新的产业空间载体（图 8－2）。

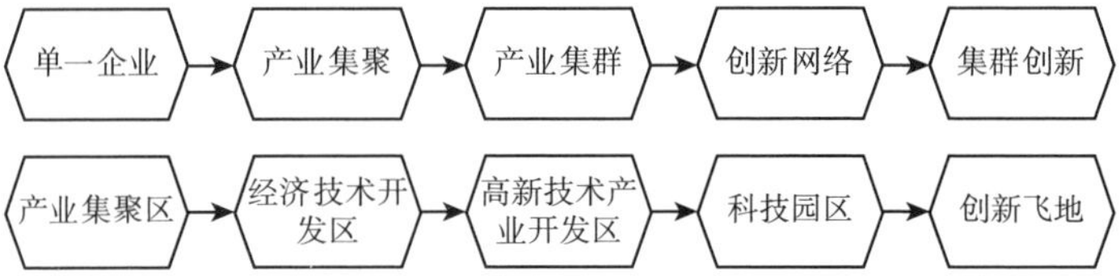

图 8-2 区域创新合作内容与载体演变图示

（2）县市级政府主导作用明显。

县市级政府在长三角创新飞地设立与运营中发挥主导作用。24 家创新飞地全部由政府主导，运营公司参与管理，其中镇级政府占比 4.2%，县级政府占比 70.8%，市级政府占比 25%。这也反映出，在长三角一体化背景下，各地方政府积极向上海靠拢，通过设立创新飞地实现跨区域科技创新资源共享，共同推动科技创新共同体建设。

（3）创新飞地产业定位均为战略性新兴产业。

长三角创新飞地产业定位主要集中于智能制造、集成电路、高端装备制造、生物医药、新能源、新材料等战略性新兴产业。对 24 家创新飞地主导产业词频分析发现，高端、智能、新能源、装备制造、电子信息、生物医药、新材料等均出现 10 次及以上（图 8-3），战略性新兴产业领域是其他城市对接上海产业创新发展的重点领域。这与上海拥有战略性新兴产业发展的优厚条件密切相关，如一流的科研机构、高校以及发达的市场和高层次的人才。

图 8-3 2013～2020 年长三角跨省在沪创新飞地产业词频分布

（4）创新飞地空间布局具有明确的指向性。

从飞入地来看，长三角在沪设立的创新飞地主要邻近交通枢纽和创新源，主要分布在浦东新区（张江高科技园区）、闵行区（虹桥商务区）和嘉定区（安亭汽车工业区）。其他创新飞地还分布在普陀区、松江区、杨浦区、金山区等高科技园区内（图 8－4）。从飞出地来看，80%的创新飞地来自浙江，江苏和安徽相对较少。

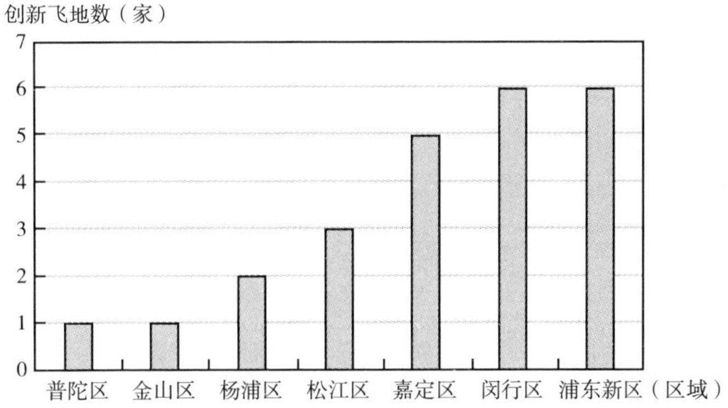

图 8－4　2013～2020 年在沪创新飞地的区域分布

通过调研发现，各个创新飞地的区位选择原因各不相同：

闵行区（虹桥商务区）区位选择理由：所在区块总体环境优，发展潜力大；楼宇相对独立，且整体形象较好；周边综合配套丰富，交通便利；业主方整体实力较强，邻近还有一定的未来发展预留空间。——慈溪上海飞地

嘉定区（安亭汽车工业区）区位选择理由：一是温州产业发展定位与嘉定高度相似；二是经济规模相当；三是市场化过程中，嘉定安亭汽车与温州有着深度的合作基础。——温州（嘉定）科创园

松江漕河泾开发区区位选择理由：交通便利、产业定位相似、人才资源丰富。——南浔（上海）科创中心

8.3.3　长三角创新飞地发展模式

根据实地调研，本书认为长三角创新飞地主要呈现出以下三类模式（图 8－5）。

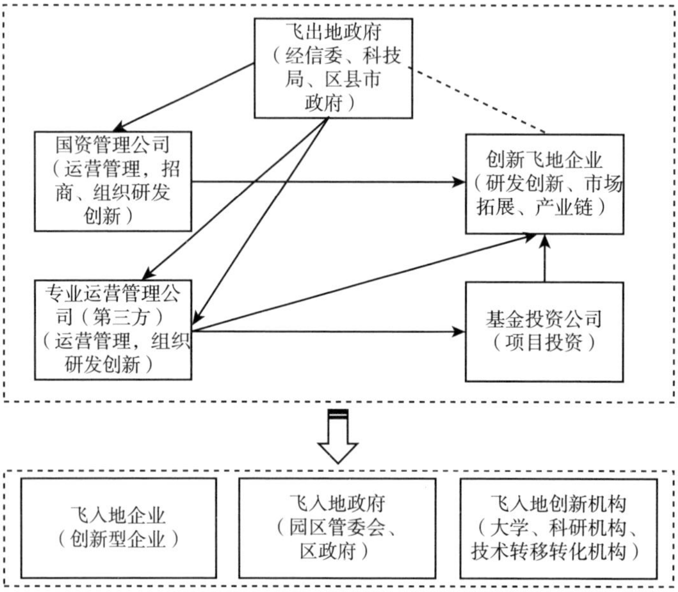

图 8-5　长三角创新飞地合作模式示意图

第一，政府主导—政府运营模式。以乐清市·南翔镇科创合作基地为典型，该飞地采用轻资产运作模式，由国资公司运营管理，但缺点是市场化程度不高，市场开拓、企业入驻效果不理想。

第二，政府主导—企业化运营模式。以慈溪（上海）飞地服务中心为典型，主要采用轻资产运作模式，由浙大网新上海团队运营（浙江飞地科技产业发展有限公司）专业化运营管理，发展成效显著，已入驻 30 多家企业。

第三，政府主导—基金引导—企业化运营模式。以南浔（上海）科创中心为典型，主要采用重资产运作模式，通过产业基金对项目进行研判、分析与投资，在科创中心经过孵化加速后，把规模产业化的项目导入南浔，最终形成“基金 + 产业 + 园区”的产业生态闭环。由湖州浔英沪融科创有限公司运营，南浔产业引领股权投资基金负责产业投资，引进了上海绿联软件和上海影科数码的研发中心入驻。

8.3.4　长三角创新飞地制约因素及对策

长三角创新飞地发展过程中主要受到管理体制、人才流动、研发基金、生活配套和创新体系五个方面因素的影响（图 8－6）：（1）管理体制。当前以市县在上海设立创新飞地为主，行政权力不对等导致许多问题难以解决，需要省级政府层面统一协商部署；（2）人才流动。人才资质在不同区域内难以互认，导致人才流失严重；（3）研发基金。创新飞地基金遴选项目的必要条件为项目产业化后回飞出地，影响了诸多项目难以进驻；（4）生活配套。现有创新飞地的住房、教育、医疗等生活配套普遍较为缺乏，制约了创新飞地进一步发展；（5）创新体系。现有创新飞地创新体系建设不健全，与上海本地优质创新资源有待于深入对接。

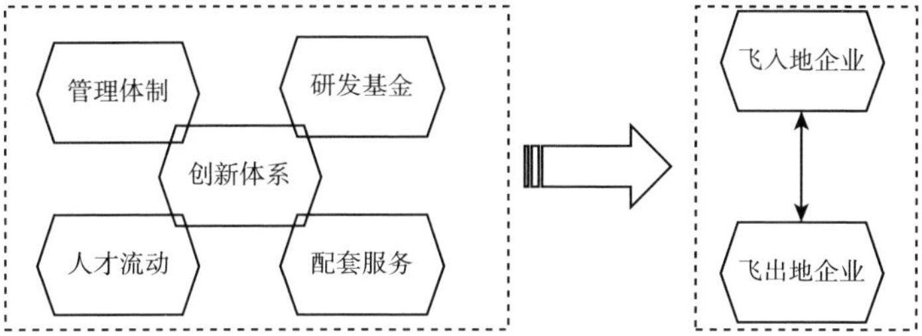

图 8－6　长三角创新飞地合作影响因素示意图

基于长三角高质量一体化发展目标，长三角创新飞地未来应着力于以下四点：

第一，管理体制机制创新。借鉴日本政府产业集群工程、德国商会的成功运营管理经验，采取政府引导、市场主导的形式，充分发挥长三角开发区协同发展联盟的组织优势，在中央以及省市政府授权下，肩负起长三角创新飞地统一规划、统一管理、统一督查以及指导的职责，率先制定长三角创新飞地营商环境建设标准，建立全面协调可持续的长三角创新飞地产业创新协同发展和空间治理体系。

第二，设立创新飞地发展基金。建议遵循政府引导、社会主导、企业运营的思路，从长三角三省一市政府科技专项经费中出资，政府占比不超过 40%、企业与社会融资不低于 60% 的比例，设立初期资金规模不低于 500 亿元，远期资金规模不低于 2000 亿元的长三角创新发展基金，由专业的基金团队进行市场化的运营管理，政府负责监管。并由三省一市政府按照约定分成比例，对创新飞地产业化项目的利益进行共享。

第三，创新飞地回归创新功能。创新飞地主要涉及创新孵化、市场开拓、招商引资，而当前大多创新飞地将招商引资作为第一功能，违背了联合设立创新飞地的初衷，建议回归创新飞地创新功能，着力于孵化企业和培育新技术，助力飞出地产业技术升级，实现飞入-飞出地共赢。

第四，完善相关配套功能。主要包括人才资质互认以及生活配套，从人才资质互认来看，建议长三角区域设立统一标准，在发展阶段不同的区域、行业可根据需要设置人才评价的权重系数，实现人才跨区域的互认、转换；从生活配套来看，建议与飞入地达成战略协议，通过在飞入地设立分公司等形式，将创新飞地从业人员的社保等交至飞入地，子女可以享受飞入地的教育，住房方面可以由创新飞地管理方引进酒店式公寓、飞入地公租房等方式解决。

第9章

科技创新资源共享的国际经验借鉴

选取美国、欧盟和日韩科技创新资源共享数据库、世界数据中心、新加坡政府开放数据库、日本产业技术综合研究所公开数据库、美国国际地球科学信息网络中心等国际比较成功的区域科技创新资源共享为案例，重点剖析这些案例的建设历程、建设成效及值得借鉴的成功经验。

9.1 美国、欧盟和日韩研发服务共享平台建设经验

9.1.1 建设历程

研发平台在国内和国外的概念界定不同，在国外，研发平台一般指的企业技术创新和科学研究过程中给予基础条件和资源支撑的一种保障，是国家创新体系的不可或缺的部分，通常包括工程研究中心、博士后流动站、重点实验室等平台构成，基本可囊括科学研究的全流程（基础理论到应用及实验阶段）。研发平台数据库就是利用计算机技术和信息通信技术，对科技研发资源进行配置，建立共享为目的的资源交流数据库平台，提高科技创新资源的利用效率。

西方发达国家在推进研发平台数据库建设工作中，普遍采用市场机制

来配置科技创新资源，尤其是在欧洲、美国和日本等区域和国家，在他们的研发平台建设中政府的作用相对较小，政府主要在科技服务的公共领域进行管理，确保科技机构在公共服务体系中的良好运行。美国、欧盟和日韩等区域和国家的科技服务机构建设运行时间较长，且在科技创新资源数据化领域深耕多年，具有非常有价值的可供长三角区域科技创新资源数据库借鉴的经验。虽然各个国家对研发平台建设的侧重点不同，如有的国家建设研发平台用于推动产学研网络建设，有的国家是依托当前科技创新优势继续将优势拓展，还有的国家则是为了振兴产业的发展，但毋庸置疑研发平台的建设对各个国家的技术进步和经济发展都做出了巨大贡献。这些国家在研发平台建设方面具有许多共同点，也是值得借鉴的经验，包括对科技创新资源完善的运行管理机制、公共服务机构和企业研发绩效评价指标体系、持续稳定资助研发服务体系。

9.1.2 建设成效

美国、欧盟和日韩研发服务平台经过长期建设，已形成卓有成效的发展模式，如美国和欧盟的政府引导市场主导型，日韩则以政府为主导（表9－1）。

表9－1　美国、欧盟、日本和韩国在研发平台建设方面的基本情况

国家	政府角色	官产学研合作情况	经费来源	财政支出情况	典型的计划、政策、法规
美国	政府引导	注重政府、企业和大学各方参与	政府设立专项资金，资助研发建设，企业投入配套。政府和企业共同投入	占GDP 2.79%	《国家信息基础设施》计划、《设施监管指南》《研究设施法》《设备管理指南》
欧盟	政府引导	注重科研机构、大学、企业间的合作	政府资助，参与方共同投资	占GDP 1.84%	《欧盟跨国使用研究基础设施计划》《“欧洲2020”战略》、英国《大型研究设施战略路线图》

续表

国家	政府角色	官产学研合作情况	经费来源	财政支出情况	典型的计划、政策、法规
日本	政府主导	以大学、研究机构和大公司为主体实行联合研发	政府投入为主	占 GDP 3.44%	国立大学等设施紧急整备 5 年计划、《国家科学技术发展计划》
韩国	政府主导	强调产学合作研发	政府投入为主	占 GDP 3.36%	《面向先进一流国家的李明博政府的科技基本计划（2008 - 2012 年）》

资料来源：www. oecd - ilibrary. org.

9.1.3　借鉴经验

（1）科技创新资源统一协调管理。

科技创新资源的布局和管理统一，对于资源合理配置和提高资源利用率具有非常重要的作用。目前，世界各国都在采取不同措施，对国家主要投入的科技创新资源进行总体布局。美国和一些欧盟国家通过制定具体的、正式的国家科研政策和计划，加强了协调和管理，特别是美国和英国颁布了更为相关的政策和计划。在这方面进行了规范，取得了较好的效果。例如，中央政府每年都向中央预算部门提出“制定跨部门计划和战略，确定跨部门科研基础设施建设的优先次序”。欧盟制定了《欧盟研究基础设施跨境使用计划》，明确规定欧盟其他国家可以使用重大研究开发设施和工具。英国科学技术办公室制定了大规模研究设施的战略路线图，其中明确规定，在没有特殊情况下，严禁再次购买可与其他机构共享的仪器设备。

（2）从国家层面统筹建设科技创新资源数据库平台。

美国、欧盟、日本和韩国的研发平台建设经验表明，政府在研发平台建设中起着非常重要的指导作用。美国国家科学基金会在为学术界提供先进技术和设备方面起着主导作用。目前，基金会主要有两个账户，为技术装备建设提供资金支持：大型科研设备和设施建设账户（MFRC），负责高投入大型设施项目，并进行研究。相关活动账户（R&RA），负责中小型设施项目。美国研发平台基础设施建设的主要措施包括：①重视对研究型大学的资助和国家实验室的建设。②注重信息和知识的共享。欧盟提出了“欧洲 2020”战略，重申研发资金投入要提高到国内生产总值的 3%，以确保研发平台在资金方面的顺利运行。在研发平台建设方面，欧盟把握信息化趋势，重视信息通信基础设施建设。日本政府实施了“知识基础设施促进体系”，并设立了科研经费专项调整费。

（3）建立企业主导的协同创新模式。

主要有以下三种做法：一是鼓励企业参与研发平台建设，必要时与重点企业结成战略联盟，如由美国政府和美国三大汽车制造商组成的“PNGA”战略联盟；二是吸收企业的全部资源，例如企业投资在韩国研发投资中所占比例较高，以 2005 年韩国企业研发投资占研发投资总额的 75% 为例；三是鼓励企业与大学或大学合作。开展产学研合作，被称为韩国硅谷的大德科技园，是政府、民间和大学合作的成功范例。

9.2 世界数据共享中心建设经验

9.2.1 建设历程

世界数据中心（WDC）于 1957 年成立，是国际科学理事会（ICSU）下属的一个国际数据组织，在国际科学理事会世界数据中心特别委员会的指导下工作。WDC 刚开始成立的时候，其主要目标在于支撑国际地球物理年的科学研究。经过 60 多年的发展，WDC 已经涉及越来越多的学科和领域，并逐渐成为一支国际数据共享领域的重要力量。事实上，WDC 不仅积极推动地球科学、空间科学和环境科学领域的数据管理和共享，努力为各科学团体服务，还积极参与许多重大的国际科学项目，为世界各国的发展做出了贡献。

WDC 的核心业务是数据收集、档案管理以及提供数据和信息服务。同时，应国际科学技术联合会的要求，世界发展理事会承担了国际科学计划申报的一系列重要数据的保存管理工作。世界数据中心系统中每个数据中心之间的数据交换建立在相互协商和互利的基础之上。在正常情况下，世界数据中心系统内的数据交换是在对等基础上免费进行的。世界数据中心通常以一定成本向科学家或研究机构提供服务。根据《WDC 系统使用指南》，WDC 的具体数据共享管理和服务活动包括：有序存储数据，提供以最少的复制和发布成本将数据发送给用户。与数据集制作者共同编制数据描述文档，以数字方式存储重要历史数据，为小规模、区域和全球地球物理研究编制特殊数据，将数据制成光盘等，方便用户查找数据，并容易地将它们转换成自己的习惯格式，评估数据存储介质的老化、错误发生率和存储周期等技术问题，综合多源数据来处理和生成数据产品，如计算太阳或地磁活动指数。编制数字模型，描述地球磁场、外层空间等随时间和空间变化的地球物理环境，维护与上述活动相关的在线信息服务，建立用户服务机制，使科学家能够得到专业人员的帮助。

9.2.2　建设成效

经过 60 余年的发展，世界数据中心已建立较为完备的组织体系，在全世界共有五个地区中心。五个地区中心分别是美国的 WDC－A、俄罗斯的 WDC－B、欧洲的 WDC－C1、日本的 WDC－C2 和我国的 WDC－D，每个地区中心还有各自所属的若干学科中心，共有 50 多个学科数据中心（表 9－2），分属四个数据中心群。

表 9－2　　WDC 学科中心列表

序号	学科中心名称	依托机构	序号	学科中心名称	依托机构
1	大气微量气体中心	美国奥克里季国家实验室	3	气辉中心	日本国家天文台
2	天文学中心	中国科学院国家天文台	4	极光中心	日本国家极地研究所

续表

序号	学科中心名称	依托机构	序号	学科中心名称	依托机构
5	生物多样性与生态中心	美国地质调查局生物信息中心	17	环境人类互动中心	美国哥伦比亚大学国际地球科学信息网络中心
6	气候中心	德国马普气象与气候计算中心	18	电离层中心	日本国家信息与通信技术研究所
7	宇宙射线中心	日本名古屋大学日地环境实验室	19	土地覆被数据中心	美国地质调查局地球资源观测科学中心
8	潮汐中心	比利时皇家天文台	20	海洋环境科学中心	海洋环境科学研究中心
9	地质学中心	中国地质科学院	21	海洋地质与地球物理中心	美国国家地球物理数据中心
10	哥本哈根地磁中心	丹麦气象研究所	22	海洋地质与地球物理中心	俄罗斯国家海洋地质与地球物理数据中心
11	爱丁堡地磁中心	英国地质调查局	23	阿什维尔气象学中心	美国国家气候数据中心
12	京都地磁中心	日本京都大学	24	北京气象学中心	中国国家气象信息中心
13	孟买地磁中心	印度地磁研究所	25	奥布宁斯克气象学中心	俄罗斯全俄水文气象信息研究所
14	冰川学中心	美国科罗拉多大学	26	奥布宁斯克海洋学中心	俄罗斯全俄水文气象信息研究所
15	剑桥冰川学中心	英国斯科特极地研究所	27	西尔弗斯普林海洋学中心	美国国家海洋数据中心
16	兰州冰川与冻土中心	中国科学院寒区旱区环境与工程研究所	28	天津海洋学中心	中国国家海洋局国家海洋信息中心

续表

序号	学科中心名称	依托机构	序号	学科中心名称	依托机构
29	古气候中心	美国国家地球物理数据中心	41	太阳活动中心	法国 Meudon 天文观测台
30	遥感土地利用中心	美国地质调查局地球资源观测科学中心	42	太阳射电辐射中心	日本国家天文台（长野）
31	大气遥感中心	德国航天遥感数据中心	43	日地物理中心	美国国家地球物理数据中心（波尔得）
32	可再生资源与环境中心	中国科学院地理科学与资源研究所	44	日地物理中心	英国卢瑟福·阿普尔顿实验室
33	火箭和卫星中心	俄罗斯全俄水文气象信息研究所	45	莫斯科日地物理中心	俄罗斯科学院地球物理中心
34	卫星信息中心	美国航天局哥达德太空飞行中心	46	悉尼日地科学中心	澳大利亚悉尼无线电与空间服务中心
35	空间科学与卫星中心	日本空间与宇航科学研究所	47	北京地球物理中心	中国科学院地质与地球物理研究所
36	奥布宁斯克地球自转中心	俄罗斯全俄水文气象信息研究所	48	固体地球物理中心	美国国家地球物理数据中心
37	华盛顿地球自转中心	美国海军天文台	49	莫斯科固体地球物理中心	俄罗斯科学院地球物理中心
38	丹佛地震学中心	美国地质调查局丹佛联合中心	50	空间科学中心	中国科学院空间科学中心
39	北京地震学中心	中国地震台网中心	51	太阳黑子中心	比利时王家天文台
40	土壤中心	荷兰世界土壤信息数据库			

9.2.3 借鉴经验

（1）积累了多学科交叉的海量数据。

WDC 最基本的任务是保存科学数据和提供共享服务。世界数据中心的数据范围很广，从瞬间（秒）到 100 万年的时间尺度。早期 WDC 数据主要用于研究地球圈、生物圈、外层空间和天文现象的变化，包括研究逐渐变化和突变、研究可预测和不可预测的现象以及研究自然和人类现象。随着数据中心的不断完善，许多国家都在申请和进入 WDC 系统，如澳大利亚、乌克兰、印度、南非等。随着学科数据中心的不断增多，WDC 系统覆盖的学科也越来越多。目前，WDC 系统已经覆盖了生物多样性、生态环境、人文、卫生、遥感、土地覆盖等新的学科领域。同时，科学数据的种类也多种多样，包括一手仪器和人工观测数据、科研分析数据、面向公众的产品数据和成果数据等。

（2）数据开放共享深入人心。

世界数据中心成立之初就制定了《国际数据交换指南》，并首次提出了科学数据开放共享的模式和具体活动。作为 ICSU 的一个实体成员，WDC 承诺并坚持提供非歧视性的数据访问，在冷战初期成功地用于东西方之间建立数据交换和连接，对未来数据共享的发展具有重要影响。世界数据中心全面开放的数据共享政策影响了许多国家和其他组织制定数据共享政策，并促进了科学数据在国际上的保存、传播和共享。

（3）数据交换支持不同学科科学研究。

WDC 的重要价值在于其数据共享服务，主要依靠现代信息技术不断促进数据的交换和共享。例如，在 WDC 中引入了文档信息共享领域常用的数据镜像技术。该技术可以保证多个在线数据系统中数据的同步管理和更新，使数据的传播和共享变得更加容易。WDC 以学科数据中心的形式构建，目前的数据中心涉及 40 多个学科和领域。它的一个重要发展是为这些学科的发展提供数据支持。部分学科数据中心直接参与国际科技计划项目，支持本学科科研的数据服务。例如，WDC - US 冰雪数据中心直接为国际极地年（IPY）提供数据服务；一些学科中心通过自己的科学数据共享平台促进了该学科的发展。例如，中国的 WDC 天文学、地球物理学、航天、冰川冻土、可再生资源与环境等，都被纳入中国国家科技基础设施平台地球系统科学数据共享网建设项目，为中国的科学技术发展提供了广阔的空间，为国内外地球系统科学和全球变化领域的研究人员提供共享服务。

9.3 新加坡政府开放数据共享网站建设经验

9.3.1 建设历程

新加坡数据开放网站是世界上最发达的公共信息资源开放共享网站之一。新加坡政府的数据开放离不开电子政务的发展背景和信息化框架。2011 年发布的《新加坡电子政务总体规划（2011 ~ 2015 年）》（e – gov 2015）可以看作新加坡政府公开数据的来源。在这项计划中，data. gov. sg 作为第一个访问政府公开数据的一站式门户网站启动，鼓励公众利用这些数据进行研究，创造新的价值。

新加坡的信息化进程和电子政务计划可分为三个阶段（表 9 – 3）：第一阶段是准备阶段：基础设施建设和打破部门壁垒（1980 ~ 1999 年）。开放数据的建设有赖于良好的宽带和无线通信基础设施。新加坡建成了世界上第一个国家宽带网络，从国家电脑化计划到广泛提供计算机到 IT2000，再到建设全国性的高速宽带多媒体网络。第二阶段是发展阶段：基础设施建设和电子政务建设（2000 ~ 2010 年）。在覆盖全国的高速宽带多媒体网络基础上，InfoComm21 和新加坡互联网公司计划继续建设高速宽带、互联网和无线通信技术，并希望成为亚洲乃至世界的领导者。第三阶段是开放阶段：电子政务和开放数据（2011 年至今）。作为 I N2015 计划的一部分，建设下一代国家信息和通信基础设施仍然是新加坡信息化进程的重点。随着国际政府开放数据的趋势，新加坡政府发布了《新加坡电子政务总体规划（2011 ~ 2015）》（egov 2015）。《规划》指出，政府不仅是服务提供者，也是平台提供者。还开通了政府数据公开一站式门户网站（data. gov. sg），为用户提供访问、下载等服务，鼓励公众利用数据进行研究和创建新的应用，并关注数据的经济价值。

表 9-3　　新加坡信息化历程与电子政府计划

时间	信息化历程	电子政府计划
1980~1985 年	国家计算机化计划	民事服务电脑化项目计划
1986~1991 年	国家 IT 计划	—
1992~1999 年	IT2000	—
2000~2003 年	Infocomm21	eGAP Ⅰ
2004~2006 年	互联网新加坡计划	eGAP Ⅱ
2007~2015 年	iN2015	eGov 2010
2016~2025 年	Infocomm Media2025	eGov 2015

9.3.2 建设成效

纵观新加坡 30 多年的信息化和电子政务，开放数据早已得到体现。从政府内部共享到政府、企业和个人之间的数据共享和开放，再到目前政府的开放数据，开放数据的广度和深度不断延伸，呈现出从局部到整体的特点。

在不同阶段取得了相应的成果。在筹备阶段，国家信息化规划将在国家信息化规划中建设 250 多个计算机管理系统，建成连接 23 个主要政府部门的计算机网络，实现政府与企业之间的电子数据交换。提高到 IT 2000，为公民提供在线学习和电子银行等在线服务。各主体内部的壁垒将开始打破，一些数据将在政府、企业和公民之间交换和共享。此外，为确保数据质量，建立了公民数据中心、土地数据中心和组织数据中心，制定了数据发布标准和数据采集方法，确保数据质量。发展阶段：强调电子政务建设。在 e gap ii（2003~2005 年）中，明确提出了“建立一个领先的电子政府，在数字经济时代更好地为国家服务”的发展愿景。在“幸福市民”的价值取向下，整合了 15 个电子政务服务项目，提供清晰有效的信息和数据，增加部门间的数据共享是战略支点。同时，《规划》强调，标准化的信息和通信技术环境是增强政府协同作用、促进数据共享的必要保障。现阶段，www. gov. sg 是公民或企业获取新加坡政府信息数据和电子服务的主要门户。第一阶段发展趋势继续保持，政府、企业、社会信息数据共享进一步规范。开放阶段：截至 2018 年 1 月，GOV. SG 已提供 70 个公共机构的公共数据集，包括 39 个类别、8600 多个数据集、111 个不同机构的应用程序和地图相关 API、陆路交通管理局的交通相关 API、图书馆相关 API。国家图书馆管理局的 ted 数据资料和 web 服务资源，包括数据、主题、博客和开发人员门户等模块。开放数据范围涵盖经济、教育、环境、卫生、基础设施等 8 个领域，在此基础上创建了 100 多个应用程序。由财政部牵头的开放数据倡议是为了在政府机构内建立一个"数据共享原则"和一张显示更多政府数据的地图。

9.3.3 借鉴经验

（1）完备的组织制度体系。

新加坡政府通过机构设置和人员协调为开放数据提供保障。1999 年，新加坡政府将国家计算机局与新加坡电信局合并，成立新加坡信息和通信发展局。其职责主要包括制定国家信息通信总体规划和政策，向财政部提供公开数据等技术意见和建议。到 2016 年，国际开发协会（IDA）和新加坡电影发展署（MDA）将合并成立 IDMA，整合信息传播部门和媒体部门，进一步推动开放数据媒体的发展。同时，财政部作为电子政务的资产所有者，为电子政务项目和开放数据项目提供资金，负责解决阻碍机构间服务和程序一体化的跨境问题。此外，新加坡还成立了政府数据规划指导委员会，负责政府机构开放数据，仲裁机构间的数据纠纷，制定数据共享原则。新加坡《公开数据法》的主要法律依据是《官方机密法》《信息和通信媒体发展管理法》和《个人数据保护法》，主要规范私营部门收集、处理和使用数据。

（2）规范的开放数据。

早在准备阶段，三大数据中心就确立了规范数据的原则。在 data. gov. sg 的建设过程中，进一步明确了数据共享的原则，包括数据应便于查阅，数据应提供联合创建，数据应及时发布，数据应以机读格式共享，数据应作为尽可能的原始数据。以 data. gov. sg 网站为例，将其数据使用分为数据使用规范和网站使用规范，并对数据使用性质、隐私保护、使用方式、使用范围等方面进行了相关规定，更为特殊的是在收费方面，data. gov. sg 是目前网站使用免费，但仍保留收费的权利。

（3）完善的信息技术设施。

以建设“智慧国家”或“电子政务”为目标，是新加坡历代领导人的共同使命。无论是国家电脑化计划还是国家 2015 年，没有人不重视宽带、互联网、无线通信等良好基础设施的建设。为充分保障公民的电子民主权利，I N2015 明确提出至少 90% 的家庭使用宽带，学龄儿童家庭计算机普及率达到 100%，实施“个人/家庭设备计划”提供个人低收入家庭的电脑。在这样的措施下，新加坡的宽带基础设施在国际上被公认为是亚洲最好的城市之一，新加坡市民可以享受高速宽带的高应用，从而为以后的开放数据打下坚实的硬件基础。

9.4 日本产业技术综合研究所科技创新资源共享建设经验

9.4.1 建设历程

日本产业技术综合研究所的前身是工业技术院，而工业技术院的历史最早可以追溯到 1982 年地质调查所的创立。2001 年 4 月 1 日，日本原通产省工业技术院所属的 15 个国立研究所并入新组建的日本产业技术综合研究所（National Institute of Advanced Industrial Science and Technology, AIST），是日本目前最大的研究机构承担着生命科学、通信、电子技术、纳米科技、制造等产业技术及创新所需关键技术的重要科研任务。AIST 作为最大的技术研究机构，其研究集中在地质学、生物技术、信息技术、电学、力学、材料物质等领域，科学发现应用及商业化是 AIST 关注的重中之重，同时还特别关注不同学科之间的协同发展（表 9－4）。

表 9－4　日本 AIST 研究领域

研究领域	研究中心	研究所	研究创新部
生命科学	计算生物学、生物信息学、组织工程学、人体应激学、基因发现	生物资源、人类生命、生物分子和生物细胞、人类科学和生物化学工程	—
电子信息	相关电子、电子计算机辅助、高级半导体	信息技术、纳米电子学、智能系统、神经学	数字人类、生命电子学
环境科学	温室气体氟化物的替代物开发、化学危险品、超临界液体技术、生命周期评估	环境管理、绿色技术	绿色化学作用
纳米技术	大分子、材料间相互作用、高碳材料、精密结构、纳米构造学	物质和化学作用、结构和工程材料、陶瓷学、纳米技术	微重力材料、纯净材料
能源资源	电能、光反应控制	能源作用、电能、绿色生命技术	硅薄膜太阳能电池
机器制造	纳米科学、数字制造	机械系统工程	
尖端技术		光电技术、计算机科学	先进的光学技术
智能设施	地质环境、活跃的地质断层	计量学、地球科学、地理资源与环境、海洋资源与环境	—

9.4.2　建设成效

经过多年的建设，日本工业技术研究所（AIST）的科学数据开放数据库已成为以高质量技术为支撑的核心数据库。为了保证各种研究活动的顺利开展，AIST 构建了一个由 Web 服务器、应用服务器和数据库服务器三个层次组成的新的关键业务系统，为众多潜在用户提供服务。富士通拥有雄厚的技术实力和丰富的行业经验，已被选为下一代关键业务系统的供应商。富士通优质的 sparc 企业 unix 服务器、eternus 存储平台、primecluster 系统管理软件等产品已作为系统支持的前端和后端系统的核心数据库平台。它不仅保证了满足当前系统大规模科学计算的需求，而且能够适应未来工作量的增长和性能的提高。

日本工业技术研究所（AIST）是大学和商界之间的“桥梁”，将从基础研究到新产品开发的全方位研究联系在一起。其中，特别注重共性技术的发展和成果转化，取得了良好效果（表 9－5）。这也主要是因为 AIST 创造了开放和谐的科研氛围和民主管理模式（图 9－1）：第一，要求董事长每年与全体科研人员举办不少于 15 次的研讨会，同时，他必须与下属研发部门负责人保持定期沟通；第二，研发部门负责人有充分的自主权，但其业绩必须由内部和外部评估部门完成；第三，各研究部门的研究人员通过与领导的直接沟通，制定自己的研究目标和计划；第四，各研究部门负责人必须每年向总干事提交本部门的项目研究计划并获得批准；第五，每个研究领域至少指派一名协调员，协调和沟通研究部门之间的资源互助。

表 9－5　AIST 的开发及其成果转化过程表

理想期	黑夜期	实现期
学术界的发现/发明	AIST 的研发平台	产业界的实用化/产业化
基础研究	全方位研究	新产品开发

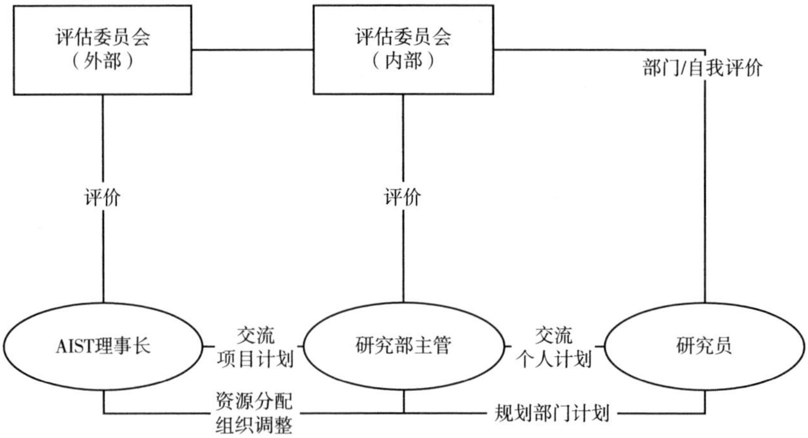

图 9－1　AIST 管理模式图示

9.4.3 借鉴经验

（1）制定了独立的行政法人制度。

2001年4月，AIST于引入了独立行政法人制度。其科研经费全部来自国家财政拨款，但这一制度有着鲜明的特点，因为它是建立在创业运作的基础上的。具体表现为：第一，组织内没有固定的科研人员编制；第二，所有负责人员都由行政长官（主席）直接领导，但主席的表现必须由第三方“评审委员会”评价；第三，组织内所有员工实行全薪浮动制；第四，组织内的研发经费不受会计法的限制，也不受国有资产管理法的限制，可以延迟使用；第五，第三方“评估委员会”在每年年底和每个中期（3～5年）对绩效进行合理评估。

（2）数据资源种类繁多且提供免费服务。

1981年，日本筑波高级情报与计算中心（TACC）成立，2001年并入日本工业技术研究所（AIST）。负责为各科研机构提供技术支持，包括提供计算能力、网络、数据库开发和运行服务。数据资源涉及测量、材料、地质、生物、信息、化学、能源等学科。RIO－DB有70个主题数据库。数据来自AIST机构的科研项目，数据整理工作由AIST研究机构完成。所有数据库通过网络提供免费服务，服务于科研机构以及一般企业和行业。

（3）高度重视科学数据安全稳定性。

采用可靠性高、性能好、可扩展性好的sparc企业unix服务器平台作为关键任务数据库服务器，服务器平台上安装了primecluster高效的系统管理软件。富士通sparc企业unix服务器是AIST关键任务数据库服务器的基石，具有富士通主机基因独有的硬件划分技术，有效避免了指令间歇性错误导致的系统崩溃和停机。该系列服务器还增加了大规模的错误检测功能，在首次出现错误时捕获错误，确保了系统的极高稳定性。

9.5 美国国际地球科学信息共享网络中心建设经验

9.5.1 建设历程

哥伦比亚大学国际地球科学信息网（ISINN）中心成立于1989年，由美国航天局资助。Cies - in是一家非营利、独立的非政府研究机构，主要从事在线数据和信息管理、空间数据集成和培训。Cies - in积极支持美国的全球变化研究项目，并向用户提供人类和环境变化的信息。1998年，哥伦比亚大学地球研究所迁至纽约，成为其数据中心。国际地球科学中心收集、储存、归档、保存和传播全球地球科学数据，促进关于人类与地球环境相互作用的研究，并为科学、公共或私人决策提供和改进信息。满足需求。数据涵盖生物多样性、生态系统、农业、气候变化、经济活动、环境条约、环境评估或建模、自然灾害、土地利用、环境保护、人口、土地覆盖变化、贫困和其他领域。

9.5.2 建设成效

CIESIN取得了显著的发展成果，形成了较为完善的组织结构和运行机制。CIESIN主要包括六个部门：地理空间应用中心、信息技术部、行政中心、数据服务中心、科学应用部和人事访客部（图9 - 2）。地理空间应用中心旨在促进地理空间技术的应用，开发和维护基于web的地图应用，建立全球和区域尺度的空间数据产品，支持人类与环境相互作用的综合研究。数据服务中心支持用户检索、访问和使用与全球环境变化人为因素有关的数据和信息，承担数据归档、客户关系管理、元数据系统等任务。信息技术部负责CIESIN计算基础设施的建设，分为媒体设计、软件工程和系统运行维护三部分。科学应用部通过与地理空间应用中心、数据服务中心的协调配合，负责中国科学院的科学数据产品开发、信息服务和信息技术研究，以及与人类有关的研究项目。联系环境，组织跨学科研讨会，承担哥伦比亚大学本科生和研究生的一些教学活动。

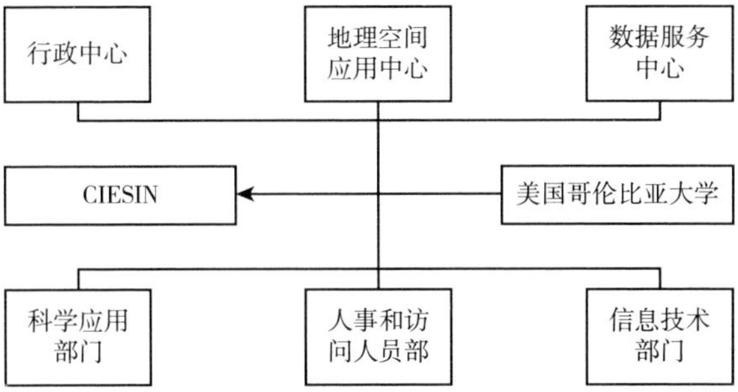

图 9－2　CIESIN 组织架构图示

CIESIN 作为非营利性质的研究机构，其经费主要来源于 NASA 资助，海报框一些其他国际组织和基金会等，还会通过社会捐款等渠道获取一定的科研经费。经过统计发现，资助过 CIESIN 的机构有地球研究所、美国海洋和大气管理局、美国国家科学基金会、国际艾滋病护理和治疗中心、国际人口科学研究联合会、美国航空航天局、美国国立卫生研究院环境健康科学研究所等（表 9－6）。

表 9－6　　CIESIN 在研的科研项目（截至 2017 年 5 月）

主要领域	项目名称	资助机构
气候	西非生物多样性与气候变化	美国国际开发署
	东北部城市气候风险联合会	NOAA 区域综合科学评估（RISA）计划
环保	哈德逊河生态评估项目	美国自然保护协会
信息基础设施	非洲土壤信息服务	Bill & Melinda Gates 基金会及非洲绿色革命联盟
环境与健康	新兴传染病模型	美国国家科学基金会
	砷和锰的健康效应研究	美国国家环境健康科学研究所（NIEHS）超级基金研究计划

续表

主要领域	项目名称	资助机构
人口与社会经济网格数据	城市人口预测：新数据、新方法	美国国家儿童健康与人类发展研究所
	发展中国家人居环境空间数据库及城乡人口分布研究	国际食物政策研究所
自然灾害	数据风险管理的跨领域数据需求	—
	美国大西洋沿岸冬季极端风暴危害性研究	—
可持续性指标	环境绩效指数	Samuel Family 基金会、可口可乐基金会、Betsy and Jesse Fink 基金会

9.5.3 借鉴经验

（1）从国家层面制定科学数据共享与管理政策。

早在20世纪90年代，美国就提出了“完全开放”的数据共享政策，并制定了一系列法律规范。通过国家制定科学数据宏观管理政策，出台相关政策和规范性文件，有利于规范科学数据开放存取服务，提高科学数据管理和共享秩序。此外，CIESIN 还制定了中心的数据共享和管理政策，如 CIESIN 数据政策等，CIESIN 数据政策主要从五个方面来说明中心数据的使用：第一，要求 CIESIN 提供免费、不受限制的数据访问和使用（特定数据除外），且在政策允许的范围内；第二，CIESIN 从数据原始作者处取得数据传播权，并在与数据集相关的文件中说明每一个数据集的知识产权；第三，在出版物或报告中引用 CIESIN 数据时，必须注明来源；第四，如果没有明确的书面许可，则禁止产品和服务的商业或非自由转售或再分配；第五，CIESIN 不提供任何保证对数据的质量或适用性。CIESIN 高度重视数据资源的脆弱性和信息技术的不断发展所带来的安全威胁，分别对数据的知识产权维护、长期保存和数据管理进行了明确规定。

（2）加强人才队伍建设实现高效数据管理。

CIESIN 设有数据整理、共享、生产、服务等部门，各部门之间密切合作。其中，科学应用部门积极组织跨学科的研讨会，实现各部门之间的交流互补。在人员和专业设置上也有着有明确的分工，还有跨学科的人才队伍。主要领域包括信息与图书馆学、人口与公共卫生、政治学与国际关系、计算机科学、自然资源管理与生态学等，专业领域包括网络与媒体设计、软件开发、地理地理信息系统（Geogra）等。为了从源头上保证数据资源的质量，CIESIN 建立了一套完善的数据存储流程，并对数据资源的整个生命周期进行监控（图 9－3）。用户提交数据后，CIESIN 对数据进行标识，并在数据验证通过后对数据进行描述和归档，如果数据验证失败，CIESIN 会将信息反馈给存储器。数据发布后，CIESIN 按照中心的相关政策进行数据管理，包括提供数据的访问和使用、数据版本的更新和定期评审、生成数据集的定期状态报告以降低数据安全风险等。

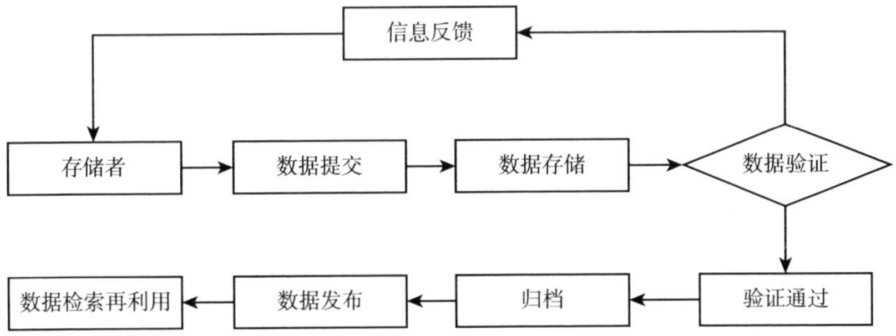

图 9－3　CIESIN 的科学数据发布流程

（3）拓展科学数据服务方式提升服务能力。

构建面向问题的数据平台，有利于打破学科界限，在高度整合地球科学研究对象的基础上，提出数据整合与集成的学术思路和方向，有利于大范围、多学科、多学科的结合。促进数据生成、集成和应用的国际/国家科学计划。CIESIN 为世界各地的用户提供了多种在线浏览、分析和下载数据的方式。用户可以通过 CIESIN 的数据目录系统，按主题进行浏览，根据目录信息所反映的数据服务字段，也可以直接输入关键字进行检索。此外，它还提供数据转换工具、数据库查询应用程序和 entri 数据访问工具等在线绘图工具等服务，这些工具用于访问多边环境条约数据。此外，CIESIN 还不断增强网络服务能力，大力发展网络技术，开发 entri 等数据存取和转换工具，推进数据开放存取。除了通过网络平台提供数据服务外，CIESIN 还定期为哥伦比亚大学的学生、教育工作者和研究人员提供培训服务，提供本科和研究生教育资源，以满足不同领域不同层次研究人员的技术需求。

第 10 章

科技创新资源共享的长三角典型案例

从 G60 科创走廊、综合性国家科学中心、长三角科技资源共享服务平台、“一网通办”平台四个方面的典型案例介绍长三角区域科技创新资源共享的经验做法。

10.1

长三角 G60 科创走廊

G60 科创走廊已上升为长三角区域一体化发展国家战略的重要组成部分。2021 年 4 月 1 日，科技部、国家发展改革委、工业和信息化部、人民银行、银保监会和证监会等六部门联合发布《长三角 G60 科创走廊建设方案》（国科发规〔2020〕287 号），以持续有序推进 G60 科创走廊建设。2020 年 12 月 20 日，科技部印发《长三角科技创新共同体建设发展规划》（国科发规〔2020〕352 号），指出要发挥 G60 科创走廊 9 城市的创新资源集聚优势，先行先试一批重大创新政策，协同布局一批科技创新重大项目和研发平台，促进科技资源开放共享和科技成果转移转化。2019 年 12 月 1 日，中共中央、国务院印发了《长江三角洲区域一体化发展规划纲要》，指出依托交通大通道，以市场化、法治化方式加强合作，持续有序推进 G60 科创走廊建设，打造科技和制度创新双轮驱动、产业和城市一体化发展的先行先试走廊。G60 科创走廊秉持新的发展理念，聚焦以先进制造业为支撑的实体经济，在创新驱动发展、经济转型升级、深化改革开放和实现更高质量的区域一体化发展等方面走在全国前列，成为长三角贯彻新发展理念引领示范区建设的重要引擎。

10.1.1 起因背景

G60科创走廊起源于上海松江段G60高速公路。G60是指上海—昆明高速公路编号，东起上海松江，经过浙江嘉兴、杭州，一路延伸至云南昆明。G60科创走廊经历了上海松江G60科创走廊（1.0版）、沪嘉杭G60科创走廊（2.0版）和长三角G60科创走廊（3.0版）三个发展阶段。

1.0版全称为G60上海松江科创走廊，涉及的区域范围在上海市松江辖区内，面积约296km^2。2016年5月24日，上海松江区提出沿G60高速公路构建产城融合的1.0版G60上海松江科创走廊，以科技创新和制度创新推动区域转型升级。《中共上海市松江区委、上海市松江区人民政府关于加快建设G60上海松江科创走廊的意见》（松委〔2016〕67号）指出，通过构建以G60高速公路为廊道、以九大产业功能板块为载体的“一廊九区”总体空间布局、集聚重点产业发展、建设创新人才高地、营造良好创新创业环境、构建创新型体制机制等措施，将G60上海松江科创走廊建设成为上海及长三角地区重要产业基础创新策源地、重大科技成果转化承载区、先进制造业集聚区、开放型经济提升发展区、产城深度融合示范区(图10－1)。

2.0版全称为沪嘉杭G60科创走廊，由松江区向浙江省延伸拓展，设计的区域范围为松江、嘉兴和杭州3地市。2017年7月12日，松江区与杭州、嘉兴在上海签订《沪嘉杭G60科创走廊建设战略合作协议》，依托G60科创走廊，松江与杭州、嘉兴将深化全方位、紧密型的科创合作和产业对接，实现科创要素的自由流动，标志着2.0版的正式开启。沪嘉杭G60科创走廊以G60沪杭高速公路为主轴，由“两核一区”构成，“两核”是上海和杭州，“一区”为嘉兴。沪嘉杭G60科创走廊的主要目标是打造一个开放型、面向长三角的国家科创要素对接服务平台，打破上海、嘉兴、杭州等地的行政区划限制，使得人才、技术、资金、项目、政策等要素自由流动、自由组合，共建共享区域创新体系，在建立要素对接常态化

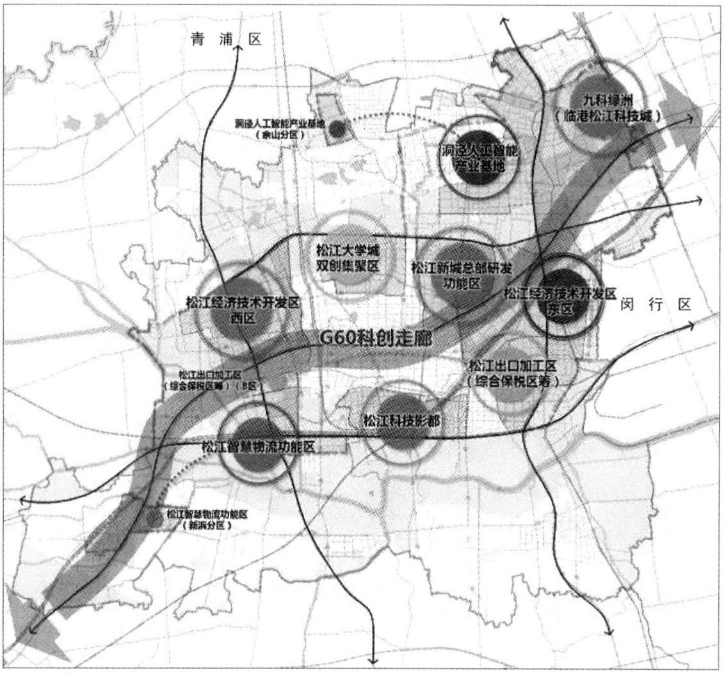

图 10－1　1.0 版 G60 上海松江科创走廊

资料来源：http：//g60. songjiang. gov. cn/WebSite/Default. aspx.

合作机制、推动产业链梯度布局、打造科创平台载体等方面为我国实现区域协调发展提供新模式（图 10－2）。

图 10－2　2.0 版沪嘉杭 G60 科创走廊

资料来源：http：//g60. songjiang. gov. cn/WebSite/Default. aspx.

3.0 版全称为长三角 G60 科创走廊。2018 年 6 月 1 日，长三角地区主要领导座谈会审议通过《长三角地区一体化发展三年行动计划（2018～2020)》。《三年行动计划》提出以沪苏湖合高铁建设为契机，在 2.0 版沪嘉杭 G60 科创走廊的基础上向苏湖宣芜合拓展，形成“一廊一核多城”的 3.0 版长三角 G60 科创走廊，辐射范围扩大至金华、苏州、湖州、宣城、芜湖、合肥，将 G60 科创走廊打造成为覆盖三省一市具有独特品牌优势的长三角地区协同融合发展平台。2019 年 6 月 1 日，松江区、嘉兴市、杭州市、金华市、苏州市、湖州市、宣城市、芜湖市、合肥市 9 地市在松江区共同发布《G60 科创走廊总体发展规划 3.0 版》，标志着 G60 科创走廊正式进入 3.0 时代，从城市战略上升为长三角一体化发展国家战略的重要组成部分。截至 2018 年年末，3.0 版长三角 G60 科创走廊覆盖面积约 7.62 万 km^2，区域常住人口约 4900 万人，GDP 总量约 4.86 万亿元，分别占长三角三省一市总量的 21.2%、22.3%、24.9%。3.0 版本主要目标提升为依托上海核心城市功能，面向长三角，共建共享覆盖三省一市的 G60 科创走廊，以科技创新为驱动，以先进制造业产业集群发展为支撑，构建优势产业突出、产业高度集聚、布局分工合理、基础设施完善、生态环境优美的世界级先进制造业产业集聚高地，成为科创驱动中国制造迈向中国创造高质量发展的示范走廊。

G60 科创走廊由原先的“一廊九区”扩容至沪嘉杭 3 个城市，再扩容至如今的苏浙沪三地 9 个城市，从原来的区域协同创新发展战略上升为长三角区域发展战略（表 10－1），三年内实现了从 1.0 版到 2.0 版再到如今 3.0 版的“三级跳”，是 G60 科创走廊根据区域发展新机遇、新障碍和新形势不断进行新定位、新布局、新举措的最佳选择。随着长三角一体化发展的深入推进，预计 G60 科创走廊将会沿阜阳方向和南京方向进行新一轮的扩容。

表 10－1　G60 科创走廊发展历程

版本	走廊名称	提出时间	空间范围	主要目标
1.0 版	G60 上海松江科创走廊	2016－5－24	G60 高速公路松江段两侧	松江区内部协同创新

续表

版本	走廊名称	提出时间	空间范围	主要目标
2.0 版	沪嘉杭 G60 科创走廊	2017－7－12	上海、嘉兴、杭州	沪、嘉、杭城市协同创新
3.0 版	长三角 G60 科创走廊	2018－6－1	上海、嘉兴、杭州、金华、苏州、湖州、宣城、芜湖、合肥	沪、苏、浙、皖协同创新先行示范

注：作者整理。

10.1.2　主要措施

（1）建立联席会议制度和联席会议办公室。

2018 年 7 月 9 日，G60 科创走廊联席会议办公室在松江挂牌，作为长三角区域合作办公室的分支机构，初步设有综合、产业、科创、商务、宣传 5 个工作小组，9 地市共派工作人员 28 名，办公室设在松江区，作为常设机构，主要任务是协调推进重大规划的组织编制及实施、重大政策的制定以及重大工程，负责日常对接、协调和工作推进，及时汇总、上报、解决合作中遇到的各类问题。

（2）建立产业联盟和产业园区联盟。

长三角 G60 科创走廊已成立 9 个产业联盟和 1 个产业园区联盟。9 城市各扬所长，围绕产业链、创新链、价值链一体化布局，聚焦人工智能、集成电路、高端装备等七大先进制造业产业集群，已经成立新材料产业技术创新联盟、机器人产业联盟、智能驾驶产业联盟、新能源产业联盟、新能源和网联汽车产业联盟、人工智能产业联盟、生物医药产业联盟、集成电路产业联盟、智能装备产业联盟、通航产业联盟，并成立了产业园区联盟。通过建立产业联盟和产业园区联盟，可以打破行政区划、打破行政层级、打响优势品牌，推动长三角园区开发的规划、模式、标准一体化。此外，还有助于引导企业与高校、行业协会、技术联盟、研究院等组织合作，形成集联合研发、技术创新、人才培训、科技成果转化等于一体的“产学研”合作体系，促进行业内资源在 9 城市的集聚整合，以此提升企业产品及技术创新能力。

（3）全面开通“一网通办”服务平台。

长三角G60科创走廊在总结江苏“不见面审批”、浙江“最多跑一次”、上海“一网通办”经验的基础上，目前已将“一网通办”嵌入长三角G60科创走廊9个地市，以企业服务为突破口，实现9地市政务服务一体化。具体而言，在线上平台，通过流程再造和数据共享，9个地市已完成政务平台对接、电子签证互认和业务协同，线下在9个地市的行政服务中心均建立“G60科创走廊综合服务通办窗口”，提供长三角G60科创走廊区域性一体化受理、收件、查询、发证等服务网，线上政务服务统一入口和出口，线下服务一窗受理、集成服务、就近办理。目前已累计为企业群众提供信息推送服务超过82000次，提供异地咨询服务超过2000次，提供异地证照服务超过400次。

（4）建立区域协同创新机制。

9城市进行大型科学仪器开放共享和科技创新券互认互通试点，首批公布了12类1796台（套）大型科学仪器开放共享清单；通过举办9城市科技成果专场拍卖会，促进科技成果在G60科创走廊落地转化，2019年6月12日，首届长三角G60科创走廊科技成果拍卖会在松江举行，共计成交数量42项，总成交金额达1.04亿元。2018年11月8日，9城市共同发布《G60科创走廊9城市协同扩大开放促进开放型经济一体化发展的30条措施》，G60科创走廊9城市将每年联合举办G60科创走廊国际化科创人才招聘会，聚焦先进制造业等重点产业领域的人才需求，集聚各类优秀国际化人才；设立G60科创走廊国际公共技术研发平台，对接企业需求与科研机构；协同建立9城市国际专利快速审查、确权和维权机制，推进知识产权诚信体系建设；加快构建G60科创走廊知识产权国际公共服务平台，积极参与国际化知识产权交易中心建设，加大对高质量专利和涉外专利的支持力度，促进涉外高价值知识产权转移转化。

10.1.3 取得成效

1.0版G60科创走廊沿线产业园区贡献了松江90%以上的工业产值，

集聚了 40 多家世界 500 强企业，15 个国家和省部级重点实验室、研究中心，以及 100 多个市区两级工程技术研究中心、企业技术中心，已成为松江产业与城市发展的主要空间承载地和创新要素集聚地。2016～2018 年，松江共新设立各类市场主体 84051 户，与 2013～2015 年相比，增长 69.84%，其中有超过 3 万家长三角地区的企业市场主体到松江注册投资发展。

2.0 版和 3.0 版 G60 科创走廊建设以来，也取得了显著成效。自 2018 年 6 月 1 日启动长三角 G60 科创走廊建设以来，9 城市 R&D 研发投入达 1598 亿元，发明专利授权 38202 项，拥有高新技术企业 15816 家，省级重点实验室及工程技术研究中心 1262 个，新增科技成果奖励 337 个，交互投资达 2280 亿元，实际利用外资 236.7 亿美元，增长 8%。

G60 科创走廊由原先的"一廊九区"扩容至沪嘉杭 3 个城市，再扩容至如今的苏浙沪三地 9 个城市，从原来的区域协同创新发展战略上升为长三角区域发展战略，三年内实现了从 1.0 版到 2.0 版再到如今 3.0 版的"三级跳"，是 G60 科创走廊根据区域发展新机遇、新障碍和新形势不断进行新定位、新布局、新举措的最佳选择。

10.1.4　推广经验

（1）体制机制不断创新。

区域间的一体化发展障碍主要在于行政区划界限，主要突破口在于制度创新。G60 科创走廊在短短的 3 年内实现了从 1.0 版到 2.0 版再到如今 3.0 版的"三级跳"，从原来的区域协同创新发展战略上升为国家战略，得益于其在打破行政壁垒，降低区域制度性交易成本，促进优质资源在空间上合理配置方面的所取得的一系列成绩。G60 科创走廊的核心要义就是制度创新，通过建立联席会议制度和联席会议办公室，为 9 城市协同创新提供了制度保障；通过优化长三角 G60 科创走廊综合交通体系，为区域互联互通提供了交通保障；通过建立产业联盟和产业园区联盟，为 9 城市产业链、创新链、价值链的一体化布局提供了平台保障；通过建立区域协同创新机制，为 9 城市创新发展提供了动力保障；通过开通"一网通办"服务平台，为 9 城市营商环境优化提供了服务保障。

（2）合理分工各扬所长。

围绕产业链、创新链和价值链一体化布局，9 城市各扬所长、各有作为。松江作为 G60 科创走廊的发源地，背靠上海科技创新资源优势，是向东承接上海全球科创中心和先进制造功能、向西辐射江浙皖腹地的枢纽和要冲；宣城位于苏浙皖省际边缘区，致力于打通省际断头路，为 G60 科创走廊疏通骨干交通体系；金华成立了 G60 科创走廊首个产业联盟；杭州为 G60 科创走廊提供数字经济、互联网、大数据与经济深度融合发展经验；嘉兴作为对接大上海的“桥头堡”，是科技创新券跨区域使用试点城市；湖州在上海设立了“湖州全球招商中心”，聚焦于引进长三角的高端人才和先进科研技术；芜湖致力于 G60 科创走廊机器人产业的深度融合和规模化发展；苏州致力于 G60 科创走廊产业园区协同发展；合肥凭借国家综合性科学中心致力于新能源领域的协同发展。

（3）以专题合作为抓手。

通过推动重点专题合作内容向纵深拓展，根据 9 地市的要素禀赋、产业基础和比较优势，协同创新攻关推动高质量发展一体化。G60 科创走廊围绕产业链、创新链、价值链一体化梯度优势布局，聚焦人工智能、集成电路、高端装备等一批先进制造业产业集群，有效地整合以松江为龙头的人工智能产业、芜湖的航空和机器人产业、苏州的智能制造和集成电路产业、杭州的生物医药产业、宣城的新能源产业、合肥的新能源和网联汽车产业等，促进了 9 地市企业加强沟通接洽，形成上下游联动发展、有机整合的产业集群。通过成立产业园区联盟，以产业园区平台深度合作为切入口，打破行政区划、打破行政层级、打响优势品牌，积极探索品牌园区优质项目长三角一体招商、统筹招商，建立品牌园区内产业转移利益共享机制，打造区域开放合作新优势。

（4）以综合交通体系为保障。

长三角 G60 科创走廊是三省一市空间距离最近、最易联动和一体化发展的区域，沿 G60 高速、辐射沪苏湖合高铁沿线的科创走廊，内外交通便捷通畅高效，现阶段已形成“2 小时通勤圈”。未来，G60 科创走廊将进一步加快推进沪苏湖合高铁建设，加快“松江枢纽”项目建设，提升“松江枢纽”对杭州、合肥等枢纽的辐射能力，汇集沪苏湖合高铁、沪昆高铁、沪杭城际等多条线路，优化交通体系，积极推进商合杭、杭临绩等区域高铁项目建设，不断优化综合交通体系，为要素区域流动提供基础设施支撑；规划沪苏湖合沿线高铁站与产业园区、科创功能区的市内交通联系，提高 9 地市重要产业园区和创新功能区的交通便捷度，促进科创要素在长三角自由流动和高效配置；加强 9 地市交通规划衔接，积极打通毗邻城市断头路。通过优化 G60 科创走廊综合交通体系，可以加强基础设施互联互通，发挥 G60 科创走廊辐射带动效应，进一步扩大 G60 科创走廊同城效应。

10.2 综合性国家科学中心

综合性国家科学中心，是依托先进的国家重大科技基础设施群建设，支持多学科、多领域、多主体、交叉型、前沿性研究，代表世界先进水平的基础科学研究和重大技术研发的大型开放式研究基地（图 10－3）。2016 年以来，国家发改委和科技部先后批复上海张江、安徽合肥、北京怀柔建设综合性国家科学中心。随着武汉、南京、西安等地方政府提出加快推进

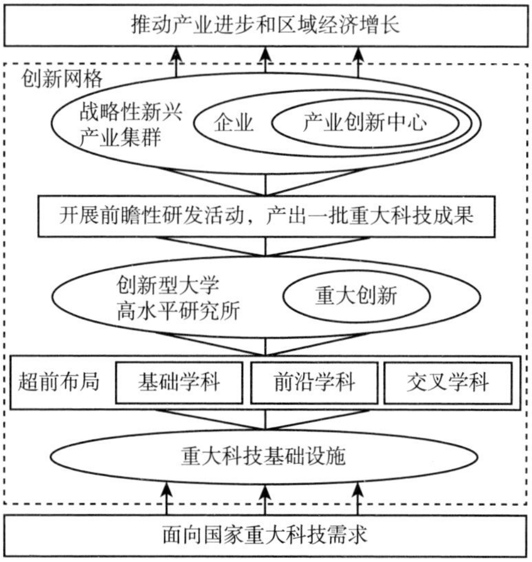

图 10－3　综合性国家科学中心建设内容

建设综合性国家科学中心的规划和构想，区域争创国家科学高地的大幕已然拉开。上海张江与安徽合肥综合性国家科学中心建设成效显著，侧重点各不相同，具有非常重要的借鉴价值。其中上海张江综合性国家科学中心，是构建代表世界先进水平的重大科技基础设施群，提升我国在交叉前沿领域的源头创新能力和科技综合实力，代表国家在更高层次上参与全球科技竞争与合作。而合肥综合性国家科学中心则着重建设国家实验室、建设世界一流重大科技基础设施集群、建设一批交叉前沿研究平台、建设一批产业创新转化平台、建设"双一流"大学和学科，以及建设滨湖科学城。

10.2.1 起因背景

建设上海张江综合性国家科学中心，是上海贯彻落实以习近平同志为核心的党中央对上海工作的要求，是国家创新体系建设的基础平台，是上海加快建设具有全球影响力的科技创新中心的关键举措和核心任务。2014年5月，习近平总书记在上海考察调研时，提出上海要"加快向具有全球影响力的科技创新中心进军"。随后，上海市委、市政府对此做出重要部署。2015年6月，上海市政府新闻办表示，将着手建设"综合性国家科学中心"，进一步整合各类资源，建设功能性平台，促进全社会创新协同。2016年2月，国家发改委、科技部批复同意建设上海张江综合性国家科学中心，两部委同意上海以张江地区为核心承载区建设综合性国家科学中心，构建代表世界先进水平的重大科技基础设施群，提升我国在交叉前沿领域的源头创新能力和科技综合实力，代表国家在更高层次上参与全球科技竞争与合作。根据规划，到2020年，张江要基本形成综合性国家科学中心基础框架。重点开展四个方面工作：一是建立世界一流重大科技基础设施集群，为前沿科学技术和经济社会重大需求问题提供长期、关键的科学技术支撑；二是推动设施建设与交叉前沿研究深度融合，推动实现重大原创性突破；三是构建跨学科、跨领域的协同创新网络，汇聚培育全球顶尖研发机构和一流研究团队；四是探索实施重大科技基础设施管理新体制，加快建立符合科学性的多学科交叉前沿研究管理制度。

国家发改委 2017 年 1 月 11 日印发的《国家重大科技基础设施建设“十三五”规划》指出，在北京、上海、合肥等设施相对集聚的区域，建设服务国家战略需求、设施水平先进、多学科交叉融合、高端人才和机构汇聚、科研环境自由开放、运行机制灵活有效的综合性国家科学中心。近年来，合肥依托自身优势不断加快推进科技创新发展。2017 年 1 月 10 日，合肥综合性国家科学中心建设方案获批，成为继上海之后，国家正式批准建设的第二个综合性国家科学中心，安徽在全国创新大格局中所处的地位得到了极大提升。合肥综合性国家科学中心主要依托现有资源，定位高端，聚焦能源、信息、材料、生命、环境等科学领域，努力建设国际一流水平、面向国内外开放的综合性国家科学中心，解决重大科学问题、提升原始创新能力、催生变革性技术。预计合肥综合性国家科学中心将于 2020 年基本建成，2030 年成为国际一流水平、面向国内外开放的综合性国家科学中心，为我国科技长远发展和创新型国家建设提供有力支撑。

10.2.2　主要举措

（1）张江综合性国家科学中心建设举措。

上海张江综合性国家科学中心的建设举措可以总结为以下五个方面：

第一，区域资源的高效集聚。通过实施“聚焦张江”战略将原来分散的园区资源进行整合，从 1 园、2 园、6 园、8 园、12 园、18 园，到目前的 22 园，总面积 531 平方千米，覆盖全市 16 个行政区，形成以张江高科技园区为核心区的“1 区 22 园”格局。2017 年 7 月 29 日，张江科学城建设规划获市政府正式批复，张江科学城的核心支撑作用初步显现，将实现从“园区”到“城区”的转型，与张江综合性国家科学中心形成“一体两翼”格局。

第二，超前布局重大科技问题的研究。从近年来紧抓重大科技基础设施建设可以看出，上海围绕世界前沿重大科技问题进行了超前探索和布局。2017 年 4 月 28 日，上海市政府批复成立上海张江综合性国家科学中心办公室、上海推进科技创新中心建设办公室，积极开展《上海张江综合性国家科学中心发展规划》研究，增强原创力，不断增强张江综合性国家科学中心集中度、显示度，以建设张江实验室为核心，加快集聚和培育一流科研基础设施、一流研究机构、一流人才、一流成果，着力打造国家科技战略力量。

第三，地方政府的强有力推动。基础设施建设以上海市地方财政投入为主，建立相关行政审批绿色通道，在设施用地、市政配套等方面给予充分保障。张江综合性国家科学中心是国家创新体系建设的基础平台，是上海加快建设具有全球影响力的科技创新中心的关键举措和核心任务。2017年里，上海市坚持国家战略需求和科学探索目标相结合，加强对关系全局的科学问题和前沿技术领域开展部署和实施，增强科技创新原创能力。

第四，院市紧密合作。由上海市和中科院共同成立管理委员会，共建张江实验室。上海光源等国家重大科技基础设施划转至中科院上海高等研究院统一管理。2017 年 9 月 26 日，位于张江科学城核心区域内的张江实验室揭牌成立，聚焦具有紧迫战略需求的重大创新领域和有望引领未来发展的战略制高点，以重大科技任务攻关和大型科技基础设施建设为主线，实现重大基础科学突破和关键核心技术发展，建成跨学科、综合性、多功能的国家实验室，力争到2030年跻身世界一流国家实验室行列。

第五，实施大张江战略。通过打造一批特色小镇和产业示范基地形成创新网络，促进成果就近转化。除了嘉定承载区，还有华泾北杨人工智能小镇、临港智能制造综合示范区等产业集聚地。此外，大力推动国内著名高校及其研发机构踊跃集聚张江，其中上海科技大学张江校区已建成投入使用，上海交通大学和复旦大学正围绕科学中心建设，调整各自张江校区的科技活动布局和创新单元设施，中国科技大学牵头的量子信息与量子科技前沿卓越创新中心、同济大学牵头的张江干细胞产业基地和中美干细胞研究中心、上海科技大学牵头的机器学习与虚拟现实平台和多时空尺度生物影像平台等正在加速推进。

（2）合肥综合性国家科学中心建设举措。

按照《建设方案》要求，合肥综合性国家科学中心紧紧围绕 4 个层级、3 个核心区开展建设工作。到 2020 年，基本建成合肥综合性国家科学中心。到 2030 年，建成国际一流水平、面向国内外开放的综合性国家科学中心。

第一，超前部署重大科技基础设施，新建一批大科学装置群。早在 20 世纪 90 年代，当地政府联合中科院在国内率先建成超导托卡马克装置“合肥超环（HT－7）”、同步辐射光源装置，之后在又在周边新建了全超导核聚变托卡马克装置（EAST）、稳态强磁场大科学装置。近几年，地方还积极争取下一代聚变工程实验堆（CFETR）等重大科技基础设施落户，重大科技基础设施的规划数量位居全国前列。此外，当成为国家重大基础科学设施建设的主力军，合肥逐步提升目前拥有的大科学装置的性能，着力新建一批大科学装置，如先进光源、大气环境综合探测与实验模拟设施（AEOS）、超导质子医学加速器等。

第二，新建一批集成创新平台，边建设边运行。支持打造国家级重大工程平台，如中科大建设超导核聚变、量子中心、空地一体化网络等。加快推进创新平台建设，如联合微电子中心、离子医学中心、分布式智慧新能源等。一方面对标国际上先进大科学装置持续优化装置性能，另一方面装置运行期间对全球用户开放，在满足各类用户需求的过程中探索产出一批原创性科研成果。此外，通过建设大基因中心、中科大先进技术研究院等创新平台强化技术创新对产业发展的支撑作用。

第三，加大科研投入，坚持中科院“双引擎”支撑。近年来，合肥举全市之力持续加大科研投入，从 2016 年开始，合肥全社会研发投入占 GDP 比重居全国城市第 2 位，主要创新指标也跃升为全国省会城市前 10 位。此外，合肥始终坚持以中国科学技术大学和中科院合肥物质研究院为综合性国家科学中心建设主体，量子通信、铁基超导等原创性成果获得国家自然科学一等奖，超导技术、智能语音等技术水平位居世界前列。

第四，培育研究机构和团队，催生原创技术。通过成立人才服务联盟，聘请“招才大使”，组织海外人才亲属团赴当地考察等形式精心招揽全球精英。积极争取新建智能语音、稳态强磁场、特殊环境服役材料等国家重点（工程）实验室、工程（技术）研究中心。推进合肥微尺度物质科学、磁约束核聚变等国家实验室，火灾科学、核探测与核电子学等国家重点实验室，语音及语言信息处理、汽车节能环保等国家工程实验室建设。将在能源、信息、材料、生命、环境等科学领域催生一批原创技术。

在区域规划布局上，合肥综合性国家科学中心将着力构建大科学装置集群核心区、“双一流”建设核心区和科技成果转化层核心区三大核心区，并以此为依托，逐步建成共性技术研发圈。

10.2.3 取得成效

（1）张江综合性国家科学中心建设成效。

上海张江综合性国家科学中心的资源配置较为完善，包括上海光源一期、国家蛋白质设施（上海）等已建的重大科技基础设施；上海光源二期、超强超快激光装置、活细胞成像平台、软X射线自由电子激光装置、硬X射线自由电子激光装置、海底长期观测网、高效低碳燃气轮机试验装置等在建和筹建的重大科技基础设施；上海科技大学、中科院上海高等研究院、中科院上海生命科学研究院、中国航空研究院上海分院、复旦大学（张江校区）、上海交通大学（张江校区）等创新型大学和研究机构；张江实验室、中美合作干细胞医学研究中心、上海转化医学研究中心等重大创新研发平台；上海微技术工业研究院、新能源汽车及动力系统国家工程实验室、上海产业技术研究院等产业创新中心；量子通信、拟态安全、脑科学及人工智能、干细胞与再生医学、材料基因组、深海科学等学科领域或未来产业；集成电路、生物医药、智能制造装备、新能源智能汽车等战略性新兴产业（表10－2）。

表10－2　2019年张江综合性国家科学中心的资源配置情况

设施或平台类型	资源配置
已建的重大科技基础设施	上海光源一期、国家蛋白质设施（上海）
在建和筹建的重大科技基础设施	上海光源二期、超强超快激光装置、活细胞成像平台、软X射线自由电子激光装置、硬X射线自由电子激光装置、海底长期观测网、高效低碳燃气轮机试验装置
创新型大学和研究机构	上海科技大学、中科院上海高等研究院、中科院上海生命科学研究院、中国航空研究院上海分院、复旦大学（张江校区）、上海交通大学（张江校区）等

续表

设施或平台类型	资源配置
重大创新研发平台	张江实验室、中美合作干细胞医学研究中心、上海转化医学研究中心等
产业创新中心	上海微技术工业研究院、新能源汽车及动力系统国家工程实验室、上海产业技术研究院等
学科领域（未来产业）	量子通信、拟态安全、脑科学及人工智能、干细胞与再生医学、材料基因组、深海科学等
战略性新兴产业	集成电路、生物医药、智能制造装备、新能源智能汽车等

截至 2019 年 3 月，张江高新区拥有 1700 余家研发机构，300 余家公共服务平台；近 7 万家科技创新型企业，其中高新技术企业 3982 家；从业人员 220 万人左右；有效发明专利 5.91 万件。已经形成生物医药、信息技术、节能环保、高端装备制造、新材料、新能源、新能源汽车、文化科技融合产业和现代服务业等 9 大产业集群。

（2）合肥综合性国家科学中心建设成效。

合肥综合性国家科学中心建设成效显著，主要包括以下几方面：（1）拥有世界先进的大科学装置群。合肥是全国除北京之外，大科学装置最为密集的城市，同步辐射、全超导托卡马克和稳态强磁场三大装置在技术上具有共性，在支撑的学科方向上相互关联，初步满足综合交叉科学研究不断发展的需求，依托现有装置群在无机低维半导体、量子功能材料、核聚变等研究领域居世界领先水平，并持续刷新高约束等离子体放电时间、稳态磁场强度等多个世界纪录；（2）拥有雄厚的科教水平和研发实力。合肥是全国重要的科教基地，拥有高等院校 60 余所，各类研发机构近 1000 个，建设并运行中科大先进技术研究院、中科院合肥技术创新工程院、中国农科院合肥食品创新研究院等新型研发和协同创新平台，形成了涵盖基础研究、共性技术攻关、转移转化、创新服务的创新体系；（3）拥有国际前沿的学科与科技成果。在量子物理（包括量子通信、量子计算、量子调控等）、智能语音、磁约束核聚变、等离子等学科领域具有重要国际影响力。量子通信研究处于世界领先地位，相关成果多次入选中国十大科技进展。

铁基高温超导体研究项目获得国家科技奖自然科学一等奖。大气环境光学、单分子检测等研究方向取得有国际影响力的成果；（4）拥有丰富的高层次人才队伍。截至2018年年底，拥有82位“两院”院士、195位国家“千人计划”专家，各类人才总数达130多万人，在校大学生、研究生60余万人，从事研发人员比例、每万人专业技术人员数位居全国同类城市前列。合肥综合性国家科学中心的资源配置情况（表10-3）。

表10-3　2019年合肥综合性国家科学中心的资源配置情况

设施或平台类型	资源配置
已建的重大科技基础设施	全超导核聚变托卡马克装置（EAST）、稳态强磁场大科学装置、同步辐射光源装置
在建和筹建的重大科技基础设施	下一代聚变工程实验堆（CPETR）、合肥先进光源HALS、大气环境综合探测与实验模拟设施、超导质子医学加速器
创新型大学和研究机构	中国科技大学、中科院合肥物质研究院、合肥工业大学
重大创新研发平台	中科院量子信息实验室、综合性超导核聚变研究中心、大气环境物理研究中心
产业创新中心	微电子中心、离子医学中心、大基因中心、中科大先进技术研究院、合工大智能制造研究院等
学科领域（未来产业）	大气环境、量子通信、基因技术、核聚变能源、离子医学等
战略性新兴产业	新型显示、生物医药、医疗器械、智能语音及人工智能、光伏新能源等

10.2.4　共性特征

结合上海张江、合肥两地的建设经验可以看出，综合性国家科学中心具备以下四个共性特征：

第一，具有世界一流的科技设施或平台。不仅拥有知名实验室和大科学装置，而且吸引大批科研精英人群，所创造的科技成果也令世界瞩目。

例如中科院合肥物质研究院建设的全超导托卡马克装置，是世界上唯一有能力开展超过百秒时间尺度的长脉冲高约束聚变等离子体物理和工程技术研究的实验平台，平台吸引全球各地的华人科学家参与和加入，研究成果也备受世界关注。

第二，提供科技创新和管理模式的全方面服务。不仅推动面向前沿、共性、交叉学科的自主创新，还推动科技治理模式、科技人文环境的综合创新。例如上海光源为全球数以万计的科研团队提供实验场地，涵盖生命科学、化学、材料科学、地质考古等多个学科创新领域。上海光源管理团队还创造出一套“用户提申请，用户来审批”的管理办法，确保资源使用的公开、公平。

第三，科技创新资源共享广泛且高效。借助重大科技基础设施等条件开展广泛的课题合作，加强与全球研究机构、大学的交流联系。如中科院强磁场中心与世界上屈指可数的国家级稳态强磁场实验室——荷兰奈梅亨强磁场实验室建立长期合作关系，共同研制磁体实验技术，在装置利用、数据共享、实验室开放、人员互访交流等方面开展紧密合作。

第四，科技成果转移转化机制健全且高质量。面向国民经济主战场构建从科研到产业化、再到资本运作的成果转化、企业高效孵化通道。如中科院上海光机所承担神光二号大型激光装置建设过程中，在激光晶体材料、关键光学器件等领域不断突破国外技术封锁，催生光学领域多个“隐形冠军”企业，带动上海嘉定周边过亿元的光学材料和器件产业发展。

10.3 长三角科技资源共享服务平台

长三角一体化发展上升为国家战略，三省一市对于科技资源流动共享的需求日益提升，长三角科技创新资源的开放共享，有利于加速科技资源在区域内的流动，不仅可以降低长三角区域的整体创新成本，也能激发企业的创新活力，促进长三角高质量一体化发展。2019 年 4 月 26 日，长三角科技资源共享服务平台正式开通上线，集聚了长三角地区各类优质科技资源，旨在通过政府管理与市场运营的双轮驱动模式建立科技资源服务运营体系，打破长三角各省市的区域界限，促进跨区域科技资源的共享共用。

10.3.1 起因背景

为贯彻落实习近平总书记关于推动长三角更高质量一体化发展的重要指示精神，长三角科技主管部门高度重视长三角科技资源开放共享工作。2018 年 8 月，江浙沪皖四方科技厅（委）召开工作会，共同商讨长三角科技资源一体化，达成建设科技资源融通平台的合作意向。2018 年 10 月 30 日，四地科技主管部门在浦江论坛共同启动了“长三角科技资源共享服务平台”建设工作。2018 年 11 月 16 日，四地建设主体单位在第三届长江经济带科技资源共享贵州论坛上签署了《长三角科技资源共享服务平台共建协议书》，明确了建设责任。2018 年年底，上海市科委正式立项启动“长三角科技资源共享服务平台”的建设工作。2019 年 4 月 26 日，在 2019 年度上海研发公共服务平台指导协调小组会议上，长三角科技资源共享服务平台正式开通，共享服务平台 1.0 版本上线试运行。

10.3.2 主要措施

在《长三角科技资源共享服务平台共建协议书》建设思路的指导下，长三角科技资源共享服务平台提出了六个建设内容，即建立一个长三角区域科技服务资源池；绘制一张长三角区域科技资源创新地图；搭建一个具备服务运营功能的跨区域的资源与需求对接的共享服务平台；探索建立 4 +1 + N + X（4 家省级平台及长三角 27 个城市的城市分平台、1 家运营机构、N 家科技服务机构和科技中介服务机构、X 家长三角区域企业）的跨区域服务运营体系；建立覆盖 27 个城市的科技资源共享创新服务共同体；探索跨区域科技资源共享政策。

同时，确定上海研发公共服务平台作为长三角科技资源共享服务平台的牵头和共建单位。上海研发公共服务平台近年来在科研仪器、创新基地、科技文献、高层次人才、科学数据等方面，推动上海科技资源集聚、共享和服务。据新华网 2019 年 5 月 8 日发布的数据资料显示，截至 2019 年 5 月，上海研发公共服务平台汇聚了 30 万元以上大型科学仪器设施达 12209 台/套，仪器总价值约 152.86 亿元。此外，大型仪器共享法规的实施，避免了重复购置，提高了财政资金的投入效率。上海研发公共服务平台累计对 15 个主管部门的 1634 台/套总值超过 27.7 亿元的仪器申购预算进行了联合评议，共核减仪器新购资金 7.28 亿元，总核减比例为 26.27%。此外，上海研发公共服务平台聚焦“人才、机构、装置、项目、资金”等科技创新资源，启动科技创新资源数据中心，正式上线我国首个面向全球的科技专家大数据平台——全球高层次科技专家平台，目前该平台已完成全球 35 万高层次科技专家数据的加工和挖掘。

10.3.3 取得成效

长三角科技资源共享服务平台以“上海科技创新资源数据中心”建设为基础，以纳入国家科技创新资源区域网络节点为目标，通过与三省一市建立资源数据接口，目前已实现长三角区域大科学装置、仪器设备、科研人才等科技创新资源数据层面的打通，该平台完成了长三角三省一市科技资源的数据接口对接，实现了长三角区域大科学装置、仪器设备、国家级实验室等科技创新资源的开放。据新华社 2019 年 8 月 12 日发布的相关报道显示，截至 2019 年 8 月，长三角科技资源共享服务平台已聚集 28634 台（套）大型科学仪器设施，实现共享的科技资源总价值超过 327 亿元。从新华社统计数据看，长三角大型科研仪器规模增长迅速，扫描电子显微镜、透射电子显微镜、核磁共振设备等高端仪器增长尤为突出。2019 年 4 月平台上线以来，仅苏州就有约 1800 家企业共享使用了上海 65 家科技资源服务机构的近 540 台（套）大型科学仪器，服务次数 5.1 万次，服务金额约 4600 万元。

此外，长三角科技资源共享服务平台除打通数据外，也有能力为区域内企业和科研单位提供大型科学仪器设备共享和研发资源共享等服务。通过在各城市建立服务分中心，不断畅通资源—企业的服务渠道，长三角平台正从平台对接、资源互认、政策互通等方面打通资源与服务，并逐渐形成研发—技术—人才—市场—服务的创新链条。截至 2019 年 12 月，平台在长三角地区拥有 8 个服务分中心、1 个服务驿站，与苏浙两省八地建立了“科技创新券”跨区域互认互用机制，逐步构建起了长三角区域科技服务体系。2019 年 8 月，长三角“科技 114”双创服务热线 400 - 600 - 5114 也已开通。热线以原有的上海科技服务热线为基础，扩充和完善了长三角区域的知识库，并形成了相应的跨省合作与联动机制，为有科创需求的个人和企业提供咨询和相关服务。

10.3.4 推广经验

（1）统一规划设计。

统一规划，强调整体性。在国家科技基础条件平台的框架下，综合考虑长三角各地已有的基础，“协议书”明确了未来长三角科技资源共享服务平台的 4 + 1 + N + X 框架，即 4 家省级平台及长三角 27 个城市的城市分平台、1 家运营机构、N 家科技服务机构和科技中介服务机构、X 家长三角区域企业，每个分平台均采用统一的数据交换标准和接口。基于整体规划和统一标准，三省一市纳入平台中的相关科技信息将能够实现全面对接、无阻互通。

（2）重视可操作性。

分步分头推进，追求可操作性。通过与三省一市建立资源数据接口，平台实现了长三角区域大科学装置、国家级实验室、工程中心、高新园区、服务机构、科研人才、科技政策等科技创新资源数据层面的打通，为建立长三角科技资源共享数据池和推动长三角科技资源共享服务奠定了基础。同时，由于各地情况差异，三地将在总体框架下结合各自特点，分头建设地方平台，通过系统总成最终形成区域整体的服务平台。

（3）完善的组织机制。

加强机制设计，体现保障性。长三角科技资源共享服务平台按照政府管理与市场运营相结合的双轮驱动推进平台建设与运营；以传统服务和数据服务相结合，双轮推进服务产品和服务体系构建。

10.4 长三角“一网通办”平台

2019 年 5 月，长三角地区政务服务“一网通办”正式开通运行，“一网通办”对于长三角实现跨区域合作提供了保障，也为科技创新资源共享提供了便捷。

10.4.1 起因背景

国家治理体系和治理能力是一个国家制度和制度执行能力的集中体现，推进国家治理体系和治理能力现代化是全面深化改革的总目标。党的十八大以来，全面深化“放管服”改革，优化发展环境，最大限度地激发社会与市场活力，构建最简、最优、高效的政务服务体系，成为新一轮行政体制改革的重要内容。“互联网 + 政务服务”是推进政府治理体系和治理能力现代化的必然要求，是打造更好营商环境、降低制度性交易成本的有力举措，也是推进法治政府建设的重要抓手。

2016 年政府工作报告中首次提出“互联网 + 政务服务”的概念，要求政府部门要大力推行“互联网 + 政务服务”，实现部门间数据共享，让居民和企业少跑腿、好办事、不添堵。2017 年 12 月，习近平总书记在中央政治局就实施国家大数据战略进行第二次集体学习时指出，要坚持以人民为中心的发展思想，推进“互联网 + 教育”“互联网 + 医疗”“互联网 + 文化”等，让百姓少跑腿、数据多跑路，不断提升公共服务均等化、普惠化、便捷化水平，加快建设数字中国，更好服务我国经济社会发展和改善人民生活。2018 年 4 月，习近平总书记在全国网络安全和信息化工作会议上强调，要加快推进电子政务，构建全流程一体化在线服务平台，更好解决企业和群众反映强烈的办事难、办事慢、办事繁的问题。

在传统的行政管理模式下，“多头跑、重复跑、跨地跑”和“办证多、办事难”一直是困扰基层服务的难题，各类“奇葩证明”“循环证明”

“重复证明”的现象层出不穷。如何在政务服务中利用大数据、云计算等信息技术，推动“互联网＋政务服务”模式的转型升级，实现简政放权、优化服务，成为各地政务服务创新竞相发力的主要方向。继浙江提出“最多跑一次”、江苏的“不见面审批”等服务承诺后，作为“改革开放排头兵、创新发展先行者”，2018年初，上海市升级“一门一窗服务”，推出“一网通办”，采用线上办事为主、线下办事为辅的服务新模式，简化企业、群众办事环节，优化服务流程，提升办事效率。“一网通办”成为上海深化“放管服”改革，回应“互联网＋政务服务”的又一个标志性地方政务服务品牌。

为实现长三角更高质量一体化发展，打破长三角三省一市政务信息资源“各自为政”的现状，作为长三角的龙头城市，上海市在“2019推进一网通办工作要点”中提出要全面对接国家政务平台，加快推进长三角地区“一网通办”，先在G60科创走廊试点，并逐步实现长三角区域协同跨省政务服务“一网通办”。

10.4.2 具体措施

2018年，上海全力推进“一网通办”的政务服务，旨在将面向企业和群众的所有线上线下服务事项，逐步做到一网受理、只跑一次、一次办成。2018年4月12日，上海发布《全面推进“一网通办”加快建设智慧政府工作方案》，方案围绕全面建成“一网通办”总门户、建立高效协同办理机制、推进政务数据互联互通、强化管理资源支撑等方面做出了全面的战略部署。“一网通办”，关键在“通”，为解决“通”的问题，2018年5月上海市大数据中心已正式揭牌。8月，“一网通办”的要求和标准正式在上海形成。“一网通办”，落脚在“办”。7月1日，上海“一网通办”总门户在“中国上海”网站上线试运行。9月1日起，依托上海“市民云”App的“一网通办”移动端上线试运行。

为降低制度性交易成本，按照市场统一要求，长三角G60科创走廊在总结江苏“不见面审批”、浙江“最多跑一次”、上海“一网通办”经验的基础上，将“一网通办”嵌入长三角G60科创走廊的上海（松江）、嘉兴、杭州、金华、苏州、湖州、宣城、芜湖、合肥 9 座城市，以企业服务为突破口，推进 9 地市政务服务一体化。2018 年 9 月 28 日，长三角 G60 科创走廊“一网通办”正式开通，第一批跨省市异地证照在 9 城市同步发放，涉及营业执照和工业产品生产许可等首批 30 个事项。当日，安徽宣城和上海两地同时互发首张异地办理营业执照。2018 年 11 月 1 日，《上海市公共数据和一网通办管理办法》正式施行，促进政务公共数据的整合应用，全面推进“一网通办”政务服务。2018 年 12 月 20 日，“一网通办”入选由国家语言资源监测与研究中心、商务印书馆、人民网等联合主办的“汉语盘点 2018”民生专题十大流行语。

2019 年 1 月，G60 科创走廊主动承担长三角政务服务“一网通办”试点任务，率先实践国家政务服务平台支撑功能。2019 年 3 月，国务院办公厅秘书局印发《长三角地区政务服务“一网通办”试点工作方案》，要求总结推广沪苏浙皖三省一市改革经验，强化长三角地区政务服务跨区域通办和数据互通共享，率先实现全国一体化在线政务服务平台公共支撑功能在长三角地区落地，推动“互联网 + 政务服务”建设向纵深发展。2019 年 3 月 29 日，在国务院办公厅电子政务办的亲自指导下，上海牵头召开了长三角地区政务服务“一网通办”工作部署会议，部署相关试点工作任务。从 2019 年 4 月 3 日起，三省一市成立工作专班，由三省一市政务服务、数据资源部门牵头各省民政、人社、市场监管、档案、税务、医保、“12345”政务热线等 7 个部门的业务、技术人员 40 多人，先后召开 30 多场对接会，共同完善相关技术标准和业务规范，现场对接联调专栏、专窗、移动端 App“无感漫游”以及长三角地区数据共享交换平台等。2019 年 5 月 10 日，长三角地区数据共享交换平台正式上线，实现了三省一市的数据互联互通，为三省一市“一网通办”运行提供基础支撑。2019 年 5 月 22 日，在安徽芜湖召开的 2019 年长三角地区主要领导座谈会上，长三角地区政务服务“一网通办”正式开通运行。

此外，同步开通线上专栏和线下专窗。三省一市共同制定《长三角地区政务服务“一网通办”技术标准》，并在各自政务服务总门户开设专栏。对接国家标准，在国家政务服务平台设立全国首个区域政务服务“一网通办”旗舰店。App“无感漫游”上线运行后，三省一市共同确定服务清单，实现跨省异地切换；三省一市共同确定线下专窗工作机制和标准规范，开设“专窗”受理长三角地区“一网通办”事项，2019年内完成长三角城市群26城的线下专窗接入。实现长三角“12345”政务热线互转。

长三角地区政务服务“一网通办”仍将进一步拓展接入事项，尽快推出第二批企业和个人服务事项。计划将物流递送服务无缝嵌入“一网通办”线上线下办事流程中。在2020年底前，推动长三角地区政务服务业务流程标准化，实现区域统一受理、长三角地区全覆盖，并在每季度更新事项范围。

10.4.3 取得成效

长三角地区政务服务“一网通办”的推出就是要让群众与企业在长三角地区感受一体化的无感“换乘”漫游服务：通过建立统一“入口”、实现无缝对接；促进信息资源共享互认，以及各地政府之间窗口服务、监管等工作效力互认；减少企业和个人办事要件，清理各类证明材料，推升百姓的获得感和满意度如图10－4所示。

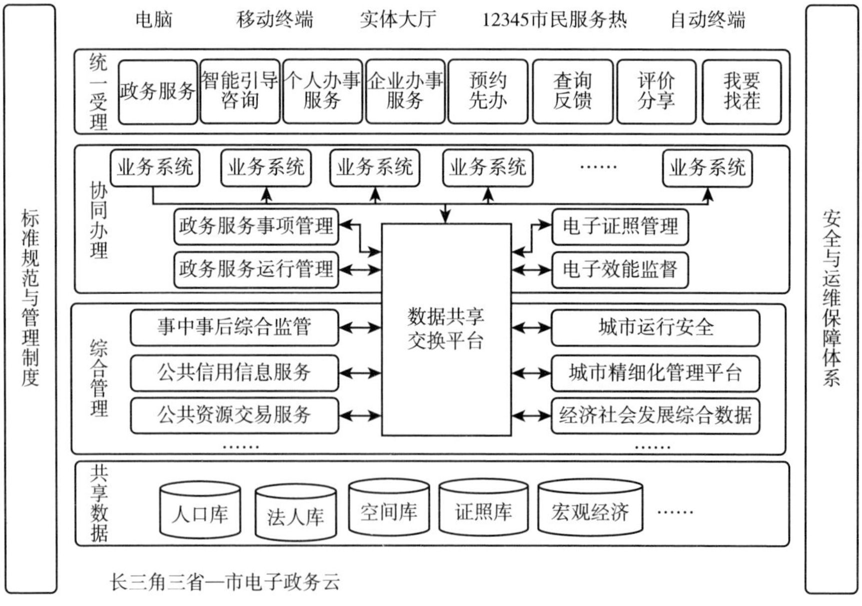

图10－4 长三角“一网通办”平台运行架构

自 2019 年 5 月长三角地区政务服务“一网通办”正式开通运行以来，目前长三角城市群 26 城已实现首批 51 个政务服务事项的“一网通办”。这一全国首个区域政务服务“一网通办”旗舰店，一是构建了长三角地区政务服务用户跨省身份认证体系。三省一市省级政务服务平台按照国家政务服务平台有关统一身份认证的要求与国家平台对接，依托国家平台统一身份认证系统进行信任传递，实现个人用户和法人的跨省身份认证。确保长三角地区政务服务用户在三省一市实现“一地认证，全网通办”；二是建成了长三角地区数据共享交换平台，实现三省一市数据互联互通。三省一市共同制定数据交换规范、数据质检规则等，实现数据对接，完成政务服务事项办件库和事项库建设，数据入库率达 100%，提供办件查询、附件下载等 9 项服务。平台上线两周后累计交换办件信息数据 98 万余条，办理跨省办件 4648 条，各类数据总量 297 万余条，为三省一市“一网通办”运行提供基础支撑；三是统一和规范长三角“一网通办”业务标准，逐项确定事项标准和办理模式。三省一市逐项明确首批 30 项企业事项①和 21 项个人事项②办理标准，包括统一名称、明确办理内容、办理模式等；

① 首批开通的 30 项企业服务事项清单：1 内资有限公司的设立；2 内资有限公司的经营范围变更；3 内资有限公司的经营期限变更；4 内资有限公司住所变更；5 内资有限公司法定代表人变更；6 内资有限公司股东变更；7 内资有限公司的注销；8 内资有限公司清算组备案；9 内资有限公司章程备案；10 内资有限公司董事备案；11 内资有限公司监事备案；12 内资有限公司为分公司设立；13 内资有限公司为分公司负责人变更；14 内资有限公司为分公司经营期限变更；15 内资有限公司为分公司营业场所变更；16 内资有限公司为分公司的注销；17 个人独资企业的设立；18 个人独资企业经营范围变更；19 个人独资企业住所变更；20 个人独资企业投资人变更；21 个人独资企业的注销；22 个人独资企业分支机构的设立；23 个人独资企业分支机构的经营场所变更；24 个人独资企业分支机构负责人变更；25 个人独资企业分支机构的注销；26 外商投资公司的设立；27 外商投资公司章程备案；28 外商投资公司的注销；29 工业产品生产许可证发证；30 工业产品生产许可证注销。其中，“内资有限公司设立”全程网上办理，另外 29 项采取收受分离的线上线下联动模式。

② 首批开通的 21 项个人服务事项中，上海提供 20 项服务、江苏 1 城提供 9 项、浙江 4 城提供 11 项、安徽 8 城提供 7 项。首批开通的个人服务事项清单（上海）：1 办理跨省异地就医登记备案相关手续；2 提供个人社会保险咨询和参保情况查询及个人参保资料（含个人缴费凭证）打印服务；3 城镇职工基本养老保险转移接续；4 敬老卡申领、发放；5 婚姻登记档案查询；6 独生子女证档案查询；7 知青上山下乡档案查询；8 知青返城档案查询；9 知青子女入户档案查询；10 再生育子女审批档案查询；11 工伤认定档案查询；12 学籍档案查询；13 兵役档案查询；14 复员退伍军人档案查询；15 三峡移民档案查询；16 人才引进审批档案查询；17 享受民政社会救助项目证明出具；18 婚姻登记预约服务；19 办理就医关系转移相关手续；20 社保卡申请。

四是完成企业和个人服务事项上线，开通线上专栏和线下专窗。三省一市共同确定线下专窗工作机制和标准规范，5月已开通120个线下办理点，其中，上海24个、江苏11个、浙江47个、安徽38个，同时实现长三角“12345”政务热线互转；五是长三角地区政务服务App“无感漫游”上线运行。三省一市共同确定首批“无感漫游”服务清单共176项，实现跨省异地切换，通过各省间用户信任传递，完成用户授权对接调试，一次登录即可享受所有入驻移动端汇聚页服务。上海提供31项服务①，江苏、浙江、安徽平均提供约20项服务（省本级或市级）。同时，三省一市政务服务移动端App实现7个证照电子亮证，包括企业营业执照、居民身份证、驾驶证、结婚证、居住证、行驶证、出生医学证明等。

2019年12月3日，上海浦东新区率先实现了长三角“一网通办”线下专窗街镇100%全覆盖。2019年12月12日，151台综合自助终端在长三角生态绿色一体化发展示范区内布设、上线，青浦、吴江、嘉善三地居民凭身份证可在自助终端办理包括市民、企业日常办理的高频事项、民生事项、常用证明等758项事项。2019年底前将实现先行启动区全覆盖。这一便利的背后，是打破行政藩篱、推动数据共享的先行探索；是面对共同的目标，四地“尖兵”齐聚的攻坚克难。

10.4.4 推广经验

“一网通办”是大数据、人工智能等信息技术背景下政务管理科学化、智能化、人性化的一次深刻变革，它突破了科层体系下政务流程的时空局限，使得政务信息的共享运用、业务流程再造优化成为可能，实现了政务事项办理从部门驱动型向服务驱动型的转变。但“一网通办”在推进中也

① “一网通办”App“无感漫游”服务清单（上海）：1民办教育机构查询；2高考高招政策；3中考中招政策；4示范高中；5中小学校历；6家门口好学校；7非上海生源应届普通高校毕业生落户审批情况查询；8学区查询；9“24小时”药店；10疫苗接种；11医疗机构；12寻医问药；13实时路况；14公交到站；15交通卡余额；16停车场；17道路积水；18天气预报；19景点热力图；20餐饮脸谱；21母婴设施；22游泳场馆；23健身步道；24属地派出所；25结婚预约；26驾照考点；27福彩网点；28文教结合；29发票查询；30重名查询；31上海国检。

面临着跨区域、跨层级的信息互联互通难、地方性实践遭遇合法合规性瓶颈、缺乏长效机制保障、社会有效参与不足等内外部制约，仍需要在政务服务理念转型、政务服务功能拓展、政务服务一体化建设等方面优化完善。未来，在其他城市群及全国范围内进一步推广政务服务“一网通办”时应注重以下四方面的工作。

（1）坚持科学规划，明确责任主体。

“互联网 + 政务服务”是一项系统性工程，建设、推行“一网通办”必须谋定而后动。通过各主体间的充分协商梳理出任务清单、时间表，规范“一网通办”建设的工作流程和实施标准，明确牵头单位和责任主体。

（2）坚持创新驱动，不断协同发展。

通过搭建数据共享交换平台，推动政务数据按需 100% 共享。数据互联互通后，各部门从原来的单一办理转换为协同办理，互联网的便利性和大数据的高效性得以充分体现。

（3）坚持以人为本，不断优化服务。

一些地方和部门在线下行政服务大厅服务窗口设置上，仍存在以管理者便利为中心的现象，而不是基于事项办理频次和区域人口数量状况来优化配置政务大厅内不同职能窗口的数量和办事人员，导致不同窗口出现冷热不均的现象，用户满意度不高。地方政务服务创新仍需要超越行政中心主义的改革逻辑，真正实现从以管理者为中心向以满足用户需求为核心转变。

（4）坚持依法行政，保障数据安全。

“一网通办”建立在互联网、公共数据的基础之上，公共数据关系到个人隐私、企业秘密和国家安全，依法规范公共数据的收集、整理、传输是顺利推进“一网通办”的必要条件。2019 年 4 月，国务院出台了《国务院关于在线政务服务的若干规定》，明确了政务服务事项的基本要求以及电子签名、电子印章、电子证照、电子档案的法律效力，推动了全国“一网通办”建设的统一、规范发展。这也为日后全面实现网络核验，减少提交传统纸质材料，提供了可能。

此外，当前地方性实践探索越来越趋向“求异”而非“求同”，以彰显地方制度创新的原创性和引领性，这也在一定程度上给“一网通办”的全面推广设置了障碍。“一网通办”政务平台已逐步从前端事项的统一受理、平台搭建等基础性工作向破除条块数据壁垒、政务体制机制创新、政府流程数字化再造等深层次改革迈进，这将更有赖于建立完善常态化制度化工作机制，将以往注重事前行政审批职能更多地向强化市场监管和公共服务职能上倾斜，为市场和社会释放更多的空间，激发社会多元主体的活力，实现向“轻审批、重监管、强服务”的合作参与式治理转型，实现从运动式管理向常态化治理转变，以保证改革的连续性、稳定性及长效性。

第 11 章

长三角区域科技创新资源共享路径

构建区域创新共同体、推动长三角科技创新圈建设，既符合当今世界科技创新发展的大趋势，也是长三角地区实现更高质量发展、更好服务国家发展大局的关键所在。2018 年 6 月以来，笔者参与上海市政协委托的重大课题“构建区域创新共同体，推动长三角科技创新圈建设”，在三省一市政协组织协调下，先后召开相关专题座谈会、专家咨询会和课题组内部交流研讨会等 20 余次，实地走访政府职能管理部门、重点代表性企业、行业协会、研究机构、高校等 30 余家，重点从人才创新、创新服务、科技信息以及创新平台四个方面探讨了长三角区域科技创新资源共享的路径。

11.1 基于人才创新的科技创新资源共享路径

长三角地区正逐渐步入从成本驱动的规模扩张阶段过渡到创新驱动的高质量发展新阶段，传统上“以邻为壑”的相互竞争关系亟须变为“以邻为伴”的创新合作新关系。调研发现，长三角地区区域一体化进程不断加快，“三省一市”围绕人才共享、人才流动已进行了有益探索，取得了初步成效。早在 2003 年，江浙沪 19 个城市人社部门发布了《长江三角洲人才开发一体化共同宣言》，计划在规划编制、联席会议制度、行动计划、人才标准和人才资格互认等领域实现共同发展；2010 年“十市一区”科协组织成立的长三角高端智力人才战略联盟，在共建共享高端智力人才资源库、建立院士专家人才合作机制、加强高端智力人才项目合作等方面成效显著。但是，调研发现，制约长三角地区人才一体化建设的主要障碍在于人才共享机制与平台不完善、各地人才资源状况两极分化严重、地方政府之间过度竞争、人才政策整体性与系统性不强等。

长三角面临构建区域创新人才共同体的难得机遇，应该尊重人才跨地区、跨部门流动的客观规律，秉承“不求所有，但求所用”的人才观，充分发挥政府、市场的积极作用，优化长三角人才共同体建设的体制机制。力争将长三角区域建设成为信息互通、数据共享、人才合理流动、竞争有序、品牌共享、市场机制活跃和更加开放的创新人才共同体。

11.1.1 创建多主体联动的区域人才合作协调机制

创建长三角地区开放共享的人才新机制，构建基于“政府—社会—市场”三位一体的人才工作协调机制，形成政府制度引导、行业专业指导和市场竞争驱动多主体联动的区域人才合作协调机制。

（1）“顶层设计”政策引导长三角区域人才一体化发展。

加强地方性人才政策出台前的协调沟通工作，避免各地无序竞争、过度竞争。一方面做好“增量”工作，积极争取中办、人社部或科技部在长三角地区先试先行区域一体化的人才政策，如统一的人才评价机制、人才认定标准、个税减免优惠、绩效奖励等；另一方面做好“减量工作”，列出不适合长三角区域整体的地方性人才引进、使用、培养、流动政策、法规清单，逐步清减。

（2）成立服务长三角区域人才协调合作的国有非营利组织。

德国史太白基金会成功经验表明，国有非营利组织具有政府管理部门、一般服务企业所不具有的独特优势，能够较好地兼顾社会公益和运营效率的平衡。应由长三角“三省一市”政府共同出资，组建国有非营利的长三角科技创新人才交流中心，具体负责制订人才的评估标准、编辑人才共同体运行报告、人才交流平台等的日常运营。

此外，发挥专业组织作用，积极推进专业技术人才和高技能人才的资格互认。在总结上海向行业和用人主体单位转让职称评审权试点经验的基础上，在长三角重点行业领域，以行业协会或企业认定的统一职称、资格评定标准，打破地域、院校的行政、级别局限，逐步推进长三角地区高级专业技术人才和高技能人才的资格、职称互认，为区域人才合理流动创造条件。同时，发挥行业协会的自律作用，以行业自律标准规范人才市场，避免部分高端人才在企业之间的不合理流动。

（3）重视发挥市场在长三角人才共同体建设中的主导作用。

企业对人才的选择更为敏感和直接，“企业愿意花高薪挽留的就是人才”。鼓励企业建立以市场应用、市场选择为导向的人才使用机制；鼓励企业以自身的人才需求标准，对人才的敏感性、领悟性、工作态度、忠诚度、工作能力、工作成效进行评估、评价。建立以企业为主体、法治化、符合国际规范的人才竞合机制，推动长三角地区各地人才优势互补、错位发展。

11.1.2　共建共享区域人才合作载体与品牌

长三角“三省一市”在产业经济、科学研究、功能性平台等方面各有优势及特点，通过资源平台、大型数据库平台、信息平台、项目载体等实现长三角地区人才资源交流合作、人才信息共享共用，激发区域整体的创新活力。

（1）共建共享长三角大科学装置，促进区域人才资源交流与合作。

大科学装置与大科学计划同步，长三角地区的上海、合肥、南京等地的国家级大科学装置对高端科研人才具有天然的吸引力。上海集聚了上海光源、超级计算机、超强超短激光用户装置、软 X 射线自由电子激光用户装置、活细胞结构和功能成像平台等大科学装置，应该借鉴美国布鲁克海文国家实验室、欧洲核子研究中心的成功经验，集聚长三角区域顶尖科学家和科研团队，推进国家级的大型基础性科学研究项目落地长三角，推进跨区域科学合作。同时，进一步扩大相互开放国家级和省级重点实验室、工程技术研究中心，建立大科学装置共建共享新机制，完善相关制度、流程、法规，开展用户服务质量满意度评测，优化协同合作机制。

（2）共建共享全球人才数据库，联通长三角区域大数据资源。

长三角“三省一市”建有不同层级、功能特点的专家数据库，但总体上仍然处在分散、独立的数据信息孤岛状态。应该由“三省一市”政府人事、科技管理部门联合出资，在现有上海科技专家信息库基础上，建设包括基础型、公益型、市场型专家信息，覆盖不同行业专业领域、不同层次层级、不同机构主体、不同需求的全球高层次科技专家信息平台（上海科技专家信息库从全球近3000万名专家学者中筛选7.2万名世界专家，4.2万名海外专家，建立了一个20多万人的全球高层次科技人才专家库，涵盖自然科学、医学和社会科学330多各学科，为上海高层次战略人才的引进提供了信息储备和战略依据，已经为上海高校、企业在引进相关高科技人才、急需人才发挥了重大作用）。

（3）以共性技术服务平台、重大科研项目为载体，提升长三角整体"事业留人"的能力和水平。

在长三角地区联合高校与企业建设共性技术服务平台，推进形成"大院大所+创客""央企总部+创客""科技园区+创客""投资机构+创客"和"产业基地+创客"等嵌入式、专业化创客空间，为长三角区域的人才创新创业提供多样化、专业化、个性化的载体，实现资金共同投入、项目共同开发、技术共同攻关、利益共同分享。

此外，长三角地区汇聚全球顶尖创新人才、高水平创新型大学、科研机构和跨国企业研发中心，在光子科学与技术、生命科学、能源科技、类脑智能、纳米科技、计算科学等前沿领域，组织实施国家重大科学研究合作项目，如国家重点研发计划、973专项等，以重大科研项目为载体促进长三角科技人才的交流与合作。应以国家重点研发计划、重大科研专项为载体，实施长三角地区一流科学合伙人计划，打破院校行政局限，实现高端人才的联合。

同时，在涉及长三角区域发展整体的战略定位、产业升级、生态治理、基础设施、公共服务、园区合作、土地规划、成果转化、大学教育、智库合作等众多领域，应建立科研项目共享信息数据库，联合发布项目招标指南，联合开展项目的评审、验收以及后期成果转化服务。

（4）优化对外人才招聘机制，提升长三角人才一体化服务品牌价值。

一方面，应充分发挥长三角城市群作为"世界六大城市群"之一的品牌优势，在海外知名大学、科研机构、科技园区、跨国企业、研发中心等举行联合招聘活动，招揽全球高端人才。另一方面，建议借鉴新加坡人力部设立国外代表处经验，上海、江苏、浙江、安徽联合在美国、英国、法国、德国、以色列、瑞典、日本、新加坡等国家和地区建立海外人才预孵化基地及海外人才工作站，“定点，定制、精准”招揽特定人才。

同时，借鉴德国洪堡基金会、弗朗霍夫协会成功经验，由长三角“三省一市”政府和企业联合出资设立公益性质的基金会和协会，依托国家和省级重点实验室、工程中心，在全球范围内招募集成电路、信息通信、生物医药、智能装备、物联网、新材料、大数据、云计算、新能源汽车等重点产业领域的短期或长期来华从事研究工作的高端人才。

此外，以长三角整体、综合性人才需求为出发点，构建多元、多层次的综合人才体系，满足企业多元人才需求结构。吸引、培育高级经营管理人才、特殊专才、科技服务业人才、国际创客等构成的应用型、多元化人才，以及配合顶尖人才工作的中高端科研人才、技术服务人才、普通科研人员、工程师和实验员等构成的“中间人才队伍”。

11.1.3　完善人才公共服务体系

（1）以多元、优质、国际化资源供给为重点，促进长三角公共服务体系均衡化。

为了提升长三角地区医疗、基础教育服务水平，增强对其对人才吸引力，在长三角核心城市大力导入社会资本、国际资本，汇集优质基础教育、医疗服务资源。尝试推进华山医院、瑞金医院等重点特色医院在长三角地区异地开设分院或建立新的三甲医院；争取诸如美国医院有限公司、马萨诸塞综合医院、SEVER－ANCE、美国梅奥诊所、HCA Holdings、约翰·霍普金斯医院等国际著名医疗机构在长三角主要城市建立医疗分支机构；尝试推进长三角“三省一市”重点中、小学、幼儿园、教育集团以及奥伊斯嘉上海日本语幼儿园、新加坡国际学校、中加枫华国际学校、上海外国语大学国际高中在长三角异地开设新的学校。

（2）重视人才工作经验总结和推广，大幅提升长三角人才公共服务政策水平。

长三角地区“三省一市”在人才政策创新与试点方面取得了不少经

验。上海吸引外籍人才工作走在全国前列，上海市人力资源和社会保障局推出了《全面实施外国人来华工作许可制度》《支持外国留学生在上海创新创业》《实施外国人才签证制度》《支持虹桥商务区引进外国人才》《实施留学回国人员直接落户制度》《实施海外人才居住证制度》《外籍高层次人才认定》《高端人才绿卡制度》（试点）等海外人才系列政策，并在上海张江科学城、自贸试验区、虹桥商务区进行了颇有成效的试点，应该进一步总结上海外籍人才工作经验，提升长三角人才国际化水平。

（3）降低人才税赋，吸引高端人才。

长三角“三省一市”应联合行动，比照深圳《前海境外高端人才和紧缺人才个税补贴暂行办法》，争取国家税务局支持，对长三角区域战略核心新兴产业领域的高端人才，给予个人所得税最高15%的优惠，以提高实际收入水平。同时，针对重点产业研发过程的特点，设定部分合理合法的减税扣项，降低研发机构及人员的实际税收额度。

11.1.4 加强长三角人才共同体建设研究

人才是成事之本，长三角地区如何吸引海内外优秀的人才，实现人才资源的最优配置与利用是一项重大的科学问题。而人才的空间集聚与扩散有其内在的科学规律及地域特点。诸如长三角人才需求指数；长三角人才职称、资格评聘的统一标准；长三角人才长期流动趋势与影响因素；长三角人才分布不平衡现状及原因；以应用为导向的人才管理体制建设等长三角地区共性的系列人才发展问题需要重点研究关注。同时，长三角地区知名高校、智库研究机构人才济济，组织联合研究团队，加强对长三角人才交流建设研究，从人才工作理论到应用对策创新方面，为“三省一市”政府提供决策咨询服务。

11.2 基于创新服务的科技创新资源共享路径

协作配套的科技创新服务共同体，是指围绕各类创新主体的创新活动，包括从研发到产业化，涵盖设计、样品样机、小试、中试、规模化生产直至产业化的技术转移、成果转化全过程服务和专业化服务需求，提供相互协作、相互依存、合作共赢的一种服务链组织形式和利益共同体，是创新体系中推动技术创新、加快技术转移、成果转化的桥梁和纽带，也是创新体系不可或缺的重要组成部分。加快构建长三角地区协作配套的科技创新服务共同体，对于推动长三角地区一体化发展具有非常重要的意义。

早在改革开放初期，长三角地区民间的产学研合作就已经开始。上海等地的科技人员纷纷参与到乡镇企业、民营企业的成果转化、产品开发、技术服务中，形成了一大批“星期日工程师”，为长三角地区的经济发展做出了重要贡献。长三角地区科技创新合作已经历 30 多年，虽然取得了一些成效，但从总体来看，合作面不够广、程度不够深、效益不够显，还存在不少问题和障碍。

构建长三角科技创新服务共同体，是一项涉及面广、影响力大的系统工程，必须坚持有所为、有所不为。首先，要正确处理好以下几方面的关系。

一是处理好政府与市场的关系。在科技创新服务共同体建设中，要坚持以创新主体的服务需求为导向，鼓励支持长三角地区乃至国内外的社会自组织、企业等各类创新主体参与科技创新服务共同体建设，按照市场法则形成协作配套、功能完备、相互依存、互利共赢的创新服务链，依法依规开展服务。同时，充分发挥政府的作用，通过营造更加开放、便利的创新服务环境，有效维护市场秩序，依法保护创新服务主体的合法权益。逐步减少政府直接干预市场的行政行为。

二是处理好一体化发展与地区差异化发展的关系。由于资源禀赋和发展阶段不同，不同区域之间的合作需求与发展目标存在差异。在长三角科技创新服务共同体建设过程中，一方面，要加强对一体化工作的领导，通过科学规划，合理分工，保障整体工作持续推进、健康发展。另一方面，要充分考虑并兼顾各地的差异化发展目标，建立既符合长三角一体化建设发展目标，又满足三省一市自身发展目标的统筹协调机制，在推动长三角一体化发展的同时，实现不同地区间的协调发展。

三是处理好合作与竞争的关系。合作与竞争都是促进发展的普遍规律，是人类活动中的一种对立统一关系。因此，在长三角科技创新服务共同体建设过程中，要正确看待合作与竞争的关系，既要坚持合作，也不打压竞争，把握好尺度，防止出现对立情况。对于需要三省一市共同协作的，且关系到科技创新服务共同体建设发展总体目标的，要加大合作力度，通过区域之间的统筹协调，推动整合资源，实现优势互补，加速形成更加高效、更加完善的创新服务链。同时，也应积极鼓励和支持各类创新服务主体依法依规开展正当竞争，以竞争促进合作，实现创新要素的合理流动和创新资源的优化配置，推动各类科技创新服务主体不断提升服务能力。

四是处理好近期目标与中远期目标的关系。科技创新服务共同体建设是长期性、系统性的发展战略，要以目标为导向，既着眼近期收获，更注重中远期目标。近期目标重点是理清思路，夯实基础，为今后向更大范围、更宽领域、更深层次发展做好基础性工作。中期目标是总体目标基本实现的过程，是承上启下的重要阶段，既是前期目标的继续，又是远期目标的试金石。因此，在建设过程中，既要坚持一张蓝图绘到底，循序渐进，扎实推进，也要及时总结经验，进一步修正和完善中远期发展目标。

在此基础上，推进长三角地区科技创新服务共同体建设，必须坚持以突破问题和障碍为导向，准确把握若干影响全局的关键任务进行协同攻关。为此，提出如下对策建议：

第一，进一步建立长三角科技创新服务共同体的协调机制

进一步发挥长三角区域创新体系建设联席会议制度的作用，加强三省一市科技管理部门、相关参与单位的协调联动，共同就构建长三角地区协作配套的科技创新服务共同体开展研究，一是强化顶层设计。要站在科学发展、和谐发展、率先发展、高质量一体化发展的高度，以科学、严谨、求实的精神，由三省一市共同组成工作机构，研究制定科技创新服务共同体总体发展规划和工作计划，强化顶层设计。二是进一步加强三省一市政策协同。进一步加强长联办等机构的统筹协调作用，对三省一市的发展高新技术产业、战略性新兴产业、技术转移成果转化、公共科技基础资源、科技服务业等相关政策措施进行梳理，协调各地的政策措施，研究制定更加有效的支持创新、促进技术转移成果转化、发展科技服务业的政策工

具。三是建立联合承担国家重大科技项目的机制。对需要三省一市联合承担、联合攻关的国家重大科技项目，建立有利于充分发挥三省一市的创新资源优势，有利于加快攻关步伐，有利于成果共享推广的机制。四是建立国际技术转移联动协调机制，充分发挥上海在国际技术转移工作中的优势，主动接轨上海，依据各地在产业支撑、创新资源、自然条件、劳动力等方面的比较优势作出规划部署，争取更多的国际技术转移项目落户长三角地区。

第二，进一步构建开放的科技创新服务体系

一是聚焦长三角地区产业布局和产业集聚区的建设发展，优化创新链、服务链部署。重点针对以上海为核心的世界级城市群、G60 科创走廊、国家科技成果转移转化示范区、先进制造业基地、科技产业等产业集聚区的创新需求和服务需求，进一步健全完善集聚创新资源和服务资源的政策措施，优化产业链、创新链、服务链协同配套的创新创业环境。二是加强三省一市技术市场资源共建共享、互联互通。支持以上海国际技术交易市场、江苏省技术产权交易市场、浙江科技大市场、安徽网上技术市场等技术交易机构发起建立长三角技术交易市场联盟，在实现信息资源、服务资源、创新资源等信息交换共享的基础上，建立跨区域的，涵盖从研发到产业化全过程的功能完备、服务专业、协同协作、互利共赢的技术市场体系。三是进一步加强对中试环节的重视和支持。应针对中试环节的政策、基础条件等方面的现状和问题组织力量进行分析，以长三角地区中试瓶颈影响较重的科研与产业为突破口，研究制定相应的政策举措，鼓励和支持各类创新主体和社会力量参与中试环境建设，尽力破解中试难题。四是加快融入国际技术转移体系。充分发挥各地尤其是上海在参与国际技术转移工作中的优势，及时交流经验、做法和成效，共同建立与国外技术转移机构的合作关系，开展国际技术转移服务，培养国际技术转移人才，探索融入国际技术转移体系的有效途径。

第三，进一步提高资源利用率与资质互认

一是在保障国家安全和信息安全的基础上，进一步扩大三省一市科技成果、专家库、动植物资源等基础性科技资源的共建共享。二是面向长三角地区的各类创新主体的创新和服务的需求，建立相互开放国家级和省级重点实验室、中试基地、大型仪器设备、科学装置、技术标准监测机构的有效机制。三是推动长三角资质互认，对经三省一市科技部门认定的包括高新技术企业、高新技术产品、科技型中小企业、科技中介服务机构、技术经纪人（金黄牛、技术经理人）等实现资质互认，享受与本地同等的优惠条件。四是在总结创新券在分析测试、专利服务等方面成功运用的经验的基础上，进一步研究扩大创新券的使用范围和使用领域，统一使用规范，完善长三角地区创新券通用通兑机制。

第四，进一步促进科技创新服务体系持续健康发展

一是加大对创新活动的金融支持。借鉴欧盟的跨区域科技研发项目资金资助的经验，在现有的法规政策允许的范围内，以政府基金为引导，鼓励支持社会资本广泛参与建立长三角创新基金，建立市场化资助、融资机制，开展跨区域的资本与创新创业、技术转移、成果转化的对接活动，切实解决异地投资结算等政策障碍。二是建立区域知识产权服务共享和保护机制。加强区域知识产权基础信息资源的整合利用和开放共享，推动区域内同类产业共同建设相关知识产权信息服务平台和专题数据库，推动建立以优势企业为龙头、技术关联企业为主体、按照产业链布局的知识产权联盟；加强长三角地区知识产权服务机构的培育和流动，鼓励优质知识产权服务机构跨区域设立分支机构，加强资源整合，推动优势互补，实现强强联合；开展长三角地区知识产权信用体系建设，推动知识产权信用信息跨地区、跨部门交换共享，健全守信联合激励和失信联合惩戒机制，不断优化长三角地区创新和营商环境。三是一步深入调研长三角地区技术交易市场、科技成果转移转化示范区建设发展的经验和成效，及时总结可推广、可复制的创新服务的新模式、新业态，进一步推动科技创新服务共同体朝高质量、可持续的方向发展。四是进一步密切长三角地区的科技交流活动，在长三角各地举办的科技交流、技术交易等科技活动的基础上，进一步拓展和扩大活动的形式和内容，形成在长三角区域有品牌、有实效，在国内外有较强影响力的科技交流活动。五是加快建立长三角地区技术经纪人（金黄牛、技术经理人）联合培养机制。联合共建技术转移培训机构，积极向有关部门争取技术转移学历教育，形成符合长三角区域特色的技术经纪人教育培训体系。

11.3 基于科技信息的科技创新资源共享路径

尽管长三角地区科技创新资源富集，在科技创新资源共建共享方面取得了一定的成绩，但由于地区间固有的行政壁垒，开放共享理念尚未真正建立，政策制度衔接不够，创新资源的共建共享存在诸多制度和机制上的问题与不足，与长三角地区高质量一体化发展的要求还有一定距离。

贯彻落实习近平总书记对长三角地区要率先发展、更高质量一体化发展的指示和要求，坚持问题和目标导向，按照“政府引导、市场导向、多元互动、共建共赢”的总体思路，进一步解放思想，加强顶层设计，实施“一机制（长三角创新一体化协调机制）、一平台（长三角科技创新资源共同体信息服务平台）、一院（长三角产业技术协同创新研究院）、一基金（长三角科技成果转化创业投资子基金）、一券（长三角科技创新券）、一体系（长三角产业协同创新体系）”的“六个一工程”，着力消除创新要素自由流动的行政壁垒和体制机制障碍，营造良好创新环境，加快建成门类齐全、体系完备、机制灵活、服务完善，体现长三角实力、彰显中国特色、具备世界竞争力和影响力的区域科技创新资源共同体，为打造世界知名、国内领先的区域协同创新共同体提供强大支撑。

11.3.1 设立长三角创新一体化委员会

设立“长三角创新一体化委员会”，构筑区域创新资源共建共享协调机制。在长三角一体化发展上升为国家战略的背景下，提请国家设立“长三角创新一体化委员会”，由国务院牵头，发改、教育、科技、工信、财政等相关部委作为成员单位，统筹协调各有关部委支持长三角创新发展，研究一体化发展中的重大问题，制定并推进落实相关政策措施，在法律法规制定、政策先行先试、重大项目布局、体制机制创新等方面优先支持长三角地区。同时，建立健全跨省市政府、跨部门的统筹协调管理机制，三省一市发改、教育、科技、工信、财政、人才等有关部门参与，强化长三角地区科技创新资源统筹服务工作，推动建设市场体系统一开放、基础设施共建共享、产业错位协同发展、公共服务统筹协调、创新创业环境优化的一体化发展体制机制。

11.3.2 打造长三角科技信息服务平台

打造“长三角科技信息服务平台”，加强区域科技创新资源统筹服务。充分整合三省一市现有资源，运用“互联网+”、大数据、云计算等技术，建设线上与线下相结合的“长三角科技创新资源共同体信息服务平台”，开发科技创新资源查询、对接、交易、鉴证等功能模块，面向长三角开放提供创新资源使用全链条服务。成立专业化管理服务机构负责平台运营，重点开展线上平台、线下服务窗口及后台服务支撑的协调管理工作。通过这一平台，集成整合长三角地区科技人才、科技条件、科学数据、科技金融、创新基地、科研机构、科技企业、创新园区、技术市场等各类创新资源，搭建资源共享、科技金融、科学数据、技术交易、创业孵化培训、综合服务等平台系统，加强信息化和大数据加工，建设统一的长三角科技创新资源线上服务平台，面向长三角提供优质、便捷、高效科技创新资源服务。建议设立常设机构负责长三角地区科技创新资源统筹服务的具体规划、实施、协调、推进工作，包括协调联系地方、部门和行业系统的平台建设与运行服务工作。

11.3.3 建设长三角产业技术协同创新研究院

建设“长三角产业技术协同创新研究院”，强化区域科技创新资源与重点产业的协调发展。整合或依托三省一市科研机构、创新平台、创业载体及产业基地资源，建设“长三角产业技术协同创新研究院”，协同推进长三角地区重点领域创新资源集聚，培育和引进国际一流领军人才，着力实施重大科技项目联合攻关及重大成果转移转化，形成错位发展、特色明显的产业格局，并加强战略研究，为长三角地区产业转型升级、高质量一体化发展提供技术与决策支撑。研究院建设按照“1（研究院）+N（若干重点产业领域的专业研究所、专业园区、孵化器等）”模式，结合三省一市地方或园区的创新资源与产业优势特色，围绕新一代信息技术、生物医药、智能制造等重点领域建设专业研究所，探索实施多方共建、多元投入、混合所有、团队为主的建设运行新机制，促进科研机构与地方产业融合发展；以“拨投结合”推动重点项目产业化，遴选原创技术项目，加快产业核心关键技术攻关突破；培育发展专业化产业园，与地方政府共建专业化孵化器，孵化高科技企业；探索推进研发作为产业，技术作为商品的新模式，运用市场化手段推动产业技术研发和技术转移，构建促进产业技术研发与转化的协同创新生态体系。建议国家支持该研究院创建国家技术创新中心、产业技术创新中心或制造业创新中心；并在支持上海张江、合肥建设综合性国家科学中心的同时，支持南京建设网络通信与安全紫金山实验室，争创建设综合性国家科学中心。

11.3.4　设立长三角科技成果转化创业投资子基金

设立“长三角科技成果转化创业投资子基金”，强化区域科技创新资源共建共享激励措施。建议国家科技部科技成果转化引导基金设立“长三角科技成果转化创业投资子基金”，三省一市加强配套支持，通过成果信息共享、扶持政策联动、开展联合监管等方式，建立长效合作机制，国地联动、区域协同，支持长三角重大科技成果转移转化。发挥引导基金的杠杆作用，采用风险共担、利益共享、及时退出等方式，带动银行、创投等各类社会资本投资长三角地区创新创业项目，加速长三角地区科技成果转移转化和产业化。支持长三角高校、科研机构、企业，跨地区、跨领域联合承担国家科技计划项目，参与国际国内大科学工程、大科学计划等。

11.3.5　建立长三角科技创新券制度

建立“长三角科技创新券”制度，完善区域内科技创新资源共建共享政策。遵循共赢目标导向，加强区域立法工作的合作与协调，进一步清理、修订、完善现有政策和各类法规，建立稳定、规范和相互衔接的法规政策，推进长三角地区科技创新资源共建共享。建议设立“长三角科技创新券”，在市县试点和省级层面战略研究的基础上，完善联合发布、互通互兑制度，激发长三角市场主体利用各类科技创新资源的动力和效率。创新和完善长三角地区人口服务和管理制度，加快实施户籍制度改革和居住证制度，统筹推进本地人口和外来人口市民化，加快消除城乡区域间户籍壁垒，促进人口有序流动、合理分布和社会融合。研究出台《长三角创新资源共建共享条例》，大力推进依法行政，加强政府法制建设，打破区域行政界限和管理机制条块分割，促进长三角地区各类科技创新资源的共建共享。

11.3.6 优化长三角产业协同创新体系

优化“长三角产业协同创新体系”，促进区域科技创新资源合理配置。三省一市应加强协作，减少和规避创新资源低水平重复建设，优化区域产业分工。在长三角区域内，加快建设 G42 人才创新走廊，推动进一步拓展 G60 科创走廊，加强省市创新战略对接，争取长三角地区更多城市纳入 G60 空间布局，打造 G42 + G60 长三角科技创新核心区。推动上海、南京、杭州、合肥等协同规划布局创新核心区，将上海自贸区等先行先试政策在核心区率先推广，适时配套完善城市总体规划、经济社会发展规划、土地规划、建设规划、产业规划和环保规划等，加快实现长三角地区的创新、政策、设施、教育、产业一体化。发挥产业智库作用，根据地区科技资源禀赋和产业发展优势，开展长三角地区技术预见和产业技术路线图设计，引导区域内同行业骨干企业差异化、特色化发展，加强协同合作，提升区域产业链整体竞争力。不断完善长三角地区市场规则机制，大力发展市场化、专业化的科技创新资源服务机构，充分发挥市场配置资源的决定性作用，通过市场机制推动长三角地区科技创新资源的共建共享。

11.4 基于创新平台的科技创新资源共享路径

构建统筹互助的创新平台共同体，需要上海更好地发挥龙头作用，苏、浙、皖更加密切地加强协作，建立健全利益分享、风险共担、要素流动的体制机制，推动建设大科学装置群、重大科学研发平台、技术创新平台、产业创新平台和科技合作园区。

11.4.1　发挥科学中心辐射效应

当前，正处在世界新一轮科技革命和产业变革与我国转变发展方式的历史性交汇期，既面临着千载难逢的历史机遇，又面临着差距拉大的严峻挑战，我们国家比历史上任何时期都更加迫切需要提升自主创新能力，比历史上任何时期都更加迫切需要跨越式、颠覆式的创新成果。三大综合性国家科学中心，长三角地区占了两大，更应率先在统筹协调、加强合作、汇聚合力上下功夫，切实在参与全球科技竞争中成为合格的“国家代表队”。

上海张江科学城和安徽合肥滨湖科学城，是两大综合性国家科学中心的具体承载，应坚持双城共创，其管委会应建立制度性对接机制。特别是上海、安徽两省市主管部门还应在共同争取国家重大科技资源战略布局、共建国家实验室的同时，探索共建交叉前沿研究平台、共享专家库、共办科技论坛等一系列机制，以促进双城共创，发挥示范引领作用，形成以两大综合性国家科学中心为双核，以长三角区域内四个国家自主创新示范区为支撑，以三省一市科技要素集聚为面的协同创新发展体系。

依靠现有优势，成就更大优势。依托中科院量子信息与量子科技创新研究院建设，构建更加紧密的长三角协同创新发展体系。按照量子信息科学国家实验室模式建设运行，打造具有重要国际话语权的量子信息科技创新战略平台和引领基地。密切量子创新院与上海张江实验室、浙江之江实验室之间的合作，在量子信息领域形成相关原创理论和技术突破。集聚中国科大、复旦大学、上海交大、南京大学和浙江大学等高校的相关优秀科学家和团队，开展量子信息研发及工程化。进一步推动阿里巴巴（中国）有限公司等国际知名企业和新兴企业参与量子信息设备制造和商业运营，为形成具有全球引领地位的量子信息战略性新兴产业奠定基础。

依托上海张江、安徽合肥两大综合性国家科学中心，加强战略前沿领域的前瞻部署，紧盯战略必争的领跑性和关键共性技术，绘制重点领域技术路线图，建设一批交叉前沿创新平台，培养和提升技术人才，提前布局和形成科技专利，创造引领全球科技发展的原创成果。

11.4.2 推进科学装置共建共享

大科学装置是建设国家综合性科学中心的基石，是打造引领全球科技发展原创成果的摇篮。长三角地区要善于依托两大综合性国家科学中心的重大科学基础设施，特别是大科学装置，围绕战略性新兴产业，加强前沿引领技术、关键共性技术、颠覆性技术创新，推动原创性科技成果应用开发，促进产学研合作，促进技术转移转化，培育高新技术企业和战略性新兴产业。

建立健全大科学装置开放共享的管理平台，公开科研设施使用办法和使用情况，不定期向行业内企业和高校院所普及大科学装置技术。由各科研设施管理单位按照统一的标准和规范对外提供实时在线服务，逐步形成跨区域、跨领域、多层次的网络科研平台服务体系。呼吁国家完善相关税收制度，如减低基金会税率、设立遗产税等，引导企业和社会力量以多种方式参与国家重大科技基础设施共建。引导企业向大科学装置申请研发实验，承接溢出技术，参与技术成果产业化；支持大科学装置内部科学家、研究人员对科研成果进行转移，探索科研人员按约定分享成果所有权。加强开放使用中的知识产权管理，加强网络防护和网络环境下的数据安全管理，用户独立开展的科学实验形成的知识产权由用户自主拥有，著作、论文等明确标注利用设施和仪器情况。

完善运行管理激励机制。主管部门要加强统筹协调，会同有关部门建立评价制度，制定评价标准和办法，引入第三方专业评估机制，定期对科研设施与仪器的运行情况，管理单位开放制度的合理性、开放程度、服务质量、服务收费和开放效果进行考核评价。由三省一市政府共同出资，建立统一的大科学装置使用奖励金，对开放效果好、用户评价高的科研设施和仪器，分类给予专项奖补；建立科技创新券，三省一市中小企业在科研设施和大型科学仪器设备共享服务中通用通兑。

11.4.3　聚力攻克关键核心技术

长三角地区科技发展正处于从量的积累向质的飞跃、点的突破向系统能力提升的重要时期。但是，从整体上看，在关键领域、卡脖子的地方仍然显得十分不足，关键核心技术领域的自主可控能力仍然十分薄弱，必须在实现硬件能力提升的同时，实现软件尤其是体制机制创新方面的长足进步。长三角地区科技创新资源富集、部分产业已迈入中高端，应进一步加强联动、整合资源，依托创新平台，找准“卡脖子”难题，协同攻克“卡脖子”关键技术。

坚持需求导向、问题导向和目标导向，围绕国家战略和国家需求，发挥基础力量强的优势，开展基础性、前沿性技术攻关，抢占技术制高点；围绕区域战略性新兴产业和优势传统产业，统筹部署实施科技重大专项和重点研发项目，强化产学研合作，有效整合科技资源，突破一批关键核心技术。

特别要聚焦科技前沿领域和战略性新兴产业重点领域，努力实现核心技术自主可控。在电子信息领域，重点开展动态随机存储器、米波雷达、太赫兹、无人机等产业技术研发，重点突破量子计算机、量子通信芯片、量子测量关键技术，集成电路先进仿真和模拟技术、集成电路制造工艺技术、地形认知自适应测高技术、太赫兹射频电路和天线集成技术。在机器人领域，重点开发工业机器人及特种机器人产品，开发减速器等关键核心功能部件，重点突破学习认知与人机交互技术、智能融合与决策控制技术。在人工智能领域，重点突破脑科学和类脑关键核心技术，开发智能语音产品及应用、智慧医疗产品，重点突破深度学习与语音识别、语音合成、声纹语种、语音评测等融合技术、自然语言理解技术、人工辅助医疗技术。在新能源汽车领域，重点开发新能源汽车电池、电机、电控等关键部件和正向设计开发，重点突破新型动力电池技术、智能网联技术、轮毂电机开发技术、混动变速箱技术。在高档数控装备领域，重点开发高档数控成形机床、金属切削机床、汽车及家电装配生产线、数控系统，重点突破高速高精度数控技术，基于大数据、云计算的成套装备技术。在新材料领域，重点开发纳米新材料、硅基新材料、铝基复合材料，重点突破原料提纯、玻璃成分及配方、新型熔化、超薄成形、陶铝复合工艺及技术。在智能农业领域，重点开发土壤智能检测、病虫害智能识别产品，实施农村信息化示范工程，重点突破水土环境与动植物本体普适化、低成本、高可靠快速感知技术，农业机器人系统适应性、可靠性与低成本制造技术，大数据融合、共享、挖掘、辨识技术。在传统优势产业领域，围绕钢铁、有色、水泥等产业改造提升需求，重点突破高速轮毂技术、高品质耐候钢制造技术、高性能电子铜箔制造技术、水泥工厂绿色清洁生产技术。

聚力攻克关键核心技术，应以应用基础研究为重点，并在一开始就与市场需求相衔接。为此，应重视发挥科学家、企业家双主体作用，探索企业出题、政府立题、协同破题的技术创新组织模式。要构建新型产学研合作机制，根据担负的职能，三省一市按比例进行财政投入，围绕集成电路、机器人、新能源汽车、人工智能、新材料、生物医药等重点产业，共同布局一批跨区域重点研发项目，推动地方政府、企业与知名高校院所建立长期稳定的战略合作关系。

11.4.4 共同推动建立联合基金

我国基础研究的投入还相当不足，无论是从基础研究投入总量看，还是从基础研究经费占研发经费的比例、企业投入占基础研究经费的比例看，都与美国、日本等发达国家有较大差距。在当前情况下，用好与国家自然科学基金委员会共同设立的联合基金，可破解这一难题。

设立联合基金，最根本的是要发挥自然科学基金对基础研究的“导向、稳定、激励”功能，支持有关高校、科研院所和企业与国家布局的基础研究进行衔接，面向经济主战场、面向国家和区域重大需求，组织开展高水平研究，强化创新成果的源头供给。此外，还可设立长三角地区基础研究合作专项。围绕共同关注的重点领域和重点任务，做好顶层设计和规划，共同资助三省一市协同开展的基础研究，解决长三角地区意义重大、急需基础研究合作的共性需求和共性问题。聚力攻克关键核心技术，关键在于调动各方面积极性共同参与，通过联合基金来发布指南，相关方面共同申报，无疑是一个很好的路径。通过联合基金、合作专项，把目光更好地聚焦到上海张江和安徽合肥综合性国家科学中心重点项目，高效调配三省一市基础研究优势力量，并吸引和集聚优势科研单位开展基础研究，进行跨区域、跨行业、跨部门的协同创新，推动区域自主创新能力提升。

善于依托自然科学基金，会同国家基金委共同主办长三角地区青年科学家论坛，组织四地优秀青年科学家围绕长三角地区基础研究前沿领域、合作专项等开展学术交流。要充分发挥原有自然科学基金支持源头创新的重要作用和协同效应，聚焦基础科学和前沿探索，培育更多青年科研人才。

11.4.5　形成完善科技创新链条

打破长三角行政体制约束，发挥各类创新平台作用，支持以企业为主体，以成果、技术、项目、人才、资金为纽带，以市场化运作方式配置区域间创新要素，开展产学研合作，形成完善科技创新链条，逐步提升长三角地区创新平台统筹互助效能。

加快建设产业创新平台。三省一市要根据自身优势，加强对本地工程实验室、技术研究中心等创新平台的支持力度，着力提升产业创新发展的能力和水平。同时，支持有条件的企业建设工程实验室、技术研究中心，自主开展重大产业关键共性技术、装备的研发攻关，着力构建企业为主体的技术创新体系。支持以企业为主导、在新兴产业领域建设一批跨区域创新中心和产业技术创新战略联盟。以区域整体力量，支持三省一市从自身优势产业出发，成立区域性产业技术研究院、产业创新研究院。

加快建设新型研发机构。采取“政府支持、企业参与、市场运作”方式，建设一批集技术研发、项目中试、成果转化、孵化投资、创业服务、人才培养等功能于一体的新型研发机构。支持已有新型研发机构进一步创新管理体制，完善激励机制，开展面向新兴产业的研发、技术转移及成果孵化服务和工程化示范推广；进一步完善市场化运营机制，健全法人治理结构，实行人员聘用制、灵活化薪酬及市场化考核，推动创新升级。条件成熟时，推动成立长三角地区产学研联盟。

加快建设众创空间。构建面向长三角地区的开放式、协同式创新创业平台，建立可以在长三角地区流通的创业创新券，以此对创业者和创新企业提供培训咨询、检验检测、软件开发、研发设计等服务。建立长三角国家级双创示范基地合作交流机制，举办长三角国际创新挑战赛，针对企业技术难题贡献解决思路、提出解决方案、形成解决办法。

加快建设科技孵化器。支持高校院所、生产企业和创业投资机构等各类主体，建设一批面向长三角地区，顺应技术进步和产业升级趋势、聚焦细分行业的孵化器，强化创业培训、技术服务、经营管理和政策指导等功能。支持孵化器根据市场环境变化，调整、拓展和创新服务，满足新创企业的差异化需求，提升增值服务能力。加强长三角区域孵化器交流合作，鼓励服务模式先进、孵化经验丰富、有实力的孵化机构到其他省市建设孵化基地，推广其先进的服务模式；支持长三角地区孵化机构开展合作，定期举办交流活动，输出管理和服务；建立孵化器产业联盟，构建协同网络，加强服务交流，促进资源对接，形成各类孵化机构信息互动频繁高效、优质资源互补的新局面。

加快建设科技企业加速器。以上海为龙头，以南京、杭州、合肥等为多极，在长三角区域内共同建设一批空间载体大型化、服务功能精细化、配套设施完备化的科技企业加速器，助推企业加快成长。加快构建加速器服务体系，加强各类商业服务机构的引进、合作，不断完善服务内容和服务方式，最大限度满足企业对发展空间、技术研发、资本运作、人力资源、市场开拓和国际合作等方面的个性化需求，提升加速器服务企业发展的能力。

加快建设科技园区。三省一市间根据各自的优势，合作共建科技园区。特别是上海应加强示范指导，率先到发展相对滞后地区，与当地一道根据当地发展趋势和现实潜力共建有关科技园区，并促进其发挥应有的载体作用，推进高新区高起点谋划创新创业发展战略、高规格布局创新创业发展空间、高层次构建创新创业服务平台，全面提升创新创业载体功能，持续增强对接区域创新要素资源的集聚能力，以更好推动实现高质量一体化发展。

加快构建长三角科技大市场。选择适当城市，按照集展示服务、技术交易服务、资源共享服务、科技服务、合作交流服务、网络接入服务等于一体的思路，建立健全长三角统一规范的科技大市场。依托科技大市场，综合运用协议定价、挂牌交易、拍卖等方式形成科技成果市场定价机制，使每一项能够转化成技术的基础创新成果、每一项能够转化为产业的技术创新成果，以及产业发展中亟须突破的技术诉求，都能够在科技大市场进行有效的交易。同时，以三省一市政府名义，共同出台鼓励政策，依托科技大市场催生或引入科技法律服务、科技金融服务、科技经纪服务等中介机构，不断丰富服务项目。同时，建立科技成果线上线下交易平台，以“互联网+”科技成果转移转化为核心，连接长三角地区的企业、高校院所、技术转移服务机构、投融资机构等，打造线上线下相结合的技术市场平台。

11.4.6　共同加强对外科技合作

国际合作是科技创新的重要推动力。目前，三省一市的国际科技合作基本是独立进行，相互之间缺乏协同，且存在资源竞争。为协调一致地加强对外科技合作，三省一市应共同建立国际科技合作协调办公室，加强相互间的沟通与统筹；建立国际科技合作公共信息资源平台，统一系统架构和数据结构，实现信息资源互联互通和共建共享；培育国际科技合作服务机构，为本区域科研院所及企业提供相关服务；搭建国际科技合作交流平台，适时开展国际科技合作交流活动；改造现有国际科技合作基地，集中资源对部分国际科技合作基地提质增效；规划建设部分高起点的国际科技合作项目，提高区域在国际科技合作中的地位，形成区域国际科技合作高地。

坚持“引进来”和“走出去”并重，抢抓创新资源在全球范围内流动组合机遇，主动参与全球研发分工，加快构建开放创新体系，积极推进对外科技合作。支持长三角高校院所、科技型企业、创新平台等牵头开展对外科技合作计划，依托已建成的专用和平台型大科学装置，积极凝练区域内优势学科领域项目，联合参加和发起国际大科学计划和大科学工程以及政府间科技合作重大计划，在核心专家确定、研究问题提出、技术路线选择、科技资源配置、设施选址等方面发挥主导作用。促进企业海外发展需求和高校院所创新资源的精准对接，形成参与对外合作的强大合力。

第 12 章

结论与展望

放眼全球，长三角城市群是世界公认的六大城市群之一，是世界级城市群中发展中国家的唯一代表；回眸域内，长三角地区是我国创新活动最活跃、知识产权最密集的区域之一，具备了转型发展、高质量发展、一体化发展、引领发展的优越条件。长三角地区经济发展正在从成本驱动的规模扩张阶段向创新驱动的高质量发展新阶段迈进，传统“以邻为壑”的相互竞争关系亟须变为“以邻为伴”的互动合作新关系。

12.1 主要研究结论

本书正是基于上述背景，探讨了长三角区域科技创新资源空间分布特征、投入产出效率、驱动一体化发展的效应以及科技创新资源网络构建等，并从人才创新、创新服务、科技信息以及创新平台四个方面分析了长三角区域科技创新资源实现共享的路径。主要得出以下研究结论：

第一，长三角区域科技创新资源集中度高，且对创新能力提升具有显著作用，但内部空间分异明显。运用全局和局部空间自相关研究方法，对2000～2018年长三角区域41个城市的科技创新资源（研发经费、研发人员、创新型企业）的空间分布和集聚特征进行分析，发现长三角区域科技创新资源丰富，但空间分布差异巨大，且2000～2018年呈现出空间差异不断缩小的态势。构建的多元回归分析模型结果显示，科技创新资源（研发经费、研发人员、创新型企业）对长三角区域41个城市的区域创新能力均有显著促进作用，2000~2018年，科技创新资源对区域创新能力的促进作用越来越显著，且研发人员发挥的作用更大，同时也表明，科技创新资源空间分布趋于均衡，有利于区域创新能力的提升。

第二，长三角区域科技创新资源投入产出效率总体不高，上海科技创新资源的龙头作用初显，技术进步对科技创新资源投入产出效率的提升具有显著推动作用。利用数据包络分析的CRS模型和VRS型对长三角城市群2000~2015年科技创新资源投入产出效率进行了测度，并基于Malmquist-DEA模型对效率波动（2000~2015年）进行了估计，发现长三角创新资源投入产出的综合效率普遍较低，低于最优水平，但从2000~2015年有上升趋势，上海创新资源投入产出效率显著高于浙江、安徽和江苏，浙江、安徽和江苏的创新资源投入产出效率最低；长三角不同城市创新资源投入产出效率的差距逐渐缩小，但空间格局变化很大，全要素生产率剧烈变化，技术进步对创新资源投入产出效率的提高起着决定性作用。

第三，创新驱动长三角一体化发展效应明显，且显著高于绿色转型对一体化发展的影响，上海、南京、杭州、合肥、宁波等核心城市拥有丰富的科技创新资源构成了支撑长三角地区创新与绿色发展的“Z”字形空间格局。从长三角城市协同发展、一体化发展、区域创新共同体、科技创新圈建设的目标出发，借助面板数据以及固定效应变系数模型、单位根与协整检验方法，对长三角地区创新与绿色资源分布特征及其对区域一体化的贡献、创新与绿色一体化格局进行了分析研究，发现长三角创新与绿色资源空间分布层次分明，不同类型城市间“创新驱动，绿色发展”条件不完全相同，创新资源邻近性特征显著，而位于长三角边缘地区的城市在绿色资源方面却拥有相对优势；固定效应变系数模型、协整检验结果表明，长三角区域一体化发展与创新、绿色发展之间存在着长期稳定的相互促进关系，创新因子贡献更大；空间相关关系计算结果显示，上海是长三角创新网络的“结构洞”与全域协同中心，对长三角整体网络质量、水平、能力有着重要影响，而杭州、南京、合肥3个省会城市为创新网络的“重要节点”与地方协同中心，对邻近城市的辐射带动作用不容小觑。

第四，上海、南京、苏州、杭州、宁波、无锡、合肥、温州、镇江、南通等城市协同发展效应较强，上海是长三角区域科技创新资源网络的核心，与南京、杭州等省会核心城市的联系一直非常紧密。此外，苏州、杭州、南京也是长三角对外协同创新的核心节点。长三角各城市对外合作创新水平呈现较大的空间差异，合作创新水平较高的城市集中在“合肥—南京—苏州—上海—杭州—宁波”的“Z”字形走廊和东部沿海城市。在变化过程中，长三角城市间的协同创新能力差异不断缩小，从以上海为核心变为东部多核心的空间格局。

第五，欧美经验表明建设统一的管理机构、设立科技创新资源发展基金以及加强人才的吸引与培养非常有助于科技创新资源的共享，本研究设计了人才创新、创新服务、科技信息以及创新平台建设的科技创新资源共享实现路径。从人才创新方面来看，建议创建多主体联动的区域人才合作协调机制、共建共享区域人才合作载体与品牌、完善人才公共服务体系、加强长三角人才共同体建设研究；从创新服务方面来看，建议进一步建立长三角科技创新服务共同体的协调机制、构建开放的科技创新服务体系、提高资源利用率与资质互认、促进科技创新服务体系持续健康发展；从科技信息方面来看，建议设立长三角创新一体化委员会、打造长三角科技信息服务平台、建设长三角产业技术协同创新研究院、设立长三角科技成果转化创业投资子基金、建立长三角科技创新券制度、优化长三角产业协同创新体系；从创新平台方面来看，建议发挥科学中心辐射效应、推进科学装置共建共享、聚力攻克关键核心技术、共同推动建立联合基金、形成完善的科技创新链条、共同加强对外科技合作。

12.2 研究展望

随着长三角一体化的进程不断加快，科技创新领域实现一体化的步伐也逐步加快，近年来也取得了显著的成效。建议进一步深化研究长三角科技创新资源网络构建及对一体化发展的影响，借助于多源数据刻画长三角科技创新资源网络结构特征，更加注重长三角科技创新的理论研究，力争通过长三角这一典型案例，为创新经济地理学的理论创新做出贡献。具体而言，建议加强以下几个方面的研究：

第一，长三角科技创新资源与区域空间响应机制研究。建议基于科技创新资源的空间布局，构建科技创新资源与区域空间发展的关系模型，实证分析长三角科技创新资源对区域跨界空间响应的内在机制，为指导长三角科技创新资源空间布局提供理论借鉴。

第二，长三角科技创新资源网络发展模式研究。建议拓展多源数据，从典型产业链合作、产业联盟合作、专利合作等多维度构建长三角科技资源网络，并基于区域创新系统理论，深入总结归纳长三角不同发展阶段区域创新网络发展模式，为指导长三角区域创新驱动型经济发展提供借鉴。

第三，长三角科技创新资源与绿色发展互动关系。创新与绿色是长三角区域经济发展、高质量一体化发展的基本原则与前提，但关于二者间如何互动，当前相关研究较为匮乏。建议从长三角高质量一体化发展目标着手，构建科技创新资源与绿色发展的评价指标体系，系统地探究二者的因果关系及相互间的影响机理，为长三角区域开展创新与绿色发展提供理论思考。

参考文献

[1] 曹贤忠，曾刚，司月芳. 网络资本、知识流动与区域经济增长：一个文献述评 [J]. 经济问题探索，2016 (6)：175-184.

[2] 曹贤忠，曾刚，邹琳，等. 基于面板数据的 R&D 投入对区域经济增长的影响 [J]. 长江流域资源与环境，2016，25 (2)：208-218.

[3] 曹贤忠，曾刚，邹琳. 长三角城市群 R&D 资源投入产出效率分析及空间分异 [J]. 经济地理，2015，35 (1)：104-111.

[4] 曹贤忠. 基于全球地方视角的上海高新技术产业创新网络研究 [M]. 北京：中国财政经济出版社，2019.

[5] 曾刚，曹贤忠，王丰龙，叶雷. 长三角区域一体化发展推进策略研究——基于创新驱动与绿色发展的视角 [J]. 安徽大学学报（哲学社会科学版），2019，43 (1)：148-156.

[6] 曾刚，曹贤忠. 推进长三角创新共同体建设的体制机制创新建议 [J]. 张江科技评论，2020，23 (6)：38-40.

[7] 曾刚，林兰，叶森. 长三角区域产业联动的理论与实践 [J]. 上海城市规划，2011 (2)：18-25.

[8] 曾刚，王丰龙，等. 长江经济带城市协同发展能力指数（2017）研究报告 [M]. 北京：中国社会科学出版社，2018.

[9] 曾刚，王秋玉，曹贤忠. 创新经济地理研究述评与展望 [J]. 经济地理，2018 (4)：19-25.

[10] 曾刚，文婷. 上海浦东信息产业集群的建设 [J]. 地理学报，2004，S1：59-66.

[11] 曾刚，杨舒婷，王丰龙. 长江经济带城市协同发展能力研究 [J]. 长江流域资源与环境，2018 (12)：2641-2650.

[12] 曾刚，袁莉莉．长江三角洲技术扩散规律及其对策初探［J］．人文地理，1999（1）：5－9.

[13] 曾刚．长江经济带协同创新研究：创新·合作·空间·治理［M］．北京：经济科学出版社，2016.

[14] 陈健，何国祥．区域创新资源配置能力研究［J］．自然辩证法研究，2005（3）：78－81.

[15] 程泉民．科技资源存量的地区分布及其变化［J］．调研世界，2012（11）：23－26.

[16] 池仁勇，黄英杰．浙江省R&D活动非效率成因分析［J］．科技进步与对策，2009，26（17）：41－44.

[17] 党兴华，弓志刚．多维邻近性对跨区域技术创新合作的影响——基于中国共同专利数据的实证分析［J］．科学学研究，2013，31（10）：1590－1600.

[18] 杜志威，吕拉昌，黄茹．中国地级以上城市工业创新效率空间格局研究［J］．地理科学，2016（3）：321－327.

[19] 樊杰，赵艳楠．面向现代化的中国区域发展格局：科学内涵与战略重点［J］．经济地理，2021，41（1）：1－9.

[20] 范斐，杜德斌，李恒，等．中国地级以上城市科技资源配置效率的时空格局［J］．地理学报，2013，68（10）：1331－1343.

[21] 方创琳，关兴良．中国城市群投入产出效率的综合测度与空间分异［J］．地理学报，2011，66（8）：1011－1022.

[22] 方创琳，马海涛，王振波，等．中国创新型城市建设的综合评估与空间格局分异［J］．地理学报，2014，69（4）：459－473.

[23] 方创琳．改革开放40年来中国城镇化与城市群取得的重要进展与展望［J］．经济地理，2018，38（9）：1－9.

[24] 方远平，谢蔓，林彰平．信息技术对服务业创新影响的空间计量分析［J］．地理学报，2013（8）：105－116.

[25] 付桂军，齐义军．飞地经济研究综述［J］．经济纵横，2013（12）：113－116.

[26] 高菠阳，刘卫东，Norcliffe G，等．国际贸易壁垒对全球生产网络

的影响——以中加自行车贸易为例［J］．地理学报，2011（4）：477－486.

［27］顾朝林，庞海峰．建国以来国家城市化空间过程研究［J］．地理科学，2009，29（1）：10－14.

［28］顾新．区域创新系统论［D］．成都：四川大学，2002.

［29］郭庆宾，杨婉蓉．湖北科技创新资源集聚能力的时空演变分析［J］．统计与决策，2017（5）：125－127.

［30］海骏娇，尚勇敏．基于生态文明的区域竞争力重构与评价——以上海市为例［J］．中国城市研究，2014（9）：51－64.

［31］韩宝龙，李琳．区域产业创新驱动力的实证研究——基于隐性知识和地理邻近视角［J］．科学学研究，2011，29（2）：314－320.

［32］韩振海，李国平．国家创新系统理论的演变评述［J］．科学管理研究，2004，22（2）：24－26.

［33］何志超，余兆武，伍博炜．基于面板数据的中国R&D投入对城镇化影响分析［J］．地理科学进展，2015，34（8）：998－1008.

［34］贺灿飞，郭琪，马妍，等．西方经济地理学研究进展［J］．地理学报，2014，69（8）：1207－1223.

［35］贺灿飞，金璐璐，刘颖．多维邻近性对中国出口产品空间演化的影响［J］．地理研究，2017，36（9）：1613－1626.

［36］胡求光，李洪英．R&D对技术效率的影响机制及其区域差异研究［J］．经济地理，2011，31（1）：26－31.

［37］胡志坚，苏靖．区域创新系统理论的提出与发展［J］．中国科技论坛，1999（11）：20－23.

［38］贾若祥，刘毅．企业合作在我国区域发展中的作用［J］．人文地理，2004，19（3）：31－35.

［39］蒋媛媛．长江经济带战略对长三角一体化的影响［J］．上海经济，2016（2）：50－73.

［40］解学梅，左蕾蕾．企业协同创新网络特征与创新绩效：基于知识吸收能力的中介效应研究［J］．南开管理评论，2013，16（3）：47－56.

［41］李光龙，张明星．扩大对外贸易加剧了中国环境污染吗？［J］．安徽大学学报（哲学社会科学版），2018，42（3）：119－125.

[42] 李虹. 区域创新体系的构成及其动力机制分析 [J]. 科学学与科学技术管理, 2004 (2): 34-36.

[43] 李纪珍, 邓衢文. 关于首都创新资源平台发展的四点建议 [J]. 科技潮, 2011 (3): 36-41.

[44] 李琳, 韩宝龙. 地理与认知邻近对高技术产业集群创新影响——以我国软件产业集群为典型案例 [J]. 地理研究, 2011, 30 (9): 1592-1605.

[45] 李凌月, 张啸虎, 罗瀛. 基于创新产出的城市科技创新空间演化特征分析——以上海市为例 [J]. 城市发展研究, 2019 (6): 87-92.

[46] 李鲁奇, 马学广, 鹿宇. 飞地经济的空间生产与治理结构: 基于国家空间重构视角 [J]. 地理科学进展, 2019, 38 (3): 346-356.

[47] 李郇, 徐现祥, 陈浩辉. 20 世纪 90 年代中国城市效率的时空变化 [J]. 地理学报, 2005, 60 (4): 615-625.

[48] 林初昇. 去中心化和 (逆) 全球化背景下中国人文地理学的批判性理论探索与方法创新 [J]. 热带地理, 2020, 40 (1): 1-9.

[49] 刘承良, 管明明. 基于专利转移网络视角的长三角城市群城际技术流动的时空演化 [J]. 地理研究, 2018, 37 (5): 981-994.

[50] 刘承良, 桂钦昌, 段德忠, 等. 全球科研论文合作网络的结构异质性及其邻近性机理 [J]. 地理学报, 2017, 72 (4): 737-752.

[51] 刘蕾, 鲍竹. 试论科技创新资源共享公共服务平台的构建 [J]. 市场周刊: 理论研究, 2006 (2): 105-106.

[52] 刘学元, 丁雯婧, 赵先德. 企业创新网络中关系强度、吸收能力与创新绩效的关系研究 [J]. 南开管理评论, 2016, 19 (1): 30-42.

[53] 刘毅, 黄建毅, 马丽. 基于 DEA 模型的我国自然灾害区域脆弱性评价 [J]. 地理研究, 2010, 29 (7): 1153-1162.

[54] 陆大道. 建设经济带是经济发展布局的最佳选择——长江经济带经济发展的巨大潜力 [J]. 地理科学, 2014, 34 (7): 769-772.

[55] 陆大道. 我国新区新城发展及区域创新体系构建问题 [J]. 河北经贸大学学报, 2018, 39 (1): 1-3.

[56] 吕国庆, 曾刚, 郭金龙. 长三角装备制造业产学研创新网络体

系的演化分析［J］. 地理科学，2014，34（9）：1051－1059.

［57］吕海萍，池仁勇，化祥雨. 创新资源协同空间联系与区域经济增长——基于中国省域数据的实证分析［J］. 地理科学，2017，37（11）：1649－1658.

［58］吕拉昌，黄茹，廖倩. 创新地理学研究的几个理论问题［J］. 地理科学，2016，36（5）：653－661.

［59］麻宝斌，杜平. 区域经济合作中的“飞地经济”治理研究［J］. 天津行政学院学报，2014，16（2）：71－79.

［60］马宁，王立. 企业主导型产学研合作创新模式分析［J］. 科学学研究，2005（S1）：244－248.

［61］马晓龙，保继刚. 基于DEA的中国国家级风景名胜区使用效率评价［J］. 地理研究，2009，28（3）：838－848.

［62］宓泽锋，曾刚，周灿，等. 长三角城市群生态文明建设问题及潜力研究——基于5大城市群的比较［J］. 长江流域资源与环境，2018，27（3）：463－472.

［63］尚勇敏，曾刚，海骏娇. 基于低碳经济目标的中国经济增长方式研究［J］. 资源科学，2014，36（5）：937－945.

［64］邵家营. 开发区的空间扩展与治理研究——以上海漕河泾新兴技术开发区为例［D］. 上海：华东师范大学，2013.

［65］石蕾，刘娟，王健. 国家科技资源共享服务平台对科技创新支撑作用的研究［J］. 中国科技资源导刊，2017（49）：88－93.

［66］史焱文，李二玲，李小建. 地理邻近、关系邻近对农业产业集群创新影响——基于山东省寿光蔬菜产业集群实证研究［J］. 地理科学，2016，36（5）：751－759.

［67］史焱文，李二玲，李小建. 农业产业集群创新效率及影响因素——基于山东省寿光蔬菜产业集群的实证分析［J］. 地理科学进展，2014，33（7）：1000－1008.

［68］司月芳，曾刚，曹贤忠，等. 基于全球—地方视角的创新网络研究进展［J］. 地理科学进展，2016，35（5）：600－609.

［69］孙久文，丁鸿君. 我国工业化阶段测度的区域特征实证分析——

基于江苏、河南和新疆的比较研究 [J]. 南京社会科学, 2011 (7): 28-33, 40.

[70] 孙绪华, 陈诗波, 王艳芬, 等. 我国科技资源研发效率监测及其影响因素分析 [J]. 管理评论, 2012, 24 (9): 83-93.

[71] 谭成文, 杨开忠. 中关村科技园区发展问题剖析 [J]. 中国软科学, 2001 (4): 92-96.

[72] 唐德祥, 李京文, 孟卫东. R&D 对技术效率影响的区域差异及其路径依赖 [J]. 科研管理, 2008, 29 (2): 115-122.

[73] 滕堂伟, 曾刚, 等. 集群创新与高新区转型 [M]. 北京: 科学出版社, 2009.

[74] 滕堂伟, 方文婷. 新长三角城市群创新空间格局演化与机理 [J]. 经济地理, 2017, 37 (4): 66-75.

[75] 滕堂伟, 覃柳婷, 胡森林. 长三角地区众创空间的地理分布及影响机制 [J]. 地理科学, 2018, 38 (8): 1266-1272.

[76] 佟连军, 宋亚楠, 韩瑞玲, 等. 辽宁沿海经济带工业环境效率分析 [J]. 地理科学, 2012, 32 (3): 294-300.

[77] 童昕, 王缉慈. 硅谷—新竹—东莞: 透视 IT 产业全球生产网络 [J]. 科技导报, 1999 (16): 14-16.

[78] 王蓓, 刘卫东, 陆大道. 中国大都市区科技资源配置效率研究——以京津冀、长三角和珠三角地区为例 [J]. 地理科学进展, 2011, 30 (10): 1233-1239.

[79] 王缉慈. 超越集群: 中国产业集群的理论探索 [M]. 北京: 科学出版社, 2010.

[80] 王缉慈. 创新的空间——企业集群与区域发展 [M]. 北京: 北京大学出版社, 2001.

[81] 王缉慈. 创新集群三十年探索之旅 [M]. 北京: 科学出版社, 2016.

[82] 王晓红, 陈浩, 孙玮. 我国"十五"期间 R&D 效率的省域研究 [J]. 科研管理, 2010, 31 (5): 185-192.

[83] 王孝斌, 李福刚. 地理邻近在区域创新中的作用机理及其启示

[J]. 经济地理, 2007, 27 (4): 543-546.

[84] 王雪原, 王宏起. 基于产学研联盟的科技创新资源优化配置方式 [J]. 中国科技论坛, 2007 (11): 3-7.

[85] 魏权龄. 数据包络分析 (DEA) [J]. 科学通报, 2000, 45 (17): 1793-1808.

[86] 吴丹, 胡晶, 李雪. 北京市科技资源投入与科技创新能力评价 [J]. 科技和产业, 2017 (2): 30-35.

[87] 吴和成, 华海岭, 杨勇松. 制造业R&D效率测度及对策研究—基于中国17个制造行业的数据 [J]. 科研管理, 2010, 31 (5): 45-54.

[88] 夏丽娟, 谢富纪, 王海花. 制度邻近、技术邻近与产学协同创新绩效——基于产学联合专利数据的研究 [J]. 科学学研究, 2017, 35 (5): 782-791.

[89] 徐建军, 熊德平, 汪浩瀚. 中国金融发展与外贸关系的面板协整检验和因果分析 [J]. 经济地理, 2008 (5): 82-87.

[90] 许皓, 孙燕红, 华中生. 基于整体效率的区间DEA方法研究 [J]. 中国管理科学, 2010, 18 (2): 102-107.

[91] 杨开忠, 谢燮. 中国城市投入产出有效性的数据包络分析 [J]. 地理与地理信息科学, 2002, 18 (3): 45-47.

[92] 杨雪, 顾新, 王元地. 文化邻近对产学合作创新倾向影响的实证研究 [J]. 中国科技论坛, 2014 (10): 66-71.

[93] 杨忠泰. 区域创新体系与国家创新体系的关系及其建设原则 [J]. 中国科技论坛, 2006 (5): 42-46.

[94] 叶琴, 曾刚, 陈弘挺. 组织与认知邻近对东营市石油装备制造业创新网络演化影响 [J]. 人文地理, 2017 (1): 116-122.

[95] 约瑟夫·熊彼特. 经济发展理论——对于利润、资本、信贷、利息和经济周期的考察 [M]. 北京: 商务印书馆, 1990.

[96] 张海洋. 中国省际工业全要素R&D效率和影响因素: 1999-2007 [J]. 经济学 (季刊), 2010, 9 (3): 1029-1050.

[97] 张鹏, 陈培安. 山东省科技创新资源空间分布与经济发展水平协同分析 [J]. 技术与创新管理, 2016, 37 (3): 256-262.

[98] 张荣天，焦华富．长江三角洲地区城镇化效率测度及空间关联格局分析［J］．地理科学，2015，35（4）：433－439.

[99] 赵媛，郝丽莎，杨足膺．江苏省能源效率空间分异特征与成因分析［J］．地理学报，2010，65（8）：919－928.

[100] 钟华，安新颖，汪凌勇．国家R&D投入产出效率评价的实证分析—DEA方法［J］．重庆大学学报（社会科学版），2011，17（1）：72－79.

[101] 周青，侯琳，毛崇峰．制度邻近性对高新技术企业合作创新的作用路径研究［J］．科技进步与对策，2013，30（10）：81－83.

[102] 周琼琼，玄兆辉．科技基础条件资源影响力评价体系研究［J］．中国科技论坛，2012（6）：5－9.

[103] 朱晓霞．区域创新系统中中小企业角色定位与成长对策研究［D］．哈尔滨：哈尔滨工程大学，2008.

[104] 朱贻文，曾刚，曹贤忠，等．不同空间视角下创新网络与知识流动研究进展［J］．世界地理研究，2017，26（4）：117－125.

[105] 朱长宁．建立科技创新资源开放共享制度研究［J］．科学管理研究，2015（3）：21－24.

[106] 邹琳，曾刚，曹贤忠．基于ESDA的长三角城市群研发投入空间分异特征及时空演化［J］．经济地理，2015，35（3）：73－79.

[107] Aguiléra A，Lethiais V，Rallet A. Spatial and Non－spatial Proximities in Inter－firm Relations：An Empirical Analysis［J］．Industry & Innovation，2012，19（3）：187－202.

[108] Aguiléra A，Massot M H，Proulhac L. Travailler et se déplacer au quotidien dans une métropole. Contraintes，ressources et arbitrages des actifs franciliens［J］．Sociétés Contemporaines，2012，80（4）：29.

[109] Ahuja G，Katila R. Technological Acquisitions and the Innovation Performance of Acquiring Firms：A Longitudinal Study［J］．Strategic Management Journal，2001，22（3）：197－220.

[110] Ahuja G，Morris L C. Entrepreneurship in the large corporation：A longitudinal study of how established firms create breakthrough inventions［J］.

Strategic Management Journal, 2001, 22 (6/7): 521 -543.

[111] Amin A, Cohendet P. Review of architectures of knowledge: Firms, capabilities and communities [J]. Journal of Management & Governance, 2004 (10): 4459 -4461.

[112] Antonelli C, Patrucco P P, Quatraro F. Productivity growth and pecuniary knowledge externalities: An empirical analysis of agglomeration economies in european regions [J]. Economic Geography, 2011, 87 (1): 23 -50.

[113] Asheim B, Grillitsch M and Trippl M. Introduction: Combinatorial Knowledge Bases, Regional Innovation, and Development Dynamics [J]. Economic Geography, 2017, 93 (5): 429 -435.

[114] Autio E. Evaluation of RTD in regional systems of innovation [J]. European Planning Studies, 1998, 6 (2): 131 -140.

[115] Balland P A, Belsomartínez J A, Morrison A. The Dynamics of Technical and Business Knowledge Networks in Industrial Clusters: Embeddedness, Status, or Proximity? [J]. Economic Geography, 2016, 92 (1): 35 -60.

[116] Balland P A. Proximity and the Evolution of Collaboration Networks: Evidence from Research and Development Projects within the Global Navigation Satellite System (GNSS) Industry [J]. Regional Studies, 2012, 46 (6): 741 -756.

[117] Bathelt H and Li P F. Global cluster networks—foreign direct investment flows from Canada to China [J]. Journal of Economic Geography, 2014, 14 (1): 45 -71.

[118] Bathelt H, Cohendet P. The creation of knowledge: local building, global accessing and economic development —toward an agenda [J]. Journal of Economic Geography, 2014 (14): 869 -882.

[119] Bathelt H, Malmberg A and Maskell P. Clusters and knowledge: local buzz, global pipelines and the process of knowledge Creation [J]. Progress in Human Geography, 2004, 28 (1): 31 -56.

[120] Belderbos R, Carree M, Lokshin B. Cooperative R&D and firm

performance [J]. Research Policy, 2004, 33 (10): 1477 - 1492.

[121] Boschma R, Frenken K. The emerging empirics of evolutionary economic geography [J]. Journal of Economic Geography, 2011, 11 (2): 295 - 307.

[122] Boschma R, Minondo A and Navarro M. The Emergence of New Industries at the Regional Level in Spain: A Proximity Approach Based on Product Relatedness [J]. Economic Geography, 2013, 89 (1): 29 - 51.

[123] Boschma R. Proximity and innovation: a critical assessment [J]. Regional Studies, 2005 (39): 61 - 74.

[124] Brancati E, Brancati R and Maresca A. Global Value Chains, Innovation, and Performance: Firm - Level Evidence from the Great Recession [J]. Journal of Economic Geography, 2017, 17 (5): 1039 - 1073.

[125] Breschi S, Catalini C. Tracing the links between science and technology: An exploratory analysis of scientists' and inventors' networks [J]. Research Policy, 2010, 39 (1): 14 - 26.

[126] Breschi S, Lissoni F, Malerba F. Knowledge - relatedness in firm technological diversification [J]. Research Policy, 2003, 32 (1): 69 - 87.

[127] Broekel T, Boschma R. Knowledge networks in the Dutch aviation industry: the proximity paradox [J]. Journal of Economic Geography, 2012, 12 (2): 409 - 433.

[128] Broekel, T. Do Cooperative Research and Development (R&D) Subsidies Stimulate Regional Innovation Efficiency? Evidence from Germany [J]. Regional Studies, 2015, 49 (7): 1087 - 1110.

[129] Bustos - Gallardo B. The post 2008 Chilean Salmon industry: An example of an enclave economy [J]. The Geographical Journal, 2017, 183 (2): 152 - 163.

[130] Cairncross F. The death of distance [M]. Harvard Business School, 1997.

[131] Cao X, Zeng G, Teng T, Si Y. The best spatial scale of firm innovation network: an evidence of Shanghai high - tech firms [J]. Growth and

Change, 2018 (8): 1 -16.

[132] Cao X, Zeng G, Teng T, Zou L. The Relationships between Research and Development (R&D) Investment and Regional Economic Growth. Anthropologist, 2018, 31 (1 -3): 34 -47.

[133] Caragliu A, Nijkamp P. Space and knowledge spillovers in European regions: the impact of different forms of proximity on spatial knowledge diffusion [J]. Journal of Economic Geography, 2016, 16 (3): lbv042.

[134] Chen K H, Guan J C. Measuring the efficiency of China's regional Innovation systems: Application of network Data Envelopment Analysis (DEA) [J]. Regional Studies, 2012, 46 (3): 355 -377.

[135] Clifton N, Keast R, Pickernell D, Senior M. Network Structure, Knowledge Governance, and Firm Performance: Evidence from Innovation Networks and SMEs in the UK [J]. Growth and Change, 2010, 41 (3): 337 -373.

[136] Coe N M, Dicken P and Hess M. Global production networks: realizing the potential [J]. Journal of Economic Geography, 2009, 8 (3): 271 -295.

[137] Coe N M, Hess M, Yeung W C, et al. "Globalizing" Regional Development: A Global Production Networks Perspective [J]. Transactions of the Institute of British Geographers, 2004, 29 (4): 468 -484.

[138] Coe N M. Global Production Networks [A]. R Kitchin, N Thrift (Eds.). International Encyclopedia of Human Geography [M]. Oxford: Elsevier, 2009: 556 -562.

[139] Coe N, Dicken P and Hess M. Global production networks: realizing the potential [J]. Journal of Economic Geography, 2008 (8): 271 -295.

[140] Colazo J A. Collaboration structure and performance in new software develepment: Findings from the study of open source projects [J]. International Journal of Innovation Management, 2010, 14 (5): 735 -758.

[141] Coleman W D. Banking, interest intermediation and political power

[J]. European Journal of Political Research, 1994, 26 (1).

[142] Cooke P. New Regional Innovation System Models [R]. the Second Technological Innovation Management and Policy International Symposium, Changsha, China. 2010.

[143] Cooke P. Regional innovation system: General findings and some new evidence from biotechnology clusters [J]. Journal of Technology Transfer, 2002, 27 (1): 133 - 145.

[144] Cooke P. The new wave of regional innovation networks: Analysis, Characteristics and Strategy [J]. Small Business Economics, 1996, 8 (2): 159 - 171.

[145] Corey G. Theory and practice of group counseling [M]. London: Cengage Learning, 2011.

[146] Corredoira R A, Rosenkopf L. Should auld acquaintance be forgot? The reverse transfer of knowledge through mobility ties [J]. Strategic Management Journal, 2010, 31 (2): 159 - 181.

[147] Crepon B, Duguet E, Mairesse J. Researc, innovation and productivity: An econometric analysis at the firm level [R]. NBER Working Paper No. 6696, 1998.

[148] Crescenzi R and Rodríguez - Pose A. Innovation and Regional Growth in the European Union [M]. Springer Berlin Heidelberg, 2011.

[149] Crescenzi R, Nathan M and Rodríguez - Pose A. Do inventors talk to strangers? On proximity and collaborative knowledge creation [J]. Research Policy, 2016, 45 (1): 177 - 194.

[150] Desrochers P. Geographical Proximity and the Transmission of Tacit Knowledge [J]. Review of Austrian Economics, 2001, 14 (1): 25 - 46.

[151] Dicken P, Kelly P F, Olds K. Chains and networks, territories and scales: towards a relational framework for analysing the global economy [J]. Global Networks, 2001, 1 (2): 89 - 112.

[152] Dicken P. Global shift: Reshaping the global economic map in the 21st century [M]. London: Sage, 2003.

[153] Dicken P. Global – local tensions: Firms and states in the global space – economy [J]. Economic Geography, 1994 (70): 101 –128.

[154] Dicken. Geographers and 'globalization': (yet) another missed boat? [J]. Transactions of the Institute of British Geographers. 2004, 29 (1): 5 –26.

[155] Duysters G. Collaboration and innovation: a review of the effects of mergers, acquisitions and alliances on innovation [J]. Technovation, 2005, 25 (12): 1377 –1387.

[156] Egbetokun A A. The more the merrier? Network portfolio size and innovation performance inNigerian firms [J]. Technovation, 2015 (43 – 44): 17 –28.

[157] Ernst, Kim. Global production networks, knowledge diffusion, and local capability formation [J]. Research Policy. 2002, 31 (8 –9): 1417 – 1429.

[158] Fang C, Guan X. Comprehensive measurement and spatial distinction of input – output efficiency of urban agglomerations in China [J]. Acta Geographica Sinica, 2011, 66 (8): 1011 –1022.

[159] Freeman C, Soete L. The economics of industrial innovation [M]. London: Psychology Press, 1997.

[160] Frenz M, Ietto – Gillies G. The impact on innovation performance of different sources of knowledge: Evidence from the UK Community Innovation Survey [J]. Research Policy, 2009 (38): 1125 –1135.

[161] Frenz M, Oughton C. Innovation in the UK Regions and Devolved Administrations: A Review of the Literature. Report to the Department of Trade and Industry, 2005.

[162] Gereffi G. Export – Oriented Growth and Industrial Upgrading: Lessons from the Mexican Apparel Case 1 A case study of Global Value Chain analysis, 2005.

[163] Gereffi G, Humphrey J and Sturgeon T. The governance of global value chains [J]. Review of International Political Economy, 2005, 12 (1):

78 - 104.

[164] Glückler J. Economic geography and the evolution of networks [J]. Journal of Economic Geography, 2007, 7 (5): 619 - 634.

[165] Glückler, J. How controversial innovation succeeds in the periphery? A network perspective of BASF Argentina [J]. Journal of Economic Geography, 2014 (14): 903 - 927.

[166] Granovetter M. Social Science: Ignorance, Knowledge, and Outcomes in a Small World [J]. Science, 2003, 301 (5634): 773 - 774.

[167] Grillitsch M, Martin R and Srholec M. Knowledge Base Combinations and Innovation Performance in Swedish Regions [J]. Economic Geography, 2017, 93 (5): 458 - 479.

[168] Guan J C, Zhang J J, Yan Y. The impact of multilevel networks on innovation [J]. Research Policy, 2015 (44): 545 - 559.

[169] Hagedoorn J, Cloodt M. Measuring innovative performance: Is there an advantage in using multiple indicators? [J]. Research Policy, 2003, 32 (8): 1365 - 1379.

[170] Henderson J. Globalisation on the Ground: Global Production Networks, Competition, Regulation and Economic Development [J]. Centre on Regulation and Competition (CRC) Working papers, 2002.

[171] Hess M, Yeung H W - C. Whither Global Production Networks in Economic Geography? Past, Present, and Future [J]. Environment and Planning A, 2006, 38 (7): 1193 - 1204.

[172] Hoekman J, Frenken K, Tijssen R J W. Research collaboration at a distance: Changing spatial patterns of scientific collaboration within Europe [J]. Research Policy, 2010, 39 (5): 662 - 673.

[173] Howells J. Bessant J. Introduction: Innovation and economic geography: a review and analysis [J]. Journal of Economic Geography, 2012 (12): 929 - 942.

[174] Huallacháin B O, Leslie T F. (2007). Rethinking the regional knowledge production function [J]. Journal of Economic Geography, 7 (6):

737 –752.

[175] Huggins R and Thompson P. A Network – based view of regional growth [J]. Journal of Economic Geography, 2014, 14 (3): 511 –545.

[176] Huggins R, Thompson P. Networks and regional economic growth: A spatial analysis of knowledge ties [J]. Environment and Planning A, 2017.

[177] Inkpen A C, Tsang E W K. Social Capital, Networks, and Knowledge Transfer [J]. Academy of Management Review, 2005, 30 (1): 146 – 165.

[178] Knoben J, Oerlemans L A G. Proximity and inter – organizational collaboration: A literature review [J]. International Journal of Management Reviews, 2006, 8 (2): 71 –89.

[179] Knoben J. Localized inter – organizational linkages, agglomeration effects, and the innovative performance of firms [J]. Annals of Regional Science, 2009, 43 (3): 757 –779.

[180] Landry R, Amara N, Lamari M. Does social capital determine innovation? To what extent? [J]. Technological Forecasting & Social Change, 2002, 69 (7): 681 –701.

[181] Liu Weidong, Peter Dicken. Transnational corporations and 'obligated embeddedness': Foreign direct investment in China's automobile industry [J]. Environment and Planning A, 2006, 38: 1229 –1247.

[182] MacKinnon D. Beyond strategic coupling: reassessing the firm – region nexus in global production networks [J]. Journal of Economic Geography, 2012, 12 (1): 227 –245.

[183] Maskell P, Malmberg A. Localised learning and industrial competitiveness [J]. Cambridge Journal of Economic, 1999, 23 (2): 167 –185.

[184] Mathews J A. Dragon multinationals: new players in 21st century globalization [J]. Asia Pacific Journal of Management, 2006, 23 (1): 5 – 27.

[185] Morgan K. The Learning Region: Institutions, Innovation and Regional Renewal [J]. Regional Studies, 1997, 31 (5): 491 –503.

[186] Mueller M, Stewart A. Does Temporary Geographical Proximity Predict Learning? Knowledge Dynamics in the Olympic Games [J]. Regional Studies, 2016, 50 (3): 1-14.

[187] Neffke F, Henning M and Boschma R. How Do Regions Diversify over Time? Industry Relatedness and the Development of New Growth Paths in Regions [J]. Economic Geography, 2011, 87 (3): 237-265.

[188] Neilson J, Pritchard B, Yeung H W C. Special issue: Global value chains, global production networks and the role of the state [J]. Review of International Political Economy, 2014 (21): 1-274.

[189] Park K M, Shin J S, Park Y T. A Study on the Aggregation and Structuring of Technological Knowledge Indicators [J]. Technology Innovation Research, 2003 (11): 125-145.

[190] Ponds R, Oort F V, Frenken K. Innovation, spillovers and university-industry collaboration: an extended knowledge production function approach [J]. Papers in Evolutionary Economic Geography, 2009, 10 (2): 231-255.

[191] Prabhu J C, Chandy R K, Ellis M E. The Impact of Acquisitions on Innovation: Poison Pill, Placebo, or Tonic? [J]. Journal of Marketing, 2005, 69 (1): 114-130.

[192] Robertson R. (n. d.) The conceptual promise of glocalization: commonality and diversity, 1995. http://artefact. mi2. hr/_a04/lang_en/index_en. htm.

[193] Rost K. The strength of strong ties in the creation of innovation [J]. Research Policy, 2011, 40 (4): 588-604.

[194] Samara E, Georgiadis P, Bakouros I. The impact of innovation policies on the performance of national innovation systems: A system dynamics analysis [J]. Technovation, 2012 (32): 624-638.

[195] Saxenian A, Hsu J. The Silicon Valley-Hsinchu Connection: Technical Communities and Industrial Upgrading [J]. Social Science Electronic Publishing, 2001, 10 (4): 893-920.

[196] Singh M. Toward a knowledge management view of electronic business: Introduction and investigation of the knowledge chain model for competitive advantage. [D]. University of Kentucky. 2000.

[197] Teng T, Fang W. The Evolution of Innovation Space and Its Mechanism in Yangtze River Delta Urban Agglomeration [J]. Economic Geography, 2017, 37 (4): 66 - 75.

[198] Ter Wal A, Anne L J. The dynamics of the inventor network in German biotechnology: geographic proximity versus triadic closure [J]. Journal of Economic Geography, 2014, 14 (3): 589 - 620.

[199] Wang T Y, Chien S C. Forecasting innovation performance via neural networks—a case of Taiwanese manufacturing industry [J]. Technovation, 2006 (26): 635 - 643.

[200] Yeung G. The operation of Global Production Networks (GPNs) 2.0 and methodological constraints [J]. Geoforum, 2016 (75): 265 - 269.

[201] Yeung H W, Coe N M. Toward a Dynamic Theory of Global Production Networks [J]. Economic Geography, 2015, 91 (1): 29 - 58.

[202] Yeung H W. Strategic coupling: East Asian industrial transformation in the new global economy [M]. Cornell University Press, 2016.

[203] Yeung H W - C, Coe N M. Toward a dynamic theory of global production networks [J]. Economic Geography, 2015 (91): 29 - 58.

[204] Yeung H W - C. The Rise of East Asia: An Emerging Challenge to the Study of International Political Economy [A]. M Blyth (Eds.). Routledge handbook of international political economy (IPE): IPE as a global conversation [M]. London: Routledge, 2009: 201 - 215.

[205] Zeller C. North Atlantic Innovative Relations of Swiss Pharmaceuticals and the Proximities with Regional Biotech Arenas [J]. Economic Geography, 2004, 80 (1): 83 - 111.

[206] Zeng G, et al. Research on the coordinated development index of cities in Yangtze River Economic Belt [M]. Beijing: China Social Sciences Press, 2018.

[207] Zhu S, He C and Zhou Y. How to jump further and catch up? Path - breaking in an uneven industry space [J]. Journal of Economic Geography, 2017 (17): 521 -545.

[208] Zukauskaite E, Trippl M and Plechero M. Institutional Thickness Revisited [J]. Economic Geography, 2017, 93 (4): 325 -345.

附录：企业访谈提纲

一、企业基本情况

1. 企业研发资金及研发人员投入情况？

2. 企业创新资金主要来源？

3. 企业核心技术来源？

4. 企业近年来新产品有哪些？新产品开发过程如何（独立研发、合作研发还是其他方式）？新产品的销售情况如何（占总销售额的比重）？

5. 企业拥有的专利情况？所承担的各类科研项目情况？

6. 企业市场主要集中在哪些区域？所占份额如何？

7. 企业主要竞争优势体现在哪些方面？面临的创新发展瓶颈有哪些？

二、企业合作创新情况

1. 请列举企业国内外重要研发合作伙伴？（如上下游企业、同行业企业、大学及科研机构等）

2. 企业与合作伙伴的交流方式有哪些？交流的频率如何？（举例说明某项技术或产品的合作创新过程）

3. 企业是否与境外企业、机构等进行创新合作，具体的合作途径及合作内容？企业还希望与哪些机构建立合作关系？

4. 企业主要通过哪些渠道寻找合作伙伴？是否会通过投资或购买服务等方式维持合作关系？效果怎么样？

5. 请对贵企业的各种联系的重要性排序（①与本地其他企业的联系；②与国内其他地区企业的联系；③与国外企业的联系；④与大学、研究机构的联系；⑤与政府的联系；⑥与行业协会的联系；⑦与金融机构的联系；⑧与客户的联系；⑨其他）

三、企业人才培养与引进情况

1. 企业高技术人才主要来自哪里？人才流失情况如何？

2. 企业人才培训、人才培养体系？与长三角地区企业共享人才的可能性？

3. 企业在人才引进过程中有哪些制约因素？人才引进的主要渠道？如何看待当前各地和企业的“抢人大战”？

4. 企业与长三角地区企业合作现状？人才交流情况如何？

四、企业对创新环境的评价

1. 人才、资金、配套服务、政策等环境方面存在哪些优势与劣势？

2. 行业协会对于本行业企业的影响力如何？行业协会为企业提供了哪些创新服务？行业协会的哪些服务功能尚需强化？

3. 政府对本行业企业创新发展给予了哪些方面的扶持？为提高创新绩效，政府还应提供哪些方面的支持？